RESİMLİ TÜRKÇE SÖZLÜK

TDK "Yazım Kılavuzu"nun en son değişikliklerine uygun olarak hazırlanmıştır.

Bu sözlük Türk Dil Kurumunun son
Yazım Kılavuzuna göre hazırlanmıştır.

Baskı: Eflatun Matbaası (0212) 278 28 03

İstanbul - 2015

Çakmaklı Mah. Hadımköy Yolu Cad. No: 99/1 B
Yıldız Center İş Merkezi Büyükçekmece / İstanbul
Tel.: 0 212 279 56 26 Faks: 0 212 278 66 14
www.birlesikbasim.com.tr

ÖN SÖZ

Sevgili çocuklar,

Sözlük, ana dilimizi daha güzel kullanmamızda ve kelime dağarcığımızı genişletmekte en önemli kaynaktır...

Bizler de B&T Yayınevi olarak sizler için resimlerle renklendirdiğimiz bu güzel sözlüğü hazırladık...

Hem eğleneceğiniz hem de kelimelerin anlamlarını ve kullanıldıkları yerleri öğrenebileceğiniz sözlüğümüz, Türk Dil Kurumunun son Yazım Kılavuzu esas alınarak hazırlanmıştır...

Hem renklerin hem de kelimelerin dünyasına hoş geldiniz...

AÇIKLAMALAR

1. Madde başına her sözcüğün türü parantez içinde kısaltmalarla gösterilmiştir: **(i) isim, (f) fiil** gibi.

2. Sözcüklerin anlamlandırılmasında önce en yaygın anlam; sonra mecazi anlam; daha sonra argo sırası izlenmiştir.

3. Sözcüklerin cümle içindeki kullanımlarını göstermek ve anlamlarına açıklık getirmek için örnek cümleler verilmiştir.

4. Türkçede yalın biçimleri iki heceli olan bazı sözcükler ünlüyle başlayan çekim eki aldıklarında ikinci hecelerindeki dar ünlü düşer: **gönülüm** değil **gönlüm** gibi.

5. İkinci hecelerinde dar ünlü bulunan **ağız, burun** gibi bazı Türkçe sözcükler de ünlüyle başlayan çekim eki aldıklarında hece kaybına uğrar.

Bu tür sözcükler de **ağız, -ğzı, burun, -rnu** biçiminde verilmiştir.

6. Türkçede ünsüzlerin yumuşama kuralı vardır. Türkçede sözcük sonunda "b, c, d, g" ünsüzleri bulunmaz. Bunların yerine sert "p, ç, t, k" ünsüzleri bulunur. Batı kökenli bazı sözcüklerde bu kurala uyulur.

Sonu "p, ç, t, k" ünsüzleri ile biten bir sözcüğe bir ünlü ya da ünlü ile başlayan bir ek getirildiğinde "**p**", "**b**" ye; "**ç**", "**c**" ye; "**t**", "**d**" ye; "**k**", "**g, ğ**" ye dönüşür.

Örneğin: **çocuk, çocuğu; çıkrık, çıkrığı** gibi. Bu tür sözcüklerde **çocuk, -ğu, çıkrık, -ğı** şeklinde gösterilmiştir.

7. Kaynakları ve anlamları farklı olan sözcükler **boy (I), boy (II)** biçiminde Romen rakamları ile birbirlerinden ayrılmışlardır.

8. Türkçede bazı sözcüklerin mecazi anlamları da vardır. Bunlar: (mec.) kısaltması ile gösterilmiştir.

KISALTMALAR

Sözcüklerin türlerini gösteren kısaltmalar.

i	isim
b	bağlaç
e	edat
f	fiil
s	sıfat
ü	ünlem
zf	zarf
zm	zamir
nsz	nesnesiz eylem

Türkçede bazı sözcüklerin türü cümle içindeki konumuna göre değişir. Bu tür sözcükler aşağıdaki şekilde gösterilmiştir.

s, zf	sıfat ve zarf
i, s	isim ve sıfat

Aşağıdaki kısaltmalar sözcüklerin hangi anlamda ve nerede kullanıldıklarını gösterir.

hkr.	hakaret
hlk.	halk arasında
mec.	mecaz
tkz.	teklifsiz konuşmada

Aşağıdaki kısaltmalar sözcüğün hangi bilim veya etkinliğe ait olduğunu göstermek için kullanılmıştır.

anat.	anatomi
ask.	askerî
biy.	biyoloji
coğ.	coğrafya
ed.	edebiyat
esk.	eski
fel.	felsefe
fiz.	fizik
huk.	hukuk
kim.	kimya
mat.	matematik
müz.	müzik
sin.	sinema
sp.	spor
tic.	ticaret

A a

a, A Türk alfabesinin birinci harfi.

a (ü) Şaşma, hatırlama, sevinme, acıma, üzülme, kızma gibi duyguları güçlendirir, cümlenin başında ve sonunda kullanılır. *A, ne güzel!*

aba (i) *Ar.* Yünden, dövülerek yapılan kalın ve kaba kumaş.

abajur (i) *Fr.* Genellikle üzeri siperli masa lambası veya ayaklı lamba.

abaküs (i) *Fr.* Sayı boncuğu.

abdest (i) *Far.* Müslümanların, namaz kılmak gibi bazı ibadetleri yapabilmek için temizlenmesi. Bunun için el, ağız, burun, yüz, kol ve ayaklar yıkanır. Islak el başa ve enseye sürülür. Kulak içleri ıslak parmakla temizlenir.

abartmak (f) Bir şeyi olduğundan büyük veya çok göstererek anlatmak.

abes (s) Akla ve gerçeğe aykırı.

abide (i) *Ar.* Anıt.

abla (i) 1. Bir kimsenin kendinden büyük olan kızkardeşi. 2. Büyük kızkardeş gibi saygı ve sevgi gösterilen kız veya kadın.

abur cubur (i) Sırası, tadı, yararı gözetilmeksizin rastgele yenilen şeyler.

acaba (zf) *Ar.* Merak kararsızlık veya kuşku anlatır.

acele (i, s) Çabuk davranma zorunluluğu, ivedi.

acemi (s) *Ar.* Bir işin yabancısı olan, eli işe alışmamış, bir işi beceremeyen.

acep (zf) *Ar.* Acaba.

acı (i) Tat alma organında bazı maddelerin bıraktığı yakıcı durum.

âciz (s) *Ar.* 1. Güçsüz 2. Beceriksiz.

aç (s) 1. Yemek yeme ihtiyacı duyan.

açacak (i) Açmaya yarayan araç.

açgözlü (s) Mala veya yiyecek içecek şeylere doymak bilmeyen.

açı (i) Birbirini kesen iki yüzeyin veya iki doğrunun oluşturduğu çıkıntı.

açık (s) 1. Açılmış, kapalı olmayan. 2. Engelsiz.

açıkgöz (s) *bis.* Uyanık davranarak çıkarını sağlayan, imkânlardan kurnazca yararlanmasını bilen.

açıklama (f) Bir konuyla ilgili olarak gerekli bilgileri vermek, izah etmek.

açılış (i) 1. Açılmak işi veya biçimi. 2. Yeni bir yapının, yerin veya yeni bir

kuruluşun çalışmaya başlaması.

açıölçer (i) İletki.
açlık (i) Aç olma durumu.
açmak (f) Bir şeyi kapalı durumdan kurtarmak: *Kapıyı açmak, kilidi açmak: Ali kilidi açmak için çok uğraştı.*
ad (i) Bir kimseyi, bir şeyi anlatmaya, tanımlamaya, açıklamaya, bildirmeye yarayan söz, isim.

ada (i) Her yanı su ile çevrilmiş kara parçası.
adak (i) Adamak işi veya adanılan şey, nezir.
adale (i) *Ar.* Kas.
adalet (i) *Ar.* Hak ve hukuka uygunluk, hakkı gözetme, doğruluk, türe.
adamak (f) Bir dileğin gerçekleşmesi amacıyla kurban kesip yoksullara dağıtmak veya kutsal bir güce yönelik bir niyette bulunmak.
adap (i) 1. Töre. 2. Yol yordam, yol yöntem.
adapte (i) *Fr.* Uyarlama, uyarlanmış.
aday (i) Bir görev, bir iş için kendini ileri süren veya başkaları tarafından ileri sürülen kimse.
Âdem (i) 1. Dini inançlara göre ilk yaratılan insan ve ilk peygamber. 2. İnsanoğlu.
ademoğlu *bis.* (i) İnsan denilen yaratıkların hepsi.
adet (i) *Ar.* 1. Sayı. 2. Herhangi bir sayıda olan şey (tane).

âdet (i) 1. Bir kimsenin yapmaya alışmış olduğu şey. 2. Topluluk içinde eskiden beri uyulan kural, töre.

âdeta (zf) *Ar.* Bayağı, basbayağı, hemen hemen, sanki.

adıl (i) *dilb.* Zamir

adım (i) Yürümek için yapılan ayak atışlarının her biri.

adi (s) *Ar.* Sıradan hiçbir özelliği olmayan.

adil (s) *Ar.* Adaletle iş gören, adaletten, haktan ayrılmayan, hakkı yerine getiren, adaletli.

adilik (s) Bayağılık, düşüklük, aşağılık.

adliye (i) Mahkemelerin bulunduğu yapı.

adres (i) *Fr.* Bir kimsenin arandığında bulunabileceği yer, oturduğu yer.

af (i) *Ar.* Bir suçu, bir kusuru veya bir hatayı bağışlama.

afacan (i) Zeki ve yaramaz (çocuk).

afallamak (f) Şaşkınlıktan sersemleşmek.

aferin (ü) *Far.* Okşama, alkışlama, beğenme gibi duyguları belirtmek için söylenir.

afet (i) Doğanın sebep olduğu yıkım.

afetzede (s) *Ar.* Afete uğramış kimse.

affetmek (f) 1. Bağışlamak. 2. Hoşgörü ile karşılamak, mazur görmek.

afili (s) *argo* Gösterişli çalımlı.

afiş (i) *Fr.* Bir şeyi duyurmak, tanıtmak için hazırlanan, çoğu resimli duvar ilanı.

afiyet (i) *Ar.* Hasta olmama durumu, sağlık esenlik.

ağ (i) Örümcek gibi birtakım hayvanların salgılarıyla oluşturdukları örgü.

ağabey (i) Bir kimsenin kendinden yaşça büyük erkek kardeşi.

ağaçkakan (i) Serçegillerden ağaç kurtları ile geçinen bir kuş.

ağaçlık (i) Ağacı bol olan yer.

ağır (s) Tartıda çok çeken.

ağır ağır (z) 1. Acele etmeden. 2. Fazlasıyla, fazla fazla.

ağırbaşlı (s) Davranışları ölçülü, olgun (kimse).

ağırbaşlılık (i) Ağırbaşlı olma durumu, vakar, ciddiyet.

ağırlamak (f) Misafire gerekli hürmeti göstermek.

ağırlaşmak (f) Sıkıcı ve bunaltıcı bir durum almak, bozulmak.

ağırlık (i) Ağır olma durumu.

ağıt (i) Ölen bir kimsenin gençliğini, güzelliğini, iyiliklerini, değerlerini, arkada bıraktıklarının acılarını veya büyük felaketlerin acılı etkilerini dile getiren söz veya okunan ezgi.

ağız, -ğzı (i) Yüzde, avurtlarla iki çene arasında, ses çıkarmaya, soluk alıp vermeye ve besinleri içine almaya yarayan boşluk.

ağlamak (f) Üzüntü, acı, sevinç, pişmanlık vb. etkisiyle gözyaşı, dökmek.

ağrı (i) Vücudun herhangi bir yerinde duyulan sürekli ve şiddetli acı.
ağrımak (f) Ağrılı olmak.
ah (ü) Sesin tonuna göre pişmanlık, öfke, özlem, beğenme, sevgi gibi duygular anlatır.

ahali (i) Topluluk.
ahır (i) Evcil büyük baş hayvanların barındığı kapalı yer, hayvan damı.
ahlak (i ve s) Bir toplum içinde kişilerin benimsedikleri, uymak zorunda bulundukları davranış biçimleri. Ahlaka uygun.
ahlaksız (s) Ahlak kurallarına uymayan.
ahşap (s) *Ar.* Ağaçtan, tahtadan yapılmış.

aile (i) *Ar.* Evlilik ve kan bağına dayanan, karı, koca, çocuklar, kardeşler arasındaki ilişkilerin oluşturduğu toplum içindeki en küçük birlik.
ak (i) Kar, süt gibi şeylerin rengi, beyaz.
akarsu (i) *bis.* Yeryüzünde ve yeraltında belirli bir yatak içinde, eğim boyunca sürekli veya zaman zaman akan su.
akaryakıt (i) *bis.* Benzin, gaz yağı, mazot gibi sıvı durumunda olan yakacak.

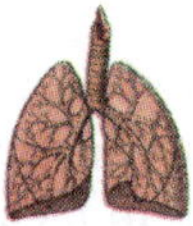

akciğer (i) Göğüs kafesinin büyük bir bölümünü

dolduran ve solunum organının temeli olan, sağlı sollu iki parçalı organ.

akıbet (i) Son, en son; sonunda.

akıl, -klı (i) *Ar.* Düşünme, anlama ve kavrama gücü. *"Akıl akıldan üstündür." Atasözü: Aklını başına al.*

akım (i) Hava, su gibi akışkan maddelerin veya elektrik yüklerinin belli bir yönde akışı, yer değiştirmesi, cereyan.

akış (i) Geçip gitme, sürüp gitme.

akışkan (s) Kendilerine özgü bir biçimde olmayıp içinde bulundukları kabın biçimini alan ve yığın oluşturmayan.

akordeon (i) Üstündeki düğmelere veya tuşlara basarak, metal dilcikleri titretme yolu ile çalınan körüklü, elde taşınabilir bir çalgı.

akraba (i) *Ar.* Kan veya evlilik yoluyla birbirine bağlı olan kimseler, hısım.

akran (i) *Ar.* Yaşça denk, yaşıt, boydaş, öğüt.

akrep (i) *Ar.* Akreplerden, sıcak ve nemli yerlerde yaşayan, kıvrık ve kalkık kuyruğunda zehirli bir iğnesi olan böcek.

aksamak (f) Hafif topallamak.

aksan (i) Bir ülkenin insanlarına veya bir çevreye özgü söyleyiş özelliği.

aksatmak (i) Aksamasına yol açmak.

aksırık (i) Hapşırma, hapşırık.

aksi (s) *Ar.* Ters, zıt, karşıt, olumsuz.

aksilik (i) Terslik, inatçılık huysuzluk.

aksine (zf) Tersine.

akşam (i) Gündüzün son, gecenin ilk saatleri.

aktarmak (f) Bir yerden, bir kaptan başka bir yere veya kaba geçirmek.

aktif (s) *Fr.* Etkin, canlı, hareketli, çalışkan.

aktör (i) *Fr.* Erkek oyuncu.

aktris (i) *Fr.* Kadın oyuncu.

akvaryum (i) *Lat.* Tatlı veya tuzlu su hayvanlarının, su bitkilerinin yapay bir ortamda beslendiği cam su kabı.

al (i) 1. Aldatma, düzen, tuzak, hile. 2. Kırmızı, kan rengi, kızıl.

ala (s) Karışık renkli, çok renkli.

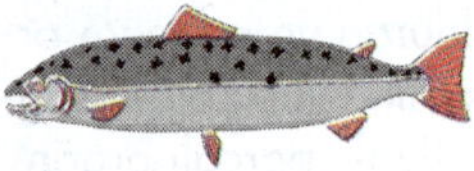

alabalık (i) *bis.* Alabalıkgillerden, soğuk ve duru sularda yaşayan, eti turuncu ve lezzetli, 250 gr dan 2 kg a kadar gelen bir tatlı su balığı.

alabora (i) Geminin devrilecek kadar yan yatması.

alaca (s) İki veya daha çok renkli.

alacak (i) Bir hesap gereğince daha alınmamış olan para, mal veya başka şey.

alacaklı (s) Birinden alacağı olan, borçlu karşıtı.

alacalı (s) Alaca, rengârenk.

alamet (i) *Ar.* Belirti, işaret, iz, nişan.

alan (i) Düz, açık ve geniş yer, meydan, saha.

alarm (i) *Fr. İt.* Bir tehlike olduğunda bunu herkesin haber alması için verilen işaret.

alay (i) 1. Herhangi bir törende veya gösteride yer alan topluluk. 2. Ses tonu, söz, davranış gibi yollarla biriyle, bir şeyle eğlenme; onu küçümseme.

albay (i) Rütbesi yarbay ile tuğ general arasında bulunan ve asıl görevi alay komutanlığı olan üstsubay, miralay.

albüm (i) *Lat.* Resim, fotoğraf, pul gibi şeyleri dizip saklamaya yarayan bir tür defter.

alçak (s) Yerden uzaklığı az olan.

alçak gönüllü (s) Aşağı olanları kendisiyle eşit tutan veya kendi değerini olduğundan aşağı gösteren kimse, mütevazı.

alçalmak (f) Alçak duruma gelmek, yüksekten aşağı doğru inmek.

alçı (i) Alçı taşının pişirilip toz durumuna getirilmesinden elde edilen madde.

aldanmak (f) Görünüşe kapılarak yanlış bir yargıya varmak, yanılmak.

aldatmak (f) Beklenmedik bir davranışla yanıltmak.

âlem (i) *Ar.* Yeryüzü ve gökyüzündeki nesnelerin oluşturduğu bütün, evren.

alet (i) *Ar.* Bir el işini veya mekanik bir işi gerçekleştirmek için özel olarak yapılmış nesne.

alev (i) Yanan maddelerin veya gazların türlü

biçimlerde uzanan ışıklı dili, yalım, yalaz, alaz.

aleyhinde olmak (f) Birine karşı olumsuz duygu ve davranış içinde bulunmak.

alfabe (i) *Fr.* Bir dilin seslerini gösteren, belirli bir sıraya göre dizilmiş belli sayıda harflerin bütününe verilen ad.

alıcı (i) Satın almak isteyen kimse, müşteri.

alıkoymak (f) Bir süre için bir yerde tutmak.

alın, -lnı (i) Yüzün, kaşlarla saçlar arasındaki bölümü.

alıngan (s) Aşırı duygulu, çabuk gücenen, kırılan.

alışık (s) Herhangi bir duruma alışmış olan.

alışkanlık (i) Bir şeye alışmış olma durumu, itiyat.

alıştırma (i) Alıştırmak işi, bir beceriyi, bilgiyi kazanmak için yapılan tekrar, temrin, egzersiz.

alışveriş (i) *bis.* Alım satım işi.

Allah (i) Yaratıcı, ilah.

almak (f) Bir şeyi veya kimseyi bulunduğu yerden ayırmak: *Babam beni okuldan aldı.*

alo (ü) Telefon konuşmasında kullanılan seslenme sözü.

alt (i) Bir şeyin yere bakan yanı.

alternatif (i) Almaşık, seçenek.

altgeçit (i) Trafik akımını kesmemek için bir yolun altından geçirilen yol.

altışar (s) Altı sayısının üleştirme biçimi.

altüst (s) Çok karışık ve dağınık.

a[illegible] (b) *Ar.* Çelişkili ve tutarsız iki cümleyi birbirine bağlamaya yarar.

amaç (i) Erişilmek istenilen sonuç, maksat.

amatör (i, s) *Fr.* Bir işi para kazanmak için değil, yalnız zevki için yapan kimse.

ambalaj (i) *Fr.* Eşyayı sarmaya yarayan mukavva, kâğıt, tahta, plastik madde gibi malzeme.

ambar (i) *Ar.* Genellikle tahıl saklanan yer.

amblem (i) Soyut bir şeyin, bir kavramın sembolü olan varlık veya eşya.

ambulans (i) Fr. Hasta arabası, cankurtaran (arabası).

amca (i) Babanın erkek kardeşi.

ameliyat (i) *Ar.* Operatörün, hasta üzerinde kesme ve dikme yoluyla yaptığı müdahale, operasyon.

âmin (ü) Allah kabul etsin anlamındaki söz.

amir (s) *Ar.* Buyuran, emreden.

ampul (i) *Fr.* İçinde elektrik akımı ile akkor durumuna gelerek ışık verebilen bir iletkeni bulunan, havası boşaltılmış cam şişe.

an (i) Zamanın bölünemeyecek kadar kısa bir parçası.
ana (i) Çocuğu olan kadın, anne.
Anadolu (i) Ön Asya'nın bir parçası olan Türkiye'nin Asya kıtasında bulunan toprağına verilen ad.

anahtar (i) *Yun.* Br kilidi açıp kapamak için kullanılan araç.
anane (i) Gelenek.
anayasa (i) Bir devletin yönetim biçimini belirten, yasama, yürütme, yargılama güçlerinin nasıl kullanılacağını gösteren, yurttaşların kamu haklarını bildiren temel yasa.
ana yol (i) *bis.* Küçük yolların kendisine açıldığı büyük yol.
ana yön (i) *bis.* Kuzey, güney, doğu ve batı yönlerinden her biri.
ana yurt (i) *bis.* İlk yurt edinilen yer, ana vatan.
ancak (b, zf) Yalnız, sadece gibi sınırlama anlatır.
anı (i) Hatıra.
anımsamak (f) Hatırlamak.
anıt (i) Önemli bir olayı veya büyük bir kişinin gelecek kuşaklarca tarih boyunca anılması için yapılan, göze çarpacak büyüklükte, sembol niteliğinde yapı, abide.

Anıtkabir (i) *bis.* Atatürk'ün mezarı.
ani (s) *Ar.* Bir anda oluveren.

anket (i) *Fr.* Soruşturma, sormaca.

anlam (i) Bir kelimeden, bir sözden, bir davranış veya olgudan anlaşılan şey.

anlamak (f) Bir şeyin ne demek olduğunu neye işaret ettiğini kavramak.

anlaşmak (f) Düşünce, duygu, amaç bakımından birleşmek.

anlaşmazlık (i) İki veya daha çok tarafın karşılaşan düşünce ve amaçları arasında ayrılık, uyuşmazlık, ihtilaf.

anlatmak (f) Bir konu üzerinde açıklamada bulunmak, bilgi vermek, izah etmek.

anlayış (i) Anlama yeteneği.

anlayışsız (s) Anlayışı kıt olan, kafasız, kavrayışsız, vurdumduymaz.

anmak (f) Birini veya bir şeyi akla getirerek sözünü etmek veya onu düşünmek.

anne (i) Çocuğunu dünyaya getiren kadın.

anneanne (i) *bis.* Annenin annesi.

anons (s) Duyuru, bildiri.

ansızın (zf) Hiç hatıra gelmedik bir sırada, birdenbire, ani olarak.

ansiklopedi (i) *Yun.* Bütün bilim, sanat dallarını tek veya bir arada belli bir yönteme göre incelenen eser.

ant (i) Allah'ı veya kutsal bilinen bir kişiyi, bir şeyi tanık göstererek bir olayı doğrulama, yemin: *Öğretmen olmak için ant içtim. Andım olsun, öğretmen olacağım.*

anten (i) *Fr.* Boşlukta yayılan elektromanyetik dalgaları toplayarak bu dalgaların transmisyon hatları içerisinde yayılmasını sağlayan cihaz.

antika (i) Eski çağlardan kalma eser veya tarihî değeri olan eski eşya.

antlaşma (i) İki veya daha çok devletin saldırmazlık, savaşta ittifak gibi konularda üstlenmelerini belirttikleri belge ve belgede belirtilen durum.

antreman (i) *Fr.* Bir spor dalında yapılan alıştırma veya hazırlık çalışması, idman.

antrenör (i) *Fr.* Bir spor dalında sporcuyu eğiten, yetiştiren ve çalıştıran kişi.

apartman (i) *Fr.* Birkaç katlı ve her katında bir veya birkaç daire bulunan yapı.

ar (i) Utanma, utanç duyma.

ara (i) İki şeyi birbirinden ayıran uzaklık, açıklık, aralık, boşluk, mesafe.

araba (i) Tekerlekli, motorlu veya motorsuz her türlü kara taşıtı.

araç (i) Bir iş yapmakta veya sonuçlandırmakta, gücünden yararlanılan nesne.

aralamak (f) İki şey arasında açıklık oluşturmak, yarı açmak.

aralık (i) İki şey arasındaki açıklık, mesafe.

aramak (f) Birini veya bir şeyi bulmaya çalışmak.

ara sıra (zf) Seyrek olarak, zaman zaman.

araştırmak (f) Birini veya bir şeyi bulmak için bir yeri gözden geçirmek.

arazi (i) *Ar.* Yeryüzü parçası yerey, yer.

ardışık (s) Birbiri ardından gelen.

arena (i) *Fr.* Boğa güreşi, yarış, oyun gibi türlü gösteriler yapılan alan.

arı (i) Zar kanatlılardan, bal ve bal mumu yapan, iğnesiyle sokan böcek.

arıza (i) Aksama, aksaklık.

arife (i) *Ar.* Belirli bir günün, olayın bir önceki günü veya ona yakın günler.

aritmetik (i) *Yun.* Matematiğin konusu; sayılar, bunların özellikleri ve işlemler olan kolu.

arka (i) Bir şeyin temel tutulan yüzünün tam ters yanı.

arkadaş (i) Bir işte birlikte bulunanlardan her biri.

arma (i) *İt.* Bir devletin, bir hanedanın veya bir şehrin sembol olarak kabul edilmiş resim, harf veya şekli.

armağan (i) Birini sevindirmek, mutlu etmek için verilen şey, hediye.

arpa (i) Buğdaygillerden, taneleri ekmek ve bira yapımında kullanılan, hayvanlara yem olarak

verilen, yurdumuzda çok yetiştirilen bir bitki.

arsa (i) *Ar.* Üzerine yapı yapılmak için ayrılmış yer.

arsız (s) Utanması, sıkılması olmayan, yılışık, yüzsüz (kimse).

arşiv (i) *Fr.* Belgelik.

art (i.s) Arka, geri.

artık (s) İçildikten, yenildikten veya kullanıldıktan sonra geriye kalan.

artırmak (f) Artmasını sağlamak, çoğaltmak.

artist, -ti (i) *Fr.* Güzel sanatların gerektirdiği niteliğe uygun, sanatlı.

arzu (i) *Far.* İstek, dilek.

asabi (s) Sinirli, öfkeli.

asalet (i) Soyluluk, aksoy.

asansör (i) *Fr.* İnsanları veya yükleri bir yapının bir katından öteki veya yüksek yerlere çıkarıp indiren elektrikle işler araç.

asfalt (i) *Fr.* Ana maddeki katran olan ve yolların kaplanmasında kullanılan karışım.

asıl, -slı (i) *Ar.* Bir şeyin kendisi.

asılmak (f) Asmak işi yapılmak veya asmak işine konu olmak.

asılsız (s) Doğru olmayan, temelsiz, dayanıksız, köksüz.

asır (i) *Ar.* Yüzyıllık.

asi (s) Baş kaldıran, isyan eden.

asil (s) *Ar.* Soylu.

asistan (i) *Fr.* Yardımcı.

asker (i) *Ar.* Erden mareşale kadar orduda görevli bulunan herkes.

askı (i) Üzerine herhangi bir şey asmaya yarar nesne.

asla (zf) *Ar.* Hiçbir zaman hiçbir biçimde.

astar (i) Giyecek, perde, çanta, ayakkabı gibi şeylerde, kumaşın veya derinin iç tarafına geçirilen ince kat.

aş (i) Pişirilerek hazırlanan yemek.

aşağı (i) Bir şeyin alt bölümü.

aşağılanmak (f) Aşağı duruma düşürülmek.

aşçı (i) Yemek pişiren kimse.

aşevi (i) Yoksullara parasız yemek yedirilen veya dağıtılan yer.

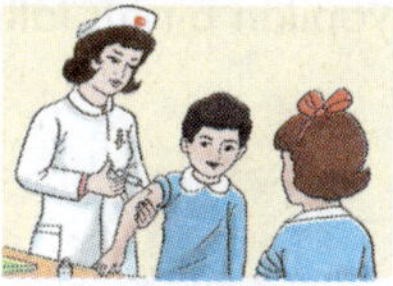

aşı (i) Organizmada belli birtakım hastalıklara karşı bağışıklık sağlamak için vücuda verilen, o hastalığın mikrobuyla hazırlanmış eriyik.

âşık (i) Halk içinde yetişen, deyişlerini sazla söyleyen, sözlü şiir geleneğine bağlı halk şairi.

aşırı (s) Alışılan veya dayanılabilen dereceden çok daha fazla.

aşk (i) *Ar.* Aşırı sevgi ve bağlılık duygusu.

aşmak (f) Yüksek, uzak ve geçilmesi güç bir yerin öte yanına geçmek.

aşure (i) *Ar.* Buğday, nohut gibi taneleri, kuru yemişleri şekerle kaynatarak yapılan bir tür tatlı.

at (i) Atgillerden, binme, yük çekme veya taşıma gibi hizmetlerde kullanılan memeli hayvan.

ata (i) Dedelerden ve büyükbabalardan her biri.

atamak (f) Birini bir göreve getirmek, tayin etmek.

Atatürkçü (s) Atatürk'ün düşünce ve hedefleri doğrultusunda hareket eden kişi. Kemalist.

atasözü (i) *bis.* Uzun deneme ve gözlemlere dayanılarak söylenmiş ve halka mal olmuş söz.

ateş (i) *Far.* Yanıcı cisimlerin tutuşmasıyla beliren ısı ve ışık.

ateşli (s) Ateşi olan.

atış (i) Atmak işi veya biçimi.

atışmak (f) Ağız kavgası etmek.

atıştırmak (f) Acele olarak yemek veya içmek.

atkı (i) Soğuğa karşı omuzlara, başa, sırta veya boyna alınan örtü.

atlamak (f) Bir engeli zıplayarak fırlayarak aşmak.

atlı karınca (i) İri bir karınca türü.

atmak (f) Bir cismi bir yöne doğru fırlatmak: *Suya taş atmak.*

atölye (i) Zanaatçıların veya resim, heykel sanatlarıyla uğraşanların çalıştığı yer, işlik.

av (i) Karada, denizde, gölde veya akarsularda evcil olmayan hayvanları vurma veya yakalama.

avcı (i) Avlanmayı seven veya avı kendine iş edinen kimse.

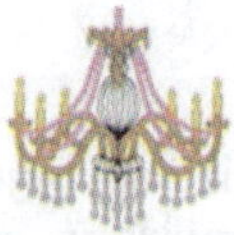

avize (i) *Far.* Tavana asılan, şamdanlı, lambalı, billür, cam veya metal süslü aydınlatma aracı.

avlanmak (f) Avlanmak işine konu olmak.

avlu (i) Bir yapının veya yapı grubunun ortasında kalan üstü açık, duvarla çevrili alan.

avuç (i) Elin iç tarafı.

avukat (i) Hak ve yasa işlerinde isteyenlere yol göstermeyi, mahkemelerde, devlet dairelerinde başkalarının hakkını aramayı, korumayı meslek edinen ve bunun için yasanın gerektirdiği şartları taşıyan kimse.

avunmak (f) Bir şeyle acısını unutmak.

avutmak (i) Avutmak işine konu olmak.

Ay (i) Yer yuvarlağının uydusu olan gök cismi.

aya (i) Elin parmak dipleriyle bilek arasındaki iç bölümü.

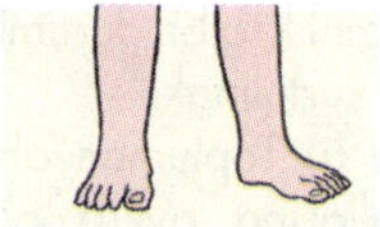

ayak (i) Bacakların bilekten aşağıda bulunan ve yere basan bölümü.

ayarlamak (f) Bir ölçünün doğruluğunu belli bir örneğe göre düzeltmek, doğrulamak.

aydın (i) Işık alan, ışıklı.

ayet (i) *Ar.* Kur'an surelerini oluşturan cümlelerden her biri.

aygır (i) Damızlık erkek at.

aygıt (i) Birçok parçadan yapılmış alet.

ayıklamak (f) Bir şeyin içinden işe yaramayan, gereksiz veya istenmeyen taneleri veya maddeleri ayırıp çıkarmak temizlemek.

ayılmak (f) Sarhoşluk, baygınlık gibi durumlardan kurtulmak.

ayıp (i) Toplumun ahlak kurallarına aykırı olan, utanılacak durum veya davranış.

ayırt etmek (f) Birkaç şeyi birbirinden ayıran niteliği anlamak.

aykırı (s) Alışılmışa, doğru diye bellenmişe uygun olmayan, ters.

aylık (i) Birine görevi karşılığı olarak veya geçimi için her ay ödenen para, maaş.

ayna (i) *Far.* Işığı yansıtan, varlıkların görüntüsünü veren cisim.

aynı (s) *Ar.* Ayırt edilemeyecek kadar benzeri, özdeşi.

ayran (i) Süt veya yoğurt yayıkta çalkalanarak yağı alındıktan sonra kalan sulu bölüm.

ayrı (s) Yerleri bir olmayan.

ayrıca (z) Ayrı bir önem verilerek.

ayrılık (i) Birinden uzak düşme.

az (z-s-f) Alışılmış olandan, umulandan veya gerekenden az.

aza (i) *Ar.* 1. Organlar, vücut parçaları. 2. Üye.

azalmak (f) Az denecek bir miktara inmek veya eskisinden az bir duruma gelmek.

azap (i) Üzüntü.

azar (i) Paylama.

azarlamak (f) Paylamak.

azat (i) *Far.* Serbest bırakmak.

azı (i) Alt ve üst çenenin iki yanında beşer tane bulunan ve yiyecekleri öğütmeye yarayan dişlerin ortak adı.

azık (i) Yiyecek, besin, gıda.

azim, -zmi (i) *Ar.* Bir işteki engelleri yenme kararı.

aziz (s) *Ar.* Sevgide üstün tutulan.

azmetmek (f) Bir işteki engelleri yenmeye karar vermiş olmak.

Azrail (i) *Ar.* Allah buyruğu ile insanların canını almakla görevli olduğuna inanılan melek.

B b

b, B Türk alfabesinin ikinci harfi.

baba (i) Çocuğu olan erkek kimse.

babaanne (i) *bis.* Babanın annesi.

babacan (s) Canayakın, olgun, hoşgörülü (erkek).

babalık (i) Baba olma durumu.

baba ocağı (i) Babadan, dededen kalma mülk veya bir kimsenin içinde doğup büyüdüğü, yaşadığı ev, toprak ya da yurt.

baba yiğit (i) *bis.* Güçlü kuvvetli.

baca (i) Dumanı ocaktan çekip havaya vermeye yarayan maden veya kagır yol.

bacak (i) Vücudun kasıktan tabana kadar olan bölümü.

bacaksız (s) Yaşından büyük işlere kalkışan çocuklar için söylenir.

bacanak (i) Eşleri kardeş olan erkeklerden herbiri.

bacı (i) Kız kardeş, abla.

badana (i) Duvarları boyamak için kullanılan sulandırılmış kireç boya.

B
b

badem (i) Gülgillerden bir ağaç ve onun yemişi.

bademcik (i) Boğazın iki yanında birer tane bulunan, badem biçimindeki organ.

badire (i) Dargeçit, sıkıntı.

bagaj (i) *Fr.* 1. Yolcu yükü. 2. Yolcu yükünün bırakıldığı yer.

bağ (i) 1. Üzüm ağaçlarının dikili olduğu toprak parçası. 2. İlgi, ilişki.

bağcık (i) Bağlama işinde kullanılan şerit biçiminde bağ.

bağdaş (i) Ayakları birbirinin altına alarak oturma şekli.

bağdaşmak (f) Anlaşmak, uzlaşmak.

bağımlı (s) Başka bir şeyin veya kimsenin gücüne veya yardımına bağlı olan, özgürlüğü olmayan.

bağır -ğrı (i) Göğüs: *Bağrına taş bastı.*

bağırmak (f) Yüksek ve gür ses çıkarmak.

bağırsak (i) Sindirim sisteminin mideden sonraki dışkının vücuttan atılmasını sağlayan, boruya benzer organ.

bağışlamak (f) Bir mal veya hakkı karşılık beklemeden birine vermek, affetmek.

bağlaç (i) Eş görevli kelimeleri ve cümleleri birbirine bağlayan kelime (ve, fakat, ama...)

bağlama (i) Mızrapla çalınan orta büyüklükte bir saz.

bağlamak (f) Bağ veya başka bir araçla tutturmak.

bağlantı (i) İki veya daha çok şeyin birbiriyle

bağlı veya ilgili bulunması.

bağlı (s) Bir bağ ile tutturulmuş olan.

bağlılık (i) Bağlı olma durumu.

bağrışmak (f) Birlikte veya karşılıklı bağırmak.

bahane (i) *Far.* Bir şeyin gerçek sebebi gizlenerek ileri sürülen sözde sebep.

bahar (i) Kış ve yaz arasındaki mevsim.

baharat (i) *Ar.* Tarçın, karanfil, zencefil, karabiber gibi maddelerin toplu adı.

bahçe (i) Sebze, çiçek, ağaç yetiştirilen yer.

bahçıvan (i) Geçimini bahçe ürünlerini yetiştirip satmakla sağlayan kimse.

bahis, -hsi (i) *Ar.* Konuşulan şey.

bahsetmek (f) Bir konu üzerinde söz söylemek, konuşmak, sözünü etmek.

bahşiş (i) *Far.* Bir hizmet görene hakkından ayrı olarak verilen para.

bahtiyar (s) Mutluluk.

bakakalmak (f) °aşkınlığa uğrayıp ne yapacağını bilmez durumda kalmak.

bakan (i) 1. Bakmak işini yapan. 2. Hükümet üyesi (bakanlar kurulu üyesi).

bakıcı (s) Bakmak işiyle görevlendirilen kimse.

bakım (i) Bir şeyin iyi gelişmesi, iyi bir durumda kalması için verilen emek veya emek verme biçimi.

bakımlı (s) İyi bakılmış, üzerinde iyi çalışılmış.

bakınmak (f) Bakmak işi yapılmak, çevreye göz gezdirmek, araştırmak.

bakır (i) Kızıl renkli element.

bakış (i) Bakmak işi veya biçimi.

bakkal (i) Yiyecek, içecek ve başka ihtiyaç maddelerini satan kimse.

bakkaliye (i) Bakkal dükkânından satılan şeyler.

bakmak (f) Bakışı bir şey üzerine çevirmek: *Konuşurken karşısındakinin gözlerine bakmaktan çekinir.*

bakraç (i) Çoğunlukla bakırdan yapılan küçük kova.

bal (i) Arıların bitki ve çiçek özlerinden bal maddelerini toplayarak kovanlardaki petek gözlerine doldurdukları, rengi beyazdan esmere kadar değişen tatlı, koyu sıvı madde.

baldır (i) Bacağın dizden ayak bileğine kadar olan bölümü.

baldız (i) Erkeğe göre eşinin kız kardeşi.

bale (i) *Fr.* Bir dans türü.

balerin (i) *Fr.* Bale yapan kız veya kadın sanatçı.

balgam (i) Solunum organlarının salgıladığı, ağızdan dışarı atılan sümüksü madde.

balık (i) Omurgalılardan,

suda yaşayan, solungaçla nefes alan ve yumurtadan üreyen hayvanların genel adı.

balıkçı (i) Balık tutan veya satan kimse.

balıkçıl (i) Balıkla beslenen, balık yiyen bir kuş.

balıkhane (i) Balıkların toptan satışa çıkarıldığı, soğuk hava deposu olan yer.

balıklama (i) (suya atlama.) Balık gibi gergin, düz ve baş aşağı bir biçimde.

balıksırtı (s) *bis.* Balık kılçığı biçiminde birbirine paralel ve çapraz çizgili kumaş deseni.

balina (i) Denizlerde yaşayan en büyük memeli hayvan.

ballandırmak (i) İmrendirecek biçimde övmek.

balon (i) Hava ile doldurulan çocuk oyuncağı.

baltalamak (f) Bir işi, bilinçli ve kasıtlı olarak bozacak davranışta bulunmak.

balya (i) Satılacak eşyaların çeşitli malzemelerle sarılıp, paketlenmesi.

balyoz (i) *Lat.* Taşları kırmak, kazık çakmak gibi işlerde kullanılan, çok iri ve ağır çekiç.

bambaşka (s) Büsbütün başka, apayrı.

bamya (i) Meyvesi yaşken ve kurutularak yenen ebegümeci cinsinden bir bitki.

bandaj (i) *Fr.* Sargı ile sarma.

bando (i) *İt.* Üflemeli ve vurgulu çalgı aletlerinden

oluşan müzik topluluğu veya takımı.

bangır bangır (ü) Yüksek sesle, gürültüyle (bağırmak).

banka (i) *İt.* Para ile ilgili işlerle uğraşan kuruluş.

bar (i) En çok Artvin ve Erzurum yörelerinde, el ele tutuşularak oynanan bir halk oyunu.

baraj (i) *Fr.* Suyu toplamak gücünden yararlanmak amacıyla akarsu üzerinde yapılan engel.

baraka (i) *İt.* Tahta gibi hafif şeylerden geçici olarak yapılmış.

barbar (i) *Yun.* Uygarlaşmamış.

barbunya (i) 1. Kırmızı renkli fasulye. 2. Kırmızı renkli bir balık.

bardak (i) Su ve benzeri şeyleri içmek için kullanılan, genellikle camdan yapılan kap.

barınmak (f) Doğa etkilerinden korunmak için kapalı bir yere sığınmak.

barış (i) Savaşın bittiğinin bir antlaşmayla belirtilmesinden sonraki durum.

barışık (s) Başkası ile barış durumunda bulunan, dargın veya düşman olmayan.

bari (e) Hiç olmazsa.

baro (i) *Fr.* Bir şehir veya bölge avukatlarının bağlı oldukları meslek kuruluşu.

barometre (i) Basınçölçer

barut (i) *Ar. Yun.* Ateşli silahla bir merminin atılmasına veya herhagi bir aracın fırlatılmasına yarayan, patlayıcı, katı madde.

basamak (i) Bir yere çıkarken veya bir yerden inerken basılan ve art arda gelen setlerden biri.

basbayağı (s) Alışılandan, bilinenden hiçbir değişikliği olmayan.

basım (i) Basım sanatı.

basımevi (i) Basım işi yapılan yer, matbaa.

basın (i) Gazete, dergi gibi belirli zamanlarda çıkan yayınların bütünü, matbuat.

basınç (i) Bir yüzey üzerine etkide bulunan kuvvet.

basınçölçer (i) Hava basıncını ölçen alet.

basit (s) *Ar.* Yapılması veya anlaşılması kolay olan.

baskı (i) Hak ve özgürlükleri kısıtlayarak zor altında bulundurma durumu, kısıtlama, zorlama.

baskın (i) Suç işlenen veya suçların bulunduğu sanılan bir yere ansızın girme.

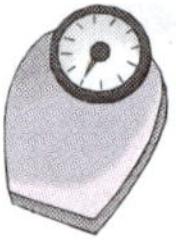

baskül (i) *Fr.* Ağırlık ölçmeye yarayan bir alet.

basma (i) Üzerinde bası ile yapılmış renkli biçimler bulunan pamuklu kumaş.

basmak (i) Vücudun ağırlığını verecek biçimde ayak tabanını bir yere veya bir şeyin üzerine koymak.

baston (i) *İt.* Yürürken dayanmaya yarayan ağaç veya metalden yapılan araç.

baş (i) İnsan ve hayvanlarda beyin, göz, kulak, burun, ağız gibi organları kapsayan, vücudun üst veya önünde bulunan bölüm, kafa.

başak (i) Arpa, buğday, yulaf gibi ekinlerin taneleri taşıyan kılıçlı başı.

başarı (i) Başarmak işi veya başarılan iş.

başarılı (s) Başarı gösteren.

başarmak (f) Bir işi istenilen biçimde bitirmek.

başbakan (i) *bis.* Hükümet başkanı.

başçavuş (i) *bis.* Astsubay, başçavuş.

başhekim (i) *bis.* Bir hastahaneyi yönetmekle görevlendirilen hekim.

başhemşire (i) Bir klinik veya hastahanede hemşireleri yönetmekle görevlendirilmiş hemşire.

başıboş (s) *bis.* Bir şeye veya kimseye bağlı olmayan.

başka (i. s) Bilinenden ayrı, değişik, farklı.

başkan (i) Bir topluluğun, bir toplantının veya bir derneğin başında bulunan kimse.

başkent (i) Başşehir.

başkomutan (i) Bir devletin bütün kara, deniz ve hava kuvvetlerine emir veren en büyük komutan.

başlamak (f) Bir işe girişmek, harekete geçmek.
başlangıç (i) Bir işin, bir dönemin ilk bölümü.
başlık (i) Genellikle başı korumak için giyilen nesne, şapka.
başörtü (i) *bis.* Kadınların saçlarını örtmek için kullandıkları örtü, eşarp.
baş ucu (i) Yatılan bir yerin baş konulan yönü veya yakını.
başvuru (i) Başvurmak işi, müracaat.
başyazar (i) Bir gazete veya derginin başyazılarını yazan kimse.
batak (i) Üzerine basınca çöken hamurlaşmış toprak.
bataklık (i) Çok derin olmayan sularla örtülü batak bölge.
batı (i) Yeryüzündeki başlıca dört yönden güneşin battığı yön.
batıl (s) Doğru ve haklı olmayan.

bavul (i) *İt.* Yolculukta, içine eşya konulan büyük çanta.

bay (s) Bey yerine kullanılan bir isim, erkek adların önce kullanılır.
bayağı (s) Sıradan, basit, adi.
bayat (s) Taze olmayan.
bayatlamak (f) Bayat duruma gelmek, tazeliğini yitirmek.
baygın (s) Bayılmış, kendinden geçmiş.
bayılmak (f) Baygın duruma girmek, kendinden geçmek, kendini kaybetmek.
bayır (i) Küçük yokuş.
bayi (i) Satıcı, dağıtıcı.

B b

bayrak (i) Bir milletin, belli bir topluluğun veya bir kuruluşun simgesi olarak kullanılan, genellikle dikdörtgen biçiminde kumaş.

bayram (i) Millî ve dinî bakımdan önemi olan ve kutlanan gün veya günler.

bayramlaşmak (f) Birbirinin bayramını kutlamak.

bayramlık (s) Bayramda kullanılan, bayrama özgü olan.

bazen (zf) *Ar.* Ara sıra, arada bir.

bazı (s) *Ar.* Birtakım, kimi.

beceri (i) Elinden iş gelme durumu, ustalık, maharet.

becerikli (s) Becerisi olan, elinden iş gelen, usta.

beceriksiz (s) Becerisi olmayan, usta olmayan.

becermek (f) Güç görünen bir iş veya duruma çözüm bulmak, üstesinden gelmek.

bedava (s) *Far.* Karşılıksız, parasız, emeksiz.

beddua (i) *Far.* Allah'tan bir kimsenin kötü duruma düşürmesini isteme.

bedel (i) *Ar.* Değer, fiyat, kıymet.

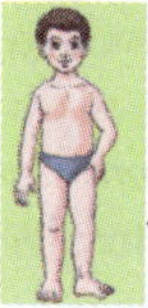

beden (i) *Ar.* Vücut. Gövde.

beğenmek (f) İyi veya güzel bulmak.

bekâr (i) *Ar.* Evlenmemiş kimse.

bekçi (i) Birşeyi veya bir yeri bekleyip korumakla görevli kimse.

beklemek (f) Bir iş oluncaya, biri gelinceye değin bir yerde kalmak, durmak.

bel (i) Göğüsle karın arasındaki dar bölüm.

bela (i) *Ar.* İçinden çıkılması güç, sakıncalı durum.

belalı (i) Yorucu, üzücü, can sıkıcı.

belde (i) Ülke, kent.

belediye (i) İl, ilçe gibi yerlerin merkezlerinde temizlik, aydınlatma, su dağıtımı gibi hizmetlere bakan, üyeleri halk tarafından seçilen, kuruluş.

beleş (i) *Ar.* Bedava.

belge (i) Bir gerçeği ya da olayı ispatlayan fotoğraf, resim, film gibi dökümanlar.

belirgin (i) Belirmiş durumda olan, besbelli, açık, bariz.

belirli (i) Açık ve kesin olarak sınırlanmış veya kararlaştırılmış olan.

belirmek (f) Ortaya çıkmak, görünmek.

belirsiz (s) Belirli olmayan.

belirti (i) Bir olayın veya durumun anlaşılmasına yardım eden şey.

bel kemiği (i) Vücudu ayakta tutmaya ve eğilip doğrulmaya yarayan omurga kemiği.

belki (i) Muhtemel olarak, olabilir.

bellemek (f) Öğrenip akılda tutmak.

belli (i) 1. Beli olan. 2. Belirli.

ben (zm) Tekil birinci kişiyi gösteren zamir.

bencil (s) Yalnız kendini düşünen, kendi çıkarlarını herkesinkinden üstün tutan.

benek (i) Herhangi bir şey üzerindeki ufak leke, nokta, puan.

benimsemek (f) Bir şeyi kendine mal etmek, sahip çıkmak, kabullenmek.

bengi su *bs. a.* Hayat suyu. Yaşam veren su. Abıhayat

beniz,- nzi (i) Yüz rengi: *Belli ki çok korkmuş. Baksana beti benzi solmuş.*

benlik (i) Bir kimsenin öz varlığı, kişiliği.

benzemek (f) İki kişi veya nesne arasında birbirini andıracak kadar ortak nitelikler bulunmak, andırmak.

benzer (i) Nitelik, görünüş ve yapı bakımından bir başkasına benzeyen veya ona eş olan.

benzetmek (f) Benzer duruma getirmek.

benzin (i) Petrolden elde edilen yanıcı sıvı.

beraber (zf) Birlikte, biraradа.

berbat (i) *Far.* Kötü.

bere (i) Vurma ve incitme sonucu vücudun herhangi bir yerinde oluşan çürük.

bereket (i) Bolluk, Allah vergisi, mutluluk.

berelemek (f) Bereli duruma getirmek.

beri (i) Bir yere göre daha yakın olan.

beriki (s) Beride olan.

berrak (i) Duru.

bertaraf (s) Bir yana, bir yana atılan.

besin (i) Yenilebilir, beslenmeye elverişli her tür madde, azık, gıda.

besleme (i) Evlatlık olarak alınan, ev işlerinde çalıştırılan kız.

beslemek (f) Yiyecek ve içeceğini sağlamak.

beslenme (i) Vücut için gerekli besin maddelerinin alımı.

beste (i) Bir müzik eserini oluşturan ezgilerin bütünü.

bestelemek (f) Beste yapmak.

beşer (s) 1. İnsanoğlu, insan. 2. Her biri beş adet olan.

beşgen (i) Arka arkaya gelen beş kenarın oluşturduğu kapalı biçimde oluşan türlü şekillerden her biri.

beşik (i) Süt çocuklarını yatırmaya ve sallayarak uyutmaya yarayan tahta veya demirden yapılmış sallanır bir çeşit küçük karyola.

beter (s) *Far.* Daha kötü, iyice kötü.

beton (i) *Fr.* Çimentonun su yardımıyla kum, çakıl gibi maddelerle karışması sonucu oluşan sert dayanıklı yapı malzemesi.

bey (s) Günümüzde erkek adlarından sora kullanılan saygı sözü.

beyan (i) Bildirme, anlatım; açık söyleme.

beyefendi (s) *bis.* Saygı belirtmek için erkek adlarının sonuna getirilen veya bu adların yerine kullanılan san.

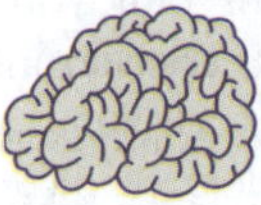

beyin (i) Kafatasının üst bölümünde beyin zarı ile örtülü, iki yarım yuvar biçiminde düşünce, duygu ve hareketleri yöneten organ.

beyincik (i) Kafatasının art bölümünde ve beynin altında, hareket dengesi merkezi olan organ.

beylik (i) Bey olma durumu.

bez (i) Pamuk veya keten ipliğinden yapılan dokuma.

bezdirmek (f) Bıktırmak, usandırmak, bıkkınlık vermek.

bezemek (f) Süslemek, donatmak.

bezgin (s) Yaşama veya iş görme isteğini yitirmiş.

bezmek (f) Bezgin duruma gelmek, bezginlik getirmek, bıkıp usanmak.

bıçkı (i) Tahta veya ağaç biçmekte kullanılan, karşılıklı iki sapı olan ve iki kişi tarafından kullanılan büyük testere.

bıçkın (s) Kabadayı.

bıkmak (f) Tekrarlanması, sürüp gitmesi yüzünden bir şeyden doygunluk veya yorgunluk duyarak onu istemez duruma gelmek, usanmak.

bırakmak (f) 1. Elde bulunan bir şeyi tutmaz olmak. 2. Koymak.

biberlik (i) 1. Biber konulan küçük kap. 2. Biber yetiştirilen yer.

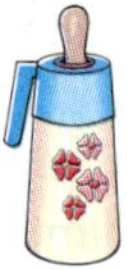

biberon (i) *Fr.* Genellikle süt çocuklarına süt ve sulu yiyecekleri içirmekte kullanılan emzikli şişe.

bibi (i) *hlk.* Babanın kız kardeşi, hala.

biblo (i) *Fr.* Çeşitli maddelerden yapılan heykel, vazo gibi zarif süs eşyası: *Biblo gibi ufak tefek, zarif (kız).*

biçare (s) *Far.* Çaresiz, zavallı (kimse).

biçerdöver (i) Ekin biçen, döven, taneleri ayıran, samanı bağlam veya balya durumuna getiren makine.

biçim (I) (i) Dış görünüş şekil.

biçim (II) (i) Biçmek işi.

biçimlendirmek (-i) Bir şeye belirli bir biçim vermek, şekillendirmek.

biçimli (s) 1. Biçimi güzel olan, mevzun. 2. Ortamına uygun düşen, yakışık alan.

biçimsiz (s) Kendine özgü bir biçimi olmayan, biçimi bozuk, şekilsiz.

biçki (i) Dikilecek kumaşı belli bir modele ve ölçüye göre kesmek.

biçmek (f) 1. Belli bir biçim vererek kesmek. 2. Ekini otu orakla, tırpanla, makine ile kesmek.

bidon (i) *Fr.* İçine sıvı maddeler konulan, sac, plastik veya çinkodan yapılmış, çoğunlukla silindir biçiminde kap.

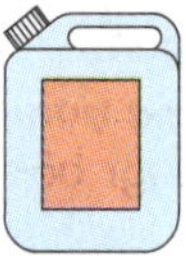

B
b

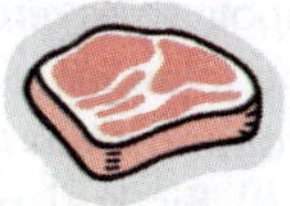

biftek (i) *Far.* Izgara veya tavada pişirilen dana eti dilimi.
bikini (s) *Fr.* İki parçalı kadın mayosu.
bildik (s) Tanıdık.
bildiri (i) Resmî bir makam, kurum veya bir topluluk tarafından herhangi bir durumu ilgililere duyurmak için yazılan yazı.
bildirmek (f) Herhangi bir şeyi haber vermek.
bile (zf) 1. Birlikte. 2. (e) Aynı zamanda, da, de, dahi.
bileği (i) Kesici araçları bilemek için kulanılan alet.
bilek (i) Elle kolun, ayakla bacağın birleştiği bölüm.
bilemek (f) Kesici aletleri zımpara veya bileği taşında keskinleştirmek, keskin duruma getirmek, keskinleştirmek.
bilet (i) *Fr. İt.* Para ile alınan, konser, sinema, tiyatro gibi eğlence yerlerine girme, ulaşım araçlarına binme veya bir talih oyununa katılma imkânını veren belge.
bilge (i) Bilgili,iyi ahlaklı, olgun ve örnek (kimse).
bilgi (i) İnsan aklının erebileceği olgu, gerçek ve ilkelerin bütününe verilen ad.
bilgiç (i) Bilgili kimse.
bilgin (i) Bilimsel bir konuda çok bilgisi olan (kimse).

bilgisayar (i) *bis.* Kendisine verilen bir işi çok

hızlı ve doğru bir biçimde yapmaya yarayan elektronik araç.

bilim (i) Evrenin veya olayların bir bölümünü konu olarak seçen, deneye dayanan yöntemler ve gerçeklerden yararlanarak yasalar çıkarmaya çalışan düzenli bilgi.

bilim kurgu (i) Biraz bilime daha çok hayale dayanan film, roman gibi eserlere verilen ad.

bilimsel (s) Bilimle ilgili, bilime dayanan.

bilinçaltı (i) Henüz bilince çıkmamış, duyguların bulunduğu sanılan zihin bölümü; şuuraltı.

bilinmez (s) Ne olduğu belli olmayan.

billur (i) Duru ve temiz kesme cam, kristal.

bilmece (i) Bir şeyin adını söylemeden, özelliklerini üstü kapalı söyleyerek o şeyin ne olduğunu bulmaya çalışma oyunu.

bilmek (f) Bir şeyi anlamış veya öğrenmiş bulunmak.

bina (i) *Ar.* Yapı.

binbaşı (i) Rütbesi yüzbaşı ile yarbay arasında bulunan subay.

binmek (s) Yüksek bir şeyin veya bir hayvanın üstüne çıkıp ayaklarını sallandırarak oturmak.

binlik (i) Bin liralık kâğıt para.

bir (i) Sayıların ilki.

birader (i) 1. Erkek kardeş 2. Seslenme biçimi.

birçok (s) *bis.* Oldukça çok, sayısı belirsiz, bir hayli, müteaddit.

birdenbire (zf) Ansızın, hemencecik, beklenmedik bir sırada.

birebir (s) *bis.* Etkisi kesin olan.

birer (s) Her birine bir.

biricik (s) Eşi, benzeri, ikincisi olmayan ve çok sevilen, tek.

birikinti (i) Bir yerde kendi kendine birikmiş olan şey.

birikmek (f) Toplanıp yığılmak.

birinci (s) Zaman, yer sıra bakımından başkalarından önce gelen.

birlik (i) Birleşmiş bir arada olma durumu.

birlikte (zf) Bir arada, beraberce.

birtakım (s) *bis.* Belirsiz olarak çokluğu anlatır.

biyografi (i) Yaşam öyküsü.

biyoloji (i) Doğabilim, yaşambilim.

biz (zm) Çoğul birinci kişi.

bobin (i) Makara.

bodrum (i) Bir yapının yol düzeyinden aşağıda kalan bölümü.

bodur (s) Enine göre boyu kısa ve tıknaz.

boğa (i) Damızlık erkek sığır.

boğaz (i) Boynun ön bölümü ve bu bölümü oluşturan organlar.

boğazlamak (f) Hayvan veya insanı boğazından keserek öldürmek.

boğmak (f) Bir canlıyı, soluk almasına engel olarak öldürmek.

boğuk (s) Kısılmış (ses).

boğulmak (f) Boğulmak işine konu olmak, havasızlıktan ölmek.

bohça (i) İçine çamaşır, elbise gibi şeyler koyup sarmaya yarayan dört köşe kumaş.

bohçalamak (f) Birşeyi bohça içine koyup sarmak.

boks (i) Belirli kurallara uyarak yapılan yumruk dövüşü.

boksör (i) Boks oynayan kimse.

bol (s) İçine girecek şeyin boyutlarından daha büyük veya geniş olan.

bomba (i) Canlı veya cansız hedeflere atılan, içi yakıcı ve yıkıcı maddelerle doldurulmuş, türlü büyüklükte patlayıcı, ateşli silah.

borazan (i) *T. Far.* Üfleyerek çalınan, perdesiz çalgı, boru.

borç (i) Ödemesi gerekli para veya başka bir şey.

borçlu (s) Borcu olan, borç almış olan, verecekli.

bornoz (i) Banyodan çıkarken kurulanmak için kullanılan, önden açık, havludan yapılmış giyecek.

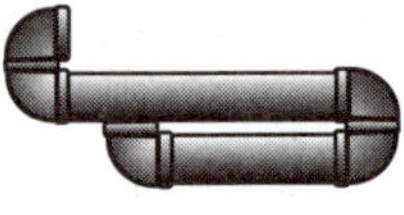

boru (i) Bir yerden başka bir yere sıvı veya gaz aktarmaya yarayan, içi boş, uçları açık, uzun ve dar silindir.

bostan (i) Sebze bahçesi.

bostancı (s) Bostan işleriyle uğraşan kimse.

boş (s) İçinde, üstünde hiç kimse veya hiçbir şey bulunmayan.

boşanmak (f) (karı koca) Mahkeme kararı ile birbirinden ayrılmak.

boşboğaz (s) Saklanması gereken şeyleri söyleyiveren, sır saklayamayan, geveze.

boy (I) (i) Bir şeyin tabanı ile en yüksek noktası arasındaki uzaklık. (II) (i) Ortak bir atadan türedikleri düşünülen topluluk, kabile, klân.

boya (i) Dış etkilerden korumak için eşyanın üzerine sürülen veya içine katılan renkli madde.

boyamak (f) Boya sürerek veya boyaya batırarak renk vermek.

boykot (i) *Fr.* Direniş.

boylam (i) Yeryüzündeki herhangi bir noktanın meridyen dairesiyle başlangıç olarak alınan Greenwich gözlem evinin meridyen dairesi arasındaki açı değeri.

boylu (s) Boyu olan.

boynuz (i) Bazı hayvanların başında bulunan, tırnaksı bir maddeden, uzun, kıvrık veya çatallı koruma organı.

boyun,-ynu (i) Gövdenin başla omuz arasında kalan bölgesi.

boyun bağı (i) Gömlek yakasının altından geçi-

rilip süs olarak bağlanan uzun enlice kumaş parçası, kravat.

boyut (i) Bir cismin herhangi bir yöndeki uzunluk, genişlik ve yükseklik-lerden biri.

boz (s) Kül rengi.

boza (i) Arpa, darı, mısır, buğday gibi tahılların hamurunun ekşitilmesiyle yapılan koyuca, tatlı veya mayhoş içecek.

bozgun (i) Bir toplulukta karşılıklı güvenin bozulması ile beliren karışıklık.

bozkır (i) Kurak, ağaçsız, kuru otlarla kaplı doğal bölge.

bozmak (i) Bir şeyi kendisinden beklenilen işi yapamayacak duruma getirmek.

bozuk (s) Bozulmuş olan.

bozulmak (f) (yiyecek için) 1. Kokmak, yenilmeyecek duruma gelmek, ekşimek. 2. Kızmak, içerlenmek.

bozuşmak (f) Araları açılmak.

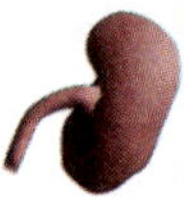

böbrek (i) Kandaki zararlı maddeleri süzen, idrar salan, omurganın sağ ve sol yanında bulunan çift organlardan her biri.

böbürlenmek (f) Övünerek kabarmak, kurulmak.

böcek (i) Çoğu kanatlı ve vücutları baş, göğüs, karın olarak eklemlerden oluşmuş hayvan sınıfı, haşere.

bölge (i) Kendine has özellikleri ile çevresinden ayrılmış alan.

bölmek (f) Bir bütünü iki veya daha çok parçaya ayırmak.

bölü (i) Bölme işlemini gösteren işaretin "/" okunuşu."a/b", "a bölü b" diye okunur.

bölük (i) Bir bütünden ayrılmış olan parça, kısım.

bölünme (i) Bölünmek işi.

bölünmez (s) Parçalanmaz, ayrılamaz.

bölüşmek (f) İki veya daha çok kimse aralarında herhangi bir şeyi paylaşmak, payını almak.

börülce (i) Fasulyeye benzer bir sebze.

böyle (s) Bunun gibi, buna benzer.

bronşit (i) Bir akciğer rahatsızlığı.

bronz (i) Tunç.

bu (s. zm) Bir sözde veya işaret edilenler arasında en yakın olanı gösterir.

bucak (i) Kenar, köşe, yer.

buçuk (s) Sayılardan sonra kullanılır, yarım anlamına gelir.

buçuklu (s) Kesirli.

budala (s) Zekâca geri.

budamak (f) Daha çok ürün almak veya düzgün bir biçim vermek amacıyla ağaç, asma gibi bitkilerin dallarını kesmek, dallarını kısaltmak.

bugün (i) İçinde bulunduğumuz gün.

buğu (i) Isı etkisiyle gaz durumuna geçen sıvı.

buğulamak (f) Buğudan geçirmek, buğuya tutmak.

buhar (i) *Ar.* Isı etkisiyle sıvıların ve bazı katıların dönüştükleri gaz durumu.

buhran (i) *Ar.* Bunalım, bunluk, kriz.

bukalemun (i) Bulunduğu ortama göre renk değiştiren bir çeşit kertenkele.

buket (i) *Al.* Çiçek demeti.

bukle (i) *Fr.* Lüle

bulamaç (i) Sulu, cıvık hamur.

bulandırmak (f) Bulanmasına yol açmak, bulanmasını sağlamak.

bulanık (s) Bulanmış olan, duru olmayan.

bulantı (i) Midede duyulan ve insana kusacak gibi bir duygu veren durum.

bulaşıcı (s) Birinden başkasına geçen bulaşan.

bulaşık (i) Yiyecek veya içecekte kullanılan yıkanmamış mutfak eşyası veya kap kacak.

bulaşmak (f) Bir nesne, üzerine sürülen bir şey yüzünden kirlenmek.

bulgur (i) Kaynatılıp kurutulduktan ve kabuğu çıkarıldıktan sonra kırılan buğday.

bulmaca (i) Çeşitli biçimlerde düzenlenen ve düşündürerek, aratarak buldurmayı amaç edinen oyun.

bulmak (f) Ararken ya da aramadan bir şeyle karşılaşmak.
buluş (i) Yeni bir şey bulma.
buluşmak (f) Kararlaştırarak bir yerde bir araya gelmek.
bulutlanmak (f) Gökyüzünün bulutlarla kaplanması.
bulvar (i) *Fr.* Ağaçlı geniş cadde.
bunalmak (f) Çok sıkılmak.
bunama (f) Zihinsel yeteneğin zayıflaması.
bunca (s) Epey, çok.
bura (i) Bu yer.
burçak (i) Baklagillerden, taneleri hayvan yemi olarak kullanılan yıllık bir yem bitkisi.
burkulmak (f) Vücuttaki organlardan biri birdenbire kendi eklemi üzerinde dönmek.
burmak (f) Bir şeyi iki ucundan tutup ekseni çevresinde çevirerek bükmek.
burs (i) *Fr.* Bir öğrencinin öğrenimini yapması veya bir kimsenin bilgi ve görgüsünü artırması için belli bir süre devlet veya özel kuruluşlarca, ödenen aylık para.

burun, -rnu (i) Alınla üst dudak arasında bulunan, çıkıntılı, iki delikli koklama ve solunum organı.
buruşmak (f) Düzgünlüğü bozulmak, üzerinde kırışık ve katlamalar olmak.
buruşuk (s) Gerginliği, düzgünlüğü kalmamış buruşmuş olan.

but (i) Vücudun kalça ve diz arasındaki bölümü.

buyruk (i) Belirli bir davranışta bulunmaya zorlayan söz.

buyurmak (f) Bir şeyin yapılmasını veya yapılmamasını kesin olarak söylemek, emretmek.

buz (i) Donarak katı duruma gelmiş su.

buzağı (i) Sütten kesilmemiş sığır yavrusu.

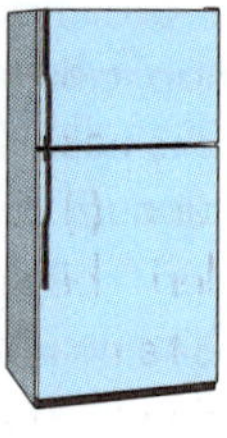

buzdolabı (i) Yiyeceklerin bozulmadan saklanması için soğutucu motorla çalışan dolap.

buzul (i) Kutup bölgelerinde veya dağ başlarında aşağıya doğru ağır ağır yer değiştiren büyük kar ve buz kütlesi.

buzluk (i) Buzdolabının içinde buz ve donmuş yiyecek bulunduran kısmı.

bücür (s) Ufak tefek ve kısa boylu, bodur.

büfe (i) *Fr.* 1. İçine sofra takımlarının konduğu dolap. 2. İçecek ve yiyecek türü şeylerin satılıp tüketildiği yer.

bükmek (f) Sertçe çevirmek, kıvırmak.

bülûğ (i) *A.* Ergenlik, erinlik.

bünye (i) *Ar.* Vücut yapısı.

büro (i) *Fr.* Çalışma odası, yazı işlerinin yapıldığı yer.

bürümek (f) Sarmak, kaplamak, örtmek.

büsbütün (zf) İyiden iyiye, tamamıyla.

büst (i) *Fr.* Vücudun, omuzlarla birlikte göğüsten yukarı bölümünü gösteren heykel.

bütün (s) Eksiksiz, tam.

bütünlemek (f) Eksiksiz duruma getirmek, tamamlamak.

büyü (i) Tabiatın kanunlarına aykırı sonuçlar elde etmek iddiasında olanların başvurdukları gizli işlem ve davranışlara verilen genel ad, sihir.

büyücü (i) Büyü ile uğraşan kimse.

büyük (s) Boyutları benzerlerinden daha fazla olan, küçük karşıtı: *Çınar ağaçları, çam ağaçlarından büyüktür.*

Büyükayı (i) Kuzey yarım kürede yedi yıldızdan oluşmuş takım yıldız.

büyük baba (i) Annenin veya babanın babası, dede.

büyülemek (f) 1. Etkisi altına almak, birini kendine bağlamak. 2. Sözde büyü ile etki altına almak.

büyültmek (f) Bir şeyi büyük durumuna getirmek.

büyümek (f) Büyük duruma gelmek, gelişmek.

büyüteç (i) Cisimleri büyük göstererek gözlemlenmesini kolaylaştıran mercek.

büyütmek (f) 1. Yetiştirmek, bakmak. 2. Abartmak.

büzmek (f) Buruşturarak, sıkıştırarak veya kıvırarak bir şeyi küçük hâle getirmek.

büzülmek (f) Korku, şaşkınlık, soğuk gibi etkenlerle bir kenara sinmek, bir kenara çekilmek.

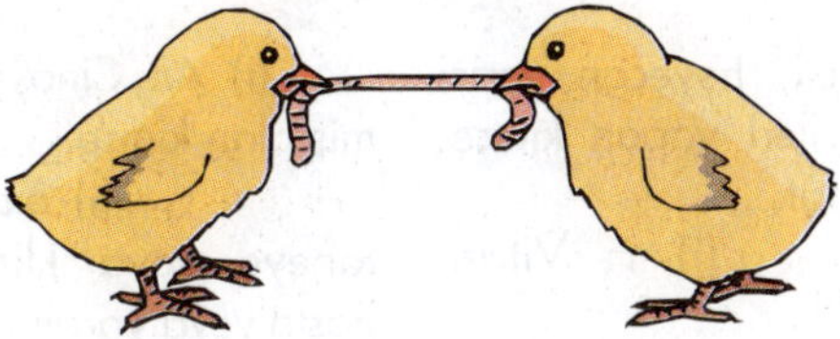

C c

c, C Türk alfabesinin üçüncü harfi. Romen rakamının yüz sayısı.

caba (i) Bir şey ödemeden alınan şey, bedava: *Bu öykü benden sana cabadır.*

cacık (i) Yoğurt, ayran içine hıyar veya marul doğranarak yapılan, çoğu kez sarımsaklı, iştah açıcı yiyecek.

cadde (i) *Ar.* Şehir içinde ana yol.

cadı (i) *Far.* Geceleri dolaşarak insanlara kötülük ettiğine inanılan hortlak.

cahil (s) *Ar.* Öğrenim görmemiş, okumamış bilgisiz.

caka (i) Gösteriş, çalım, kabadayılık, fiyaka.

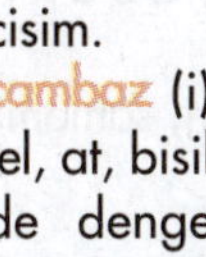

cam (i) *Far.* Kumun ateşte pişirilmesiyle yapılan sert, saydam ve çabuk kırılır cisim.

cambaz (i) *Far.* Yerde ve tel, at, bisiklet vb. üzerinde dengeye dayanan,

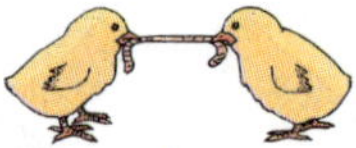

tehlikeli, heyecan verici gösterileri yapan kimse, akrobat.

camekân (i) *F.* Vitrin, sergilik.

cami (I) (i) *Ar.* Müslümanların hep birlikte namaz kılmak için toplandıkları yer.

camia (i) Topluluk, zümre.

can (i) *Far.* İnsan ve hayvanlarda yaşamayı sağladığına ve ölümle vücuttan ayrıldığına inanılan madde dışı varlık.

canan (i) Gönülden sevilen, gönül verilmiş olan kadın, sevgili.

canavar (i) *Far.* Masallarda sözü geçen yabani, yırtıcı hayvan.

candan (s) İçten, samami, cana yakın.

cani (i) *Ar.* Cinayet işlemiş olan kimse.

cankurtaran (i) *bis.* Hastaneye veya kliniklere hasta veya yaralı taşımaya özgü araç, ambülans.

canlandırmak (f) Canlanmasını sağlamak, canlanmasına yol açmak.

canlı (s) Canı olan, diri, yaşayan.

cansız (s) Canını yitirmiş, ilgi uyandırmayan, sönük.

cascavlak (s) (baş için) Saçsız, çok tüysüz, hiç tüyü olmayan.

casus (i) *Ar.* Bir devletin veya bir kimsenin sırlarını başkasının hesabına öğrenmeyi üstüne alan kimse.

caydırmak (f) Caymasını sağlamak, kararından döndürmek, vazgeçirmek.

caymak (f) Sözünden, kararından dönmek, vazgeçmek.

cazip (s) İlgi uyandıran, çekici, elverişli.

Cebrail (i) İslam inanışına göre Allah'la peygamberler arasında iletişim kuran melek.

cefa (i) *Ar.* Büyük sıkıntı, üzüntü, eziyet.

cehalet (i) *Ar.* Bilgisizlik, bilmezlik.

cehennem (i) *Ar.* Dini inanışlara göre, kötülük yapanların öldükten sonra ceza görecekleri yer.

ceket (i) Erkeklerin ve kadınların giydiği, genellikle önden düğmeli, kollu giysi.

cellat (i) *Ar.* Ölüm cezasına çarptırılanları öldürmekle görevli olan kimse.

cemre (i) Şubat ayında havaya daha sonra suya düştüğüne inanılan sıcaklık artış durumu.

cenaze (i) *Ar.* Kefenlenip tabuta konmuş, gömülmeye hazırlanmış insan ölüsü.

cendere (i) *Far.* Bir şeyi sıkmak, ezmek gibi işlerde kullanılan mekanizma.

cennet (i) Dini inanışlara göre, iyilik yapanların, günahsızların, öldükten sonra sonsuz bir mutluluğa kavuşacakları yer.

cenk (i) *F.* Savaş.

centilmen (i) *İng.* İyi arkadaşlık eden, saygılı, görgülü.

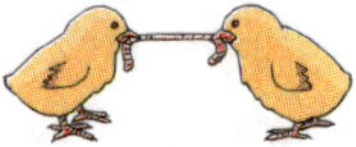

cep (i) *Ar.* Giysilerde içine birşey koymaya yarayan bölüm.

cephane (i) *bis.* Ateşli silahlarla atılmak için hazırlanan her türlü patlayıcı madde.

cephe (i) *A.* Savaş boyu, savaş bölgesi.

cereyan (i) *Ar.* Bir yöne doğru akma, akış.

cerrah (i) *A.* Ameliyat yapan doktor.

cesaret, ti (i) Güç veya tehlikeli bir işe girişirken kişinin kendine bulduğu güven, yüreklilik, yiğitlik, yürek ve göz pekliği.

ceset (i) *Ar.* Ölü vücut.

cesur (s) *Ar.* Yürekli, cesaretli.

cetvel (i) *Ar.* Doğru çizgileri çizmeye yarayan, dereceli veya derecesiz, tahtadan, plastikten veya madenden yapılmış araç.

cevap (i) Bir soruya, bir isteğe, bir söz veya yazıya verilen karşılık, yanıt.

ceza (i) *Ar.* Uygun görülmeyen tepki ve davranışları önlemek için üzüntü, sıkıntı, acı veren uygulama.

cezaevi (i) Hükümlülerin içinde tutuldukları yapı, hapishane, mahpushane.

cezve (i) *Ar.* Kahve pişirmeye yarayan, saplı, silindire benzer küçük kap.

cılız (s) Çok zayıf ve güçsüz.

cıva (i) Bir çeşit sıvı maden.

cıvata (i) Cisimleri birbirine bağlamaya yarayan ucuna somun takılıp sıkıştırılan vida.

cıvıltı (i) Kuşların ötüşürken çıkardıkları ses.

cızbız (s) Izgarada pişirilmiş (et).

cızırdamak (f) Cızır cızır ses çıkarmak.

cibinlik (i) Sivrisinekten ve başka böceklerden korunmak için yatağın üstüne ve yanlarına gerilen çadır biçiminde tül.

cici (s) Sevimli, cana yakın, hoş, güzel, hoşa giden.

ciddi (s) Ağırbaşlı, gerçek, önemli.

ciğer (i) Akciğerlerle kara ciğerlerin ortak adı.

cihan (i) Evren.

cihaz (i) *Ar.* Aygıt, alet, takım.

cila (i) Bir şeyi parlatmak için kullanılan kimyasal birleşik.

cilt (i) *Ar.* 1. Deri, ten. 2. Bir eserin ayrı ayrı basılan bölümlerinden her biri.

cilve (i) Hoşa gitmek için yapılan davranış, kırıtma, naz.

cimri (s) *Far.* Elindeki parayı harcamaya kıyamayan.

cin (I) (i) 1. Masallara ve bazı inançlara göre, göze görünmeyen yaratık. 2. *mec.* Akıllı, zeki.

cinayet (i) *Ar.* Adam öldürme.

cingöz (s) Açıkgöz, hiç aldatılmayan.

cisim (i) *Ar.* Maddenin biçim almış durumu. *Sı-*

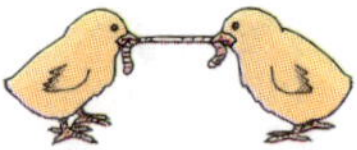

ra, masa, tahta, taş birer cisimdir.

coğrafya (i) Yeryüzünün şeklini, yapısını, iklimini ve insanları inceleyen bilim dalı.

coşku (i) Genellikle büyük bir istekle ortaya çıkan geçici hayranlık veya heyecan durumu.

coşmak (i) Duygu ve düşünceleri güçlü bir tepki ile dışarı vurmak, galeyan etmek.

cömert (s) Para ve malını esirgemeden veren, eli açık.

cumhurbaşkanı (i) Cumhuriyetle yönetilen ülkelerde devlet başkanı.

cumhuriyet, -ti (i) Milletin, egemenliği kendi elinde tuttuğu ve bunu belirli süreler için seçtiği millet vekilleri aracılığı ile kullandığı devlet biçimi.

curcuna (i) Gürültülü, karışık durum.

cüce (i) *Far.* Boyu, normalden çok daha kısa olan.

cümbüş (i) 1. Eğlence. 2. Telli bir Türk sanat müziği aleti.

cümle (i) *Ar.* Bir duygu, düşünce ya da eylemi tam olarak anlatmaya yarayan kelime veya kelimelerden oluşmuş söz ya da söz dizisi.

cüzdan (i) *Far.* Cebe girecek büyüklükte, para ve kâğıt konmaya yarar küçük çanta.

Ç ç

ç, Ç Türk alfabesinin dördüncü harfi.

çaba (i) Herhangi bir işi yapmak için ortaya konan güç, zorlu, sürekli çalışma.

çabalamak (f) Güç bir durumdan kurtulmaya uğraşmak.

çabucak (zf) Çok çabuk, vakit geçirmeden, çabucacık, hızla.

çabuk (zf) Alışılandan veya gösterilenden daha kısa bir zamanda tez.

çadır (i) Keçe, deri, kıl dokumaya sık dokunmuş kalın bezden yapılarak direklerle tutturulan, taşınabilir barınak.

çağ (i) Zaman parçası, vakit.

çağdaş (s) Bulunan çağın anlayışına, şartlarına uygun olan, modern.

çağdaşlaşmak (f) Çağın tutumuna, anlayışına, gereklerine uymak.

çağdışı (s) Çağın gerektirdiği şartların gerisinde kalmış.

çağırmak (f) Birinin gelmesini kendisine yüksek

sesle söylemek, seslenmek.

çağla (i) Olmamış ham yemiş.

çağlamak (f) Köpürerek ve ses çıkararak coşkun bir biçimde akmak.

çağlayan (i) Küçük bir akarsuyun, çok yüksek olmayan bir yerden dökülüp aktığı yer, küçük şelale.

çağrı (i) Birinin bir yere gelmesini isteme, davet.

çağrışım (i) Sözcüklerin, düşüncelerin, hayallerin arkasında bulunan benzerlik.

çakıl (i) Küçük veya orta boyda taş parçası, çakıl taşı.

çakır (i) Açık mavi.

çakmak (i) Taşa vurulup kıvılcım çıkarılan çelik parçası.

çakmak (f) Çivi ile tutturmak.

çaldırmak (f) Hırsıza kaptırmak.

çalgı (i) Müzik aleti, enstrüman.

çalı (i) Böğürtlen, ahu dudu gibi ağaççıktan küçük, dalları çok çatallı ve sapları odunsu bitki.

çalılık (i) Çalısı çokta olan yer.

çalım (i) Gösteriş, karşıdakini etkileme amacıyla yapılan davranış.

çalkanmak (f) 1. (deniz, göl için) Dalgalanmak. 2. (haber, söylenti) Herkesin ağzında dolaşmak.

çalkantı (i) Kargaşa ve bunalımın yol açtığı düzensiz, karışık, sıkıntılı durum.

çalmak (f) Başkasının malını gizlice almak, hırsızlık etmek, aşırmak.

çam (i) İğne yapraklı bir iğne ağacı.

çamaşır (i) *Far.* 1. İç giysisi. 2. Yıkanması gerekli kirli.

çamur (i) Su ile karışıp, bulaşır ve içine batılır duruma gelmiş toprak, balçık.

çan (i) İçinden sarkan tokmağının kenarlara vurmasıyla ses çıkaran madenden araç.

çanak (i) Toprak, metal vb. den yapılmış yayvan, çukurca kap.

çanta (i) Bezden, deriden ya da plastikten yapılmış ufak tefek şeyleri taşıma maksadıyla kullanılan araç.

çapa (i) *İt.* Tarlada toprağı işlemek için kullanılan ağaç saplı demir kazı aracı.

çapak (i) Göz pınarlarında ve kirpiklerde birikerek pıhtılaşan veya kuruyan akıntı.

çapalamak (f) Çapa ile kabartmak.

çapraz (s) Eğik olarak birbiriyle kesişen.

çarçapuk (zf) Pek çabuk, çabucacık, hemencecik.

çarçur etmek (f) Gereksiz yerlere harcayıp tüketmek.

çardak (i) Tarla, bahçe gibi yerlerde ağaç dalların-dan örülmüş barınak.

Ç ç

çare (i) *Far.* Bir sonuca varmak, ortadaki engelleri kaldırmak için tutulması gereken yol, çıkar yol, çözüm yolu.

çaresiz (s) Çaresi bulunmayan.

çarık (i) Sığır derisinden yapılan ve deliklerine geçirilen şeritle sıkıca bağlanan ayak giyeceği.

çark (i) *Far.* Bir eksenin döndürdüğü tekerlek biçimindeki makine parçası.

çarpan (i) Bir çarpmada çarpılan sayı.

çarpık (s) Düzgünlüğünü yitirerek eğrilmiş.

çarpım (i) Çarpma işleminin sonucu olan sayı.

çarpıntı (i) Hızlı ve sık vurma.

çarpmak (f) Hızla değmek, vurmak.

çarşaf (i) *Far.* Yatağın üstüne serilen veya yorgan kaplanan bez örtü.

çarşı (i) Dükkânların bulunduğu alışveriş yeri.

çat (I) (i) Sert bir şeyin kırılırken çıkardığı ses. (II) (i) *hlk.* İki yolun veya iki derenin birleştiği yer, kavşak.

çatal (i) Yemek yerken kullanılan iki, üç veya dört uzun dişli çoğunlukla metal araç.

çatallaşmak (nsz) İki veya daha çok ihtimal ortaya çıkarak anlaşılması güç bir duruma gelmek.

çatal ses (i) İki perdeden çıkar gibi olan ve kulağı tırmalayan ses.

çatapat (i) Ayakla çiğnenince veya bir yere sürtülünce çat pat diye patlayan bir eğlence fişeği.

çatı (i) Bir yapının, bir evin damını kuran parçaların bütünü.

çatırdamak (f) Çatır diye ses çıkarmak.

çatışmak (f) Birbirine çatmak veya çatılmak.

çatlamak (f) Parçaları ayrılıp dağılmayacak biçimde yarılmak.

çavdar (i) Buğdaygillerden, unlu tane veren bir bitki.

çavuş (i) Onbaşıdan sonra gelen ve görevi manga komutanlığı olan er rütbesi.

çay (i) Üzerinde çay yaprakları yetişen ağaççık. Bu yaprağın haşlanması ile elde edilen güzel kokulu ve sarımtırak kırmızı renkli içecek.

çay (i) Dereden büyük, ırmaktan küçük akarsu.

çaydanlık (i) İçinde çay pişirilen kap.

çayır (i) Üzerinde gür ot biten düz ve nemli yer.

çaylak *mec.* Toy, tecrübesiz, acemi.

çekecek (i) Ayakkabı ile topuk arasına sokularak, ayağın ayakkabıya kolay girmesini sağlayan, maden, boynuz ve plastik maddeden yapılmış alet.

çekememek (f) 1. Çekmek işini yapamamak. 2. Katlanamamak, kıskanarak hoş görmemek.

çekici (s) Alımlı, cazibeli.

çekidüzen (i) Düzenlilik, özen, itina.

çekik (i) Yanlara doğru çekilmiş olan.

çekilmek (f) 1. Kendini geriye veya bir yana çekmek. 2. Bir işten, bir görevden isteği ile ayrılmak.

çekiliş (i) Çekilme işi: *Piyango, yılbaşı çekilişi.*

çekingen (s) Herşeyden çekinme huyu olan, ürkek, sıkılgan.

çekinmek (f) Saygı, korku utanma gibi duygularla bir şeyi yapmak istememek, kaçınmak.

çekirge (i) Uzağa sıçrayabilen ekinlere zararlı bir tür böcek.

çekişmek (f) İki yönünden karşılıklı çekmek.

çekmece (i) Masa, dolap gibi şeylerin dışarıya çekilen gözü, çekme.

çekmek (f) Bir şeyi tutup kendine veya başka bir yöne doğru yürütmek.

çelenk (i) Çiçek, dal ve yapraklarla yapılmış halka.

çelik (i) Demirin ısıtıldıktan sonra suyla soğutularak sertleştirilmiş hâli.

çelimsiz (s) Güçsüz, nahif.

çelişme (i)Birbirine ters olma, birbirini tutmama.

çelme (f) Birini yere düşürmek için ayağının önüne ayak uzatmak.

çeltik (i) Kabuğu ayıklanmış pirinç.

çember (i) Merkez denilen sabit bir noktadan aynı uzaklıktaki noktaların kümesinin oluşturduğu kapalı eğri.

çengel (i) *Far.* Bir yere takılmaya, geçirilmeye yarayan eğri ve ucu sivri demir.

çengelli (s) Çengeli olan veya ucu çengel biçiminde olan.

çentik (i) Bir şeyin kenarlarından kesilerek veya kırılarak açılan küçük kertik.

çepçevre (zf) Bütün yanlarını kuşatacak biçimde, çepeçevre.

çerez (i) Asıl yemekten sayılmayan, peynir, zeytin gibi yiyecekler.

çeşit (i) Aynı türden olan şeylerin bazı özelliklerle ayrılan öbeklerinden her biri, tür.

çeşitli (s) Çeşidi çok olan, türlü.

çeşme (s) *Far.* Çoğunlukla hekesin yararlanması için yapılan, borularla gelen suyun bir oluktan veya musluktan aktığı, yalaklı su hazinesi veya yapısı.

çete (i) Ordu birliklerinden olmayan silahlı küçük birlik.

çetin (s) Amaçlanan duruma getirilmesi, elde edilmesi, çözümlenmesi, işlenmesi güç veya engeli çok olan.

çevik (s) Kolaylık ve çabuklukla davranan.

çevirmek (f) Bir şeyin yönünü değiştirmek.

çevre (i) Bir şeyin yakını, etraf.

çevrelemek (f) İçine almak, kuşatmak, sarmak.

çeyiz (i) *Ar.* Gelin için hazırlanan her türlü eşya.

çeyrek (s) *Far.* Dörtte bir.

çığ (i) Dağın bir noktasından kopup yuvarlanan ve yuvarlandıkça büyüyen kar kümesi.

çığır (i) 1. Çığın kar üzerinde açtığı iz. 2. Hayvanların gide gele açtıkları ince yol.

çığırtkan (i) Bir şeyi yüksek sesle çevreye duyuran.

çığlık (i) Acı acı veya ince keskin bağırma.

çıkagelmek (f) Beklenmedik bir zamanda gelmek.

çıkar (f) Dolaylı bir biçimde elde edilen kazanç, menfaat.

çıkarmak (f) (birinin veya bir şeyin) Çıkmasını sağlamak, çıkmasına sebep olmak.

çıkı (i) Küçük bohça, çıkın.

çıkık (i) Yerinden çıkmış (kemik veya organ)

çıkıkçı (i) Çıkıkları düzelten kimse, kırıkçı.

çıkın (i) Bir beze sarılarak düğümlenmiş küçük bohça.

çıkıntı (i) Bir yüzeyde ileri doğru çıkan bölüm.

çıkış (i) Çıkmak işi veya biçimi.

çıkışmak (f) Bir kimseye hoşa gitmeyen bir davranışından dolayı sert sözler söylemek, azarlamak.

çıkmak (f) İçeriden dışarıya varmak, gitmek.

çıkmaz (s) Sonu kapalı, çıkış yeri olmayan, hiçbir yere ulaşamayan.

çıldırmak (f) Delirmek, aklını oynatmak.

çılgın (i) Aşırı davranışlarda bulunan, deli.

çıngırak (i) Küçük çan.

çınlamak (f) Çın diye ses çıkarmak.

çıplak (s) Üstünde bulunması gereken giysi, örtü vb. bulunmayan.

çıra (i) *Far.* Çam gibi reçineli ağaçların yağlı ve çabuk yanmaya elverişli bölümü.

çırak (i) Zanaat öğrenmek için bir ustanın yanında çalışan kimse.

çırpınmak (f) Acı ile kımıldanmak.

çırpmak (f) Hızla ve kesik kesik silkelemek.

çıt (i) Küçük bir şeyin kırılırken çıkardığı hafif ve süreksiz ses.

çıta (i) Düzgün biçilmiş uzun ve ensiz tahta.

çıtçıt (i) *bis.* Üzerinde dikili bulundukları şeyin iki kenarını üst üste getirerek birleştirmeye yarayan iki parçadan yapılmış metal tutturmalık.

çıtlamak (f) Çıt sesi çıkartmak.

çıyan (i) Sarımtrak renkte, birçok ayağı olan zehirli bir böcek.

çift (s) 1. Birbirini tamamlayan iki tekten oluşan. 2. (i) Karı ve koca. 3. (s) İki ile bölünebilen bütün sayılar.

çift küme (i) *astr.* Birbirine çok yakın iki yıldız kümesi.

çiftleşmek (nsz, -le) Bir şey tek iken bir tanesinin daha katılmasıyla iki olmak.

çiftleştirmek (nsz) 1. Çift yapmak. 2. Hayvanları çiftleşmek üzere bir araya getirmek.

çiftçi (i) Geçimini toprağı ekerek sağlayan kimse.

çifte (s) İkisi bir arada bulunan veya ikili.

çiftelemek (f) (hayvan) Arka ayaklarıyla tepmek.

çiftetelli (i) Göğüs ve göbek titreterek, gerdan kırarak oynanan bir oyun.

çiftlik (i) Tarım yapılan, hayvan yetiştirilen ve ortada çalışanların oturması için evleri bulunan geniş toprak parçası.

çiğ (s) Pişmemiş veya az pişmiş: *Çiğ et.*

çiğnemek (f) Ağıza alınan bir şeyi dişler arasında ezmek.

çiğnemik (i) Ağızda çiğnenip çıkarılan yemek: *Çocuklara çiğnemik yedirmek zararlı bir alışkanlıktır.*

çikolata (i) Kakaodan yapılan ve bazen içine şeker, süt, fıstık, fındık katılan yiyecek.

çil (i) 1. Tavukgillerden eti içi avlanan bir kuş. 2. Yüzde çıkan kahverengi benekler.

çile (i) F. Sıkıntı, azap, cefa.

çilingir (i) *Far.* Kilit, anahtar gibi demirciliğin ince işlerini yapan usta.

çim (i) Bahçelerin yeşillendirilmesinde yararlanılan uzun yıllar yaşayabilen bitki.

çimdik (i) Baş parmakla işaret parmağının ucu arasına alınan miktar.

çimen (i) *Far.* Kendiliğinden yetişmiş çim.

çimento (i) *İt.* Çamuru çarçabuk katılaşıp sertleşen ve yapılara harç olarak kullanılan kül renginde veya beyaz toz.

çimlenmek (f) Çimle kaplanmak, üzerinde çim bitmek.

çingene (i) Hindistan'dan çıktıkları söylenen, dünyanın çeşitli yerlerinde göçebe olarak yaşayan bir topluluk veya bu topluluktan olan kimse.

çini (i) *Far.* Duvarları kaplayıp süslemek için kullanılan, bir yüzü sırlı ve genellikle çiçek resimleriyle bezeli, pişmiş balçık levha, fayans.

çirkin (s) *Far.* Göze veya kulağa hoş gelmeyen.

çiselemek (f) İnce ince yağmak.

çit (i) Bağ, bahçe, bostan gibi yerlerin çevresine çalı, kamış, ağaç dalı gibi şeylerden çekilen duvar.

çitilemek (f) Kirini çıkarmak için çamaşırın iki yanını ele alıp birbirine sürmek.

çivilemek (f) Bir şeyi bir yere çivi ile tutturmak.

çivit (i) Eskiden çivit otundan, bugün yapay yollarla elde edilen, mavi renkli sarılığını gidermek için çamaşırın son suyuna karıştırılan toz boya.

çiy (i) Havada buğu durumundayken akşamın

ve gecenin serinliğiyle yerde veya bitkilerde toplanan küçük su damlaları, şebnem.

çizgi (i) Çizilerek veya çeşitli yollarla oluşmuş iz, hat.

çizik (s) 1. Çizilmiş. 2. Çizgi: *Yüzü çizik içinde kalmış.*

çizmek (f) Çizme işi.

çoban (i) *Far.* Davar, koyun, keçi, sığır, manda sürülerini güdüp otlatan kimse.

Çoban Yıldızı (i) Venüs, Çulpan.

çocukluk (i) İnsan hayatının bebeklikle ergenlik arasındaki dönemi.

çocuksu (s) Çocuk gibi, çocukça olan, çocuğa benzeyen.

çoğalmak (f) Azken çok olmak, çok duruma gelmek.

çoğunluk (i) Sayı üstünlüğü, ekseriyet.

çok (i) Sayı, değer, güç, derece vb. bakımından büyük ve aşırı olan.

çokbilmiş (s) Her şeye aklı eren, zeki, akıllı.

çolak (s) Eli veya kolu sakat olan.

çomar (s) İri köpek, çoban köpeği.

çorak (i) Bitkisi iyi olmayan veya hiç bitki vermeyen, verimli olmayan.

çorap (i) Çeşitli ipliklerden örülen, ayağa giyilen giyecek.

çökelek (f) Yağı alınmış süt veya yoğurdun kaynatılmasıyla elde edilen bir çeşit peynir, kesik ekşimik.

çökertmek (i) Çöktürüp oturtmak.

çökme (i) Bir kısım yerin alttan yıkılarak alçalması.

çökük (s) Çökmüş, çukurlaşmış, içeri çekilmiş.

çöl (i) Kumluk, susuz ve ıssız geniş arazi, sahra.

çömlek (i) Toprak tencere.

çöp (i) Saman inceliğinde herhangi bir sap, dal veya tahta parçası.

çöplük (i) Çöplerin atıldığı yer, süprüntülük.

çörek (i) Az yağlı, bazen şekerli ve yumurtalı, gevrekçe bir hamur işi.

çözmek (f) Düğümlü, bağlı veya sarılı bir şeyi açmak.

çözülmek (f) Gevşeyip yumuşamak, erimek.

çözüm (i) Bir sorunun çözülmesinde alınan sonuç.

çözümlemek (f) Herhangi bir konuyu ya da şeyi ince detaylarına ayırarak sonuç çıkarılır hâle getirmek.

çubuk (i) Körpe dal.

çukur (i) Çevresine göre aşağıya çökmüş olan.

çullanmak (f) Alta almak için birinin üzerine abanmak.

çuval (i) *Far.* Pamuk veya sentetik iplikten dokunmuş büyük torba.

çünkü (b) Şundan dolayı, şu sebeple.

çürük (s) Çürümüş olan.

çürümek (f) Türlü etkilerle ve en çok mikropların etkisiyle, kimyasal değişikliğe uğrayarak bozulup dağılmak.

çürütmek *mec.* Doğru olarak ileri sürülen bir düşüncenin yanlışlığını ortaya çıkarmak.

D d

d, D Türk alfabesinin beşinci harfi.

dadanmak (f) Tadını aldığı, hoşlandığı bir şeyi sık sık istemek.

dadı (i) Çocuk bakımı ile görevlendirilmiş kadın.

dağ (i) Yer kabuğunun çıkıntılı, yüksek, eğimli yamaçlarıyla çevresine hakim ve oldukça geniş bir alana yayılan bölümlerine verilen ad.

dağarcık (i) Bilginin biriktiği yer, bellek.

dağcı (i) Dağa tırmanma sporu yapan kimse.

dağılmak (f) Toplu durumda iken ayrılıp birbirinden uzaklaşmak.

dağınık (s) 1. Geniş bir alana yayılmış olan. 2. Düzensiz, düzeni olmayan, tertipsiz.

dağıtıcı (i) Mektup, gazete vb. şeyleri dolaşarak dağıtan kimse.

dağıtmak (f) Toplu durumda bulunan kimse veya şeyleri birbirinden uzaklaştırmak veya ayırmak.

dağlık (i) Birçok dağın bulunduğu, dağlarla kaplı bölge.

daha (zf) 1. Henüz. 2. Olana ek olarak, olana katılarak.

dahi (s) "Bile" anlamında şart bildiren fiilerden sonra gelerek şartın geçerli olmadığını bildirir.

dâhi (i) Olağanüstü yeteneği ve zekâ gücü olan kimse.

dahil (i) İç, içeri.

daima (zf) *Ar.* Her vakit, sürekli olarak.

daire (i) *Ar.* Bir çemberin içinde kalan düzlem parçası.

dakika (i) *Ar.* Bir saatlik zamanın altmışta biri.

daktilo (i) *Yun.* Yazı makinesi.

dal (i) Ağacın gövdesinden ayrılan kollardan her biri.

dalak (i) Midenin arkasında, diyaframın altında, sol böbreğin üstünde, yassı, uzunca, akyuvar üreten ve yıpranmış alyuvarları toplayan, damarlı gevşek bir dokudan oluşmuş organ.

dalaşmak (f) 1. Köpekler için) Boğuşup birbirini ısırmak. 2. Ağız kavgası etmek.

dalga (i) Deniz veya göl gibi geniş su yüzeylerinde genellikle rüzgârın, depremin vb. nin etkisiyle oluşan kıvrımlı hareket.

dalga geçmek (f) Üzerinde durulması gereken işle ilgilenmeyerek, başka şeyler düşünmek.

dalgalanmak (f) Dalga oluşmak.

dalgıç (i) Genellikle özel donanımla su yüzeyi altında çalışmayı meslek edinen.

dalgın (s) Çevresinde olup bitenleri fark edemeyecek kadar düşüncelere dalmış olan veya dikkatini belirli bir konu üstünde toplayamayan.

dallandırmak (f) Bir işi, bir sorunu büyütüp karışık duruma getirmek.

dalmak (f) Suyun içine bütünüyle ve hızla girmek.

dam (i) 1.Yapıları dış etkilerden korumak amacıyla üzerlerine yapılan çoğu kiremit kaplı bölüm. 2. Dansta kavalyenin eşi.

dama (i) Karelere ayrılmış zemin üzerinde on altı taşla iki kişi arasında oynanan oyun.

damacana (i) Su veya başka sıvıları taşımaya yarayan dar ağızlı şişkin karınlı genellikle hasır veya plastik sepet içinde korunan büyük şişe.

damak (i) Ağız boşluğunun tavanı.

damar (i) Canlı varlıklarda kanın veya besleyici sıvıların dolaştığı kanal.

damat (i) *Far.* Evlenecek ya da yeni evlenmiş erkek.

damga (i) Bir şeyin üzerine bir nişan, bir işaret basmaya yarayan araç.

damıtmak (f) Gaz ürünler elde etmek için, bazı katı nesneleri ısı yoluyla buharlaştırıp ayrıştırmak.

damla (i) Yuvarlak biçimde, çok küçük miktarda sıvı.

damlamak (f) Damla durumunda tane tane düşmek.

dana (i) İneğin, sütten kesilmesinden bir yaşına kadar olan erkek yavrusu.

danışmak (f) Bir iş için bilgi veya yol sormak, görüş almak.

danıştay (i) Yönetim davalarına bakmak, yasa ve tüzük tasarıları inceleyen bağımsız anayasa kuruluşu, yargı organı.

dans (i) Müzik temposuna uyularak yapılan ve estetik değer taşıyan düzenli vücut hareketleri.

dantel (i) *Fr.* Her türlü iplikle örülen veya bir kumaşın kenarına işlenen türlü biçimde ince ve ağ görünümünde örgü.

dar (i) İçine alacağı şeye oranla ölçüleri yetersiz olan.

dara (i) *İt. Ar.* Kabıyla birlikte tartılan bir nesnenin kabının ağırlığı.

daracık (s) Çok dar.

darağacı (i) İdama mahkûm olanları asmak için kurulan sehpa.

darbe (i) Vuruş, çarpış.

dargın (s) Darılmış olan, küskün.

darı (i) Buğday türü, tohumları gereğinde buğday yerine besin olarak

kullanılan, kuraklığa dayanıklı bir bitki.

darılmak (f) Hoşa gitmeyen bir tutum, davranış veya söz dolayısıyla gücenip görüşmez olmak, ilgiyi kesmek.

darmadağın (s) Çok dağınık ve karışık.

darp (i) Çarpma, vurma.

darphane (i) *Far.* Para basılan yer.

dava (i) *Ar.* Bir olumsuzluk nedeni ile bir kişinin başkası aleyhine mahkemeye başvurması.

davacı (s) Dava eden kimse.

davalı (s) Kendisinden bir şey dava edilen kimse.

davar (i) Koyun ve keçiye verilen ortak ad.

davet (i) *Ar.* 1. Çağrı, çağırma. 2. Yemekli toplantı.

davetiye (i) Davet için yazılan kâğıt.

davranış (i) Davranmak işi veya biçimi, tutum, muamele, hareket.

davranmak (f) Bir kimseye veya bir şeye karşı belli tavır takınmak.

dayak (i) Dövmek işi, patak.

dayamak (f) Bir şeyi bir yere dokunur duruma getirmek ve bu durumda bırakmak veya tutmak.

dayanak (i) Bir iddiayı güçlendirmeye yarayan tanıt.

dayanıklı (s) Dayanabilen, sağlam, güçlü.

dayanışma (i) Dayanışmak işi.

dayanmak (f) Bir yere yaslanmak.

dayatmak (f) Dayamak işini yaptırmak, empoze etmek.

dayı (i) 1. Annenin erkek kardeşi. 2. Cesur, yiğit.

de (e) Bile, dahi.

dede (i) Babanın veya ananın babası, büyük baba.

dedektif (i) Suçluları bulmaya çalışan sivil polis.

dedikodu (i) Konusu çekiştirme veya kınama olan konuşma.

defa (i) *Ar.* Kez, kere.

define (i) Toprak altına gömülerek saklanmış, para veya değerli şeyler, gömü.

defne (i) Yaprakları güzel kokulu ve yaz kış yeşil olan bir ağaç.

defolmak (f) Savuşmak, çekilip gitmek.

değer (i) Bir şeyin önemini belirlemeye yarayan soyut ölçü, bir şeyin değdiği karşılık, kıymet.

değerlendirmek (f) Bir şeyi yerinde ve yararlı bir yolda kullanmak, kıymetlendirmek.

değerlenmek (f) Değer kazanmak, değeri artmak, değer sağlamak.

değerli (s) Değeri olan veya değeri yüksek olan, kıymetli.

değil (e) Getirildiği cümleye olumsuzluk anlamı veren kelime.

değinmek (f) Bir konuyu ele alarak ondan kısaca söz etmek, dokunmak, temas etmek.

değirmen (i) Un gibi şeyleri öğütmeye yarayan su ya da rüzgârla dönen alet.

değişik (s) Alışılmışın dışında bir özelliği bulunan.

değişiklik (i) Değişik olma durumu.

değişim (i) Bir zaman dilimi içindeki değişikliklerin bütünü.

değmek (f) Aralık kalmayıncaya kadar birbirine yaklaşmak, dokunmak, temas etmek.

deha (i) *Ar.* İnsan zekâsının, insan kişiliğinin erişebileceği en yüksek nokta.

dehşet (i) *Ar.* Bir tehlike veya korkunç bir şey karşısında duyulan ürküntü.

dek (zf) Kadar, gibi bir işin sona erdiği noktayı veya zamanı anlatır.

dekor (i) *Fr.* Tiyatro, ve televizyonda sahneye konulan yazıldığı yerin, çağının özelliklerini belirleyen çeşitli öğelerin (perde, aksesuar vb. nin) bütünü.

dekorasyon (i) Dekor yapma işi. 2. Bir yeri süsleme.

deli (i) Aklını yitirmiş olan, akli dengesi bozulmuş olan.

delidolu (s) *bis.* İlerisini gerisini düşünmeden davranan, rastgele konuşan, patavatsız.

delik (i) Dar, küçük açıklık.

delikanlı (i) Çocukluk çağından çıkmış genç erkek.

delil (i) *Ar.* İnsanı aradığı gerçeğe ulaştırabilecek iz, kanıt.

delilik (i) Deli olma durumu veya delice davranış.

delta (i) *Yun.* 1. Yunan alfabesinin dördüncü harfi 2. Bir ırmağın çatallanarak döküldüğü yer.

dem (i) 1. Zaman, çağ. 2. Hazırlanan çayın, renk ve koku bakımından istenilen durumu.

demek (f) Söylemek, söz söylemek.

demet, -ti (i) Bağlanarak oluşturulmuş deste.

demin (zf) Az önce.

demir (i) Mavimtrak esmer renkte çok kullanışlı ve sağlam maden.

demirbaş (i) Bir yerde kullanılan bir yere kayıtlı olan, bir görevliden öbürüne teslim edilen dayanıklı eşya.

demirci (s) Demir satan, demir eşya yapan veya onaran kimse.

demiryolu (i) Lokomotif, vagon gibi demir tekerlekli taşıtların yürüdüğü paralel iki ray döşenerek yapılan bir tür yol, tren yolu.

demlenmek (f) (çayın) Rengi ve kokusu suya geçmek.

demlik (i) Çayın demlendiği kap.

demokrasi (i) Halkın egemenliği temeline dayanan yönetim biçimi.

denemek (f) Denemek işi, sınama.

denetim (i) Denetlemek işi, kontrol.

denetlemek (f) Bir işin doğru ve yönetine uygun olarak yapılıp yapılmadığını incelemek, kontrol etmek.

deney (i) Bilimsel bir gerçeği göstermek, bir yasayı doğrulamak, bir varsayımı kanıtlamak amacıyla yapılan işlem.

deneyim (i) Tecrübe.
denge (i) Bir nesnenin veya bir insanın devrilmeden durma hâli.
deniz (i) Yeryüzünün pek çoğunu örten su kitlesi.
denizaltı (i) Deniz yüzeyinin altında ve üstünde yol alabilen savaş gemisi.
denizci (i) Denizle ilgili işlerde çalışan kimse, deniz askeri.
denizyıldızı (i) Yıldız biçiminde beş kolu olan, kayalıklar üzerinde yaşayan derisi dikenli bir hayvan.

deniz yolu (i) Deniz taşıtlarının izlemeye zorunlu oldukları yol.
denk (s) Türlü bakımdan eşit olan.
denkleşmek (f) Birbirine denk olmak, denk duruma gelmek.
denli (e) "Kadar" anlamında üstünlük derecesini belirtir.
depo (i) Korunmak, saklanmak veya gerektiğinde kullanmak için bir şeyin konulduğu yer.
departman (i) Bölme, bölüm.
deprem (i) Yer kabuğunun derin katmanlarının kırılıp yer değiştirmesi veya yanardağların püskürme durumuna geçmesi yüzünden oluşan sarsıntı, yersarsıntısı, zelzele.
depresyon (i) *Fr.* Ruhsal çöküntü.
dere (i) Genellikle yazın kuruyan küçük akarsu ve bunların yatağı.

derece (i) (fizik) Sıcaklık ölçmeye yarayan araç.

dergi (i) Siyaset, edebiyat, teknik gibi konuları inceleyen ve belirli aralıklarla çıkan süreli yayın, mecmua.

derhâl (zf) Hemen, çabucak.

deri (i) İnsan ve hayvan vücudunu kaplayan tüy, kıl veya pulla kaplı örtü.

derin (s) Dibi yüzeyinden veya ağzından uzak olan.

derinlik (i) Bir şeyin dip tarafının yüzeye, ağıza olan uzaklığı.

derlemek (f) Seçme yaparak toplamak, bir araya getirmek.

derli toplu (s) Düzenli, dağınık olmayan, düzen verilmiş.

derman (i) Güç, takat, mecal.

dermek (f) Derlemek, toplamak, devşirmek.

dernek (i) Belirli ve ortak bir amacı gerçekleştirmek için kurulan yasal topluluk, cemiyet.

ders (i) *Ar.* Bir konuda öğretmenin öğrenciye sınıfta, belirli bir sürede verdiği bilgi.

ders almak (f) Bir olaydan tecrübe kazanmak.

derslik (i) Sınıf, dershane.

dert (i) Üzüntü.

dertleşmek (f) Karşılıklı dertlerini anlatmak

dertli (s) Derdi olan.
derya (i) *F.* Deniz; çok bilgili kişi.
desen (i) *Fr.* Tahta, çini, kumaş, kâğıt gibi yüzeylerin üzerinde varlıkları, nesneleri belirli çizgilerle gösterme, tasvir.
destan (i) *Far.* Tarih öncesi tanrı, tanrıça, yarı tanrı ve kahramanlarla ilgili olağanüstü olayları konu alan şiir.
deste (i) *Far.* Cinslerin aynı veya birbirine yakın olan şeylerin bir arada bağlanmışı, demet.
destek (i) Dayanak, yardımcı.
deterjan (i) *Fr.* Petrolden elde edilen, temizleme, arıtma özelliği bulunan, toz, sıvı veya krem durumunda olabilen kimyasal madde.

dev (i) *Far.* Korkunç, çok iri ve olağanüstü güçlü masal yaratığı.
deva (i) *A.* Umar, em, ilaç.
devam (i) Sürme, sürüp gitme, kesilmeme.
devamlı (s) Sürekli, bitmeyen, kesintiye uğramayan.
devinim (i) Devinmek işi, hareket.
devir, -vri (I) (i) Kendine özgü bir özellik taşıyan zaman parçası: *Lale devri. Atatürk devri.*
devir, -vri (II) (i) 1. Dönme, dönüş: *Arabanın hızı arttıkça tekerin devir sayısı artar.*
devirmek (f) Ayakta veya dik duran bir şeyi düşürmek, yatay duruma getirmek.
devlet (i) *Ar.* Toprak bütünlüğüne bağlı olarak siyasi bakımdan örgüt-

lenmiş millet veya milletler topluluğunun oluşturduğu varlık.

devretmek (f) Bir malın mülkiyetini, bir mal üzerindeki hakkı başkasına geçirmek.

devrik (s) Katlanıp kendi üzerine bükülmüş.

devrilmek (f) Yok edilmek, ortadan kaldırılmak.

devrim (i) İnkılap, çok önemli ve büyük yeniliklerin olduğu durum.

devrimci (s) İnkılapçı. Yenilik taraftarı.

devriye (i) *Ar.* Güvenliği sağlamak amacıyla dolaşan polis, jandarma veya asker topluluğu.

devşirmek (f) Bir araya getirmek, derlemek, toplamak.

deyim (i) Genellikle gerçek anlamından az çok ayrı, ilgi çekici bir anlam taşıyan kalıplaşmış anlatım, tabir.

dezavantaj (i) *Fr.* Yitirim, yarar yitirimi.

dış (i) Herhangi bir cisim veya alanın sınırları içinde bulunmayan. İç karşıtı.

dışarı (i) Dış çevre, dış yer.

didiklemek (f) Çekiştirerek veya ısırarak parçalamak, gagalamak.

didinmek (f) Çok güçlük çekerek sürekli çalışmak.

diğer (s) Başka, öteki, öbür.

dik (s) Yatay bir düzleme göre yer çekimi doğrultusunda bulunan, eğik olmayan.

D d

diken (i) Bazı bitkilerin dal, yaprak, meyve kabuğu gibi bölümlerinde ve bazı hayvanların derisinde bulunan sert, ucu sivri ve batıcı çıkıntılardan her biri.

dikim (i) Bitki dikmek işi.

dikiş (i) 1. Dikmek işi. 2. Giysi üzerinde gözle görülen iplik yolu.

dikiz *(i)* Gözetleme, bakma.

dikkat (i) *Ar.* Duygularla düşünceyi bir şey üzerinde toplama, uyanıklık.

dikmek (I) (f) 1. Bir şeyi dik olarak durdurmak. 2. Yetiştirmek için bir bitkiyi toprağa yerleştirmek. (II) (f) Deri, kumaş gibi şeyleri iğne ve iplikle tutturmak.

dil (i) Ağız boşluğunda, tatmaya, yutkunmaya, konuşmaya yarayan, uzun, hareketli organ.

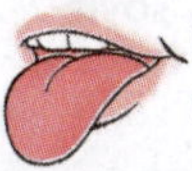

dilek (i) Bir kimsenin dilediği şey, istek, talep, rica, murat.

dilekçe (i) Bir dileği bildirmek için resmî makamlara sunulan, imzalı ve adresli, pullu veya pulsuz yazı.

dilemek (f) Birinden bir şeyin yapılmasını istemek.

dilenci (s) Geçimini dilenerek sağlayan.

dilenmek (f) Sadaka istemek.

dilim (i) Bir bütünden kesilmiş veya ayrılmış ince, yassı parça.

dilimlemek (f) Dilimlere ayırmak.

dilsiz (i) Konuşma merkezinin veya konuşma organlarının bozukluğu sebebiyle konuşamayan.
dimdik (zf.s) Sağlıklı ve zinde.Dik durumda.
din (i) Allah'a, doğaüstü güçlere, çeşitli kutsal varlıklara inanma ve tapınma.
dinamit, -it (i) Patlayıcı bir madde.
dinç (s) Gücü ve sağlık durumu yerinde, canlı, zinde.
dingil (i) Tekerleklerin merkezinden geçen ve taşıtın altına enlemesine yerleştirilmiş mil, aks.
dingildek (s) 1. Tabanı üzerinde hareketsiz duramayıp sallanan, oynak; dengesi bozuk. 2. *mec.* Yıpranmış. 3. *mec.* Sözüne güvenilmez, kaypak.

D
d

dingin (s) 1. Hareket etmeyen, kımıldamayan, sakin. 2. *mec.* Gücü tükenmiş yorgun, mecalsiz: *Dingin bir at.*
dinî (s) *Ar.* Dinle ilgili, din üzerine.

dinlemek (i) İşitmek için kulak vermek. *Şarkı dinlemek.*
dinlence (f) Tatil.
dinlendirici (s) Dinlendirme özelliği olan.
dinlendirilmiş (s) Bir süre bekletilmiş. *Dinlendirilmiş hamur.*
dinlenme (i) Dinlenmek işi, istirahat.
dinleti (i) Sanatçının müzik eserlerini bir topluluğa çalması veya söylemesi, konser.

dinleyici (i) Söylenen veya çalınan bir şeyi dinleyen kimse.

dinmek (nsz) Sona ermek, bitmek, durmak.

dinmez (s) Dinmeyen.

dinazor (i) Dinozorlar takımından, boyu 20 m kadar olabilen, ilk çağlarda yaşamış, günümüze fosilleri kalmış bir sürüngen.

dinsiz (s) 1. Dini inancı olmayan. 2. *mec.* Acımasız.

dip (i) Oyuk veya çukur bir şeyin en alt bölümü.

dipçik (i) Tüfeğin atış sırasında omuza dayanan yeri.

diploma (i) *Yun.* Bir kimseye herhangi bir okulu veya öğrenim programını başarıyla tamamladığını belirtmek için bir öğrenim kurumunca düzenlenip verilen resmî belge.

diplomat (i) *Yun.* Uluslararası konularda ülkesini temsil etmekle görevlendirilen kimse.

dipnot (i) Sayfada geçen bir konu bir kişi, bir kavram ile ilgili olarak sayfanın altına konan açıklama.

direk (s) Ağaçtan veya demirden yapılan uzun ve kalın destek.

direksiyon (i) Motorlu araçlarda, araca istenilen yönü vermeye ve belirli bir doğrultuda götürmeye yarayan düzenek.

direnç (i) Dayanma, karşı koyma gücü.

direnmek (f) Herhangi bir düşüncede, bir istekte veya bir durumda karşı koymak, inat etmek.

dirhem (i) *A.* Eski, ağırlık ölçüsü olan okkanın dört yüzde biri.

diri (i) Yaşamakta olan, yaşayan, canlı.

dirilmek (f) Güçlenip canlanmak.

dirim (i) Hayat, yaşam.

dirlik (i) Yaşayış, hayat, sağlık, huzur.

dirsek (i) Kol ile ön kol arasındaki eklemin arka yanı.

disiplin (i) *Fr.* Bir topluluğun, yasalarına ve düzenle ilgili yazılı veya yazısız kurallarına titizlik ve özenle uyması durumu, sıkı düzen.

dispanser (i) *Fr.* Hastalara ayakta parasız veya çok az para ile bakılan ve ilaç verilen bakım evi, sağlık evi.

diş (i) Ağızda çene kemiklerinin üzerine dizilmiş ısırıp koparmaya, çiğnemeye yarayan beyaz kemik organlardan her biri.

dişçi (i) Diş, ağız bakımıyla ve hastalıklarıyla uğraşan hekim.

dişi (i) Yumurta oluşturan veya yavru doğuran.

dişlemek (f) Bir şeyin bir parçasını ısırmak veya koparmak.

divan (i) 1. Sedir. 2. Yüksek düzeydeki devlet adamlarının kurduğu büyük meclis.

divane (s) Bir şeye çok düşkün olan.

diyalog (i) *Yun.* Karşılıklı konuşma.

diyar (i) *A.* Ülke.

diz (i) Kaval, baldır ve uyluk kemiğinin birleştiği yer.

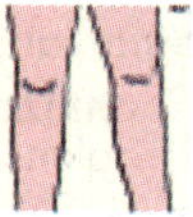

dize (i) Şiirin satırlarından her biri, mısra.

dizgin (i) Gemin uçlarına bağlanarak hayvanı yöneltmeye yarayan kayış.

dizi (i) Yan yana, art arda veya zaman sırasına göre sıralanmış birbiriyle ilişkili nesne veya olayların oluşturduğu bütün sıra.

dizi film (i) Birbirini izleyen ve ayrı bölümlerden oluşan filmler.

dizilmek (f) Dizi durumuna getirilmek, dizmek işi yapılmak.

dizkapağı (i) Dizin diz kapağı kemiği ile kaplı bölümü.

dizmek (f) Bazı nesneleri ipliğe, tele vb. geçirmek.

do (i) Gam dizisinde "si" ile "re" arasındaki sesi gösteren nota işareti.

dobra dobra (zf) Sakınmadan, çekinmeden.

doçent, -ti (i) Üniversitelerde profesörden önceki basamakta bulunan öğretim üyesi.

doğa (i) Tabiat.

doğal (s) Tabii.

doğaüstü (s) Doğa yasalarına uymayan.

doğan (i) Kartalgillerden, küçük kuş, fare vb. ile beslenen ve alıştırılarak kuş avında kullanılan yırtıcı bir kuş.

doğmak (f) 1. Dünyaya gelmek. 2. (güneş, ay, yıldız) Ufuktan yükselerek görünmek.

doğrama (i) Bir yapının kapı, pencere, dolap, raf gibi ağaç, metal veya plastik bölmeleri.

doğru (s) Bir ucundan öbür ucuna kadar yönü değişmeyen, eğri ve çarpık karşıtı.

doğru (zf) Gerçek, hakikat.
doğruca (zf) Doğruya yakın.
doğrulamak (f) Bir şeyin doğru olduğunu ortaya koymak, desteklemek.
doğrulmak (f) Eğik veya eğri bir şey, düz bir duruma gelmek.
doğrultu (i) Yön, istikamet.
doğruluk (i) Doğru olma durumu, doğru olana yakışır davranış, dürüstlük.
doğu (i) Güneşin doğduğu ana yön, gün doğusu, şark.
doğum (i) Doğmak fiili.
doğurmak (f) Yavru dünyaya getirmek, doğum yapmak.

doktor (i) Hekim.
doku (i) Bir vücudun veya bir organın yapı ögelerinden birini oluşturan hücreler bütünü.
dokuma (i) Dokumak işi.
dokundurmak (f) 1. Dokunmasını sağlamak. 2. Bir şeyi üstü kapalı bir sitem yollu hatırlatmak.
dokunmak (f) Nesnelerin sıcaklık, soğukluk, sertlik, yumuşaklık gibi hertürlü niteliklerini derinin altındaki sinir uçları aracılığıyla duymak, değmek, el sürmek, temas etmek.
dolamak (f) İplik, şerit, tel gibi nesneleri bir şeyin üzerine döndürerek sarmak.
dolambaçlı (s) İçinden zor çıkılır, çapraşık.
dolandırıcı (s) Birini aldatarak mal veya parasını alan.

dolanmak (f) Bir şeyin çevresine sarılmak.

Dolar (i) *İng.* Amerika Birleşik Devletlerinin para birimi.

dolaşık (s) Karışık.

dolaşım (i) Kalbin sürekli olarak kasılıp gevşemesiyle kan ve lenfin damarlar içinde durmadan yer değiştirmesi.

dolaşmak (f) Gezmek, gezinmek.

dolaştırmak (f) Dolaşmak işini yaptırmak.

dolay (i) Bir yeri saran başka yerlerin bütünü, çevre.

dolaylı (s) Doğrudan doğruya olmayan.

doldurmak (f) Dolmasını sağlamak, dolu duruma getirmek.

dolgu (i) Bir oyuğun bir kavuğun içine doldurulan madde.

dolma (i) Bazı sebze ve tavuk, kuzu gibi hayvanların içine pirinç ve başka şeyler doldurularak pişirilen yemek.

dolmak (f) Bir yere iyice yayılmak, kaplamak.

dolmakalem (i) İçine mürekkep doldurularak kullanılan yazı kalemi.

dolmuş (i) Teker teker yolcu alıp dolunca yola çıkan kayık, motor, otomobil gibi küçük taşıt.

dolu (i) İçi boş olmayan, dolmuş.

doludizgin (zf) Son hızla.

dolunay (i) Ayın tam bir daire olarak dolgun, parlak görüldüğü evre.

don (i) 1. Vücudun belden aşağısına giyilen uzun veya kısa iç giysisi, külot. 2. Hava sıcaklığının sıfırdan aşağı düşmesiyle suların buz tutması.

donanma (i) Bir devletin deniz kuvvetleri, savaş gemileri.

donatmak (f) Birinin giyimini sağlamak.

dondurma (i) Şekerli sütün veya meyve sularının dondurulmasıyla hazırlanan soğuk yiyecek.

dondurucu (s) Çok soğuk, çok üşüten.

donmak (f) Soğuğun etkisiye katı duruma gelmek.

donuk (s) Parlaklığı olmayan, mat.

doru (s) Gövdesi kızıl, ayakları ve yelesi koyu renkli olan (at).

doruk (i) Dağ, ulu ağaç gibi yüksek şeylerin tepesi, en yüksek yeri, zirve.

dost (i) Sevilen güvenilen, yakın arkadaş, gönüldaş, iyi görüşülen.

dostça (s. ve zf.) Dosta yakışır.

dosya (i) Aynı konu, aynı kimse, aynı işle ilgili belgeler bütünü.

doymak (f) İsteği kalmayıncaya kadar yemek, açlığı kalmamak.

doyumluk (s) Doyulacak kadar.

doz (i) *Fr.* 1. Bir maddenin herhangi bir

bileşiğe girmesi gereken miktarı. 2. Bir maddeden bir seferde alınacak miktar.

dökmek (f) Sıvı veya tane durumunda olan şeyleri bulundukları yerden, kaptan başka bir yere boşaltmak.

dökülmek (f) Dökmek işi yapılmak veya dökmek işine konu olmak.

döküntü (i) Dökülmüş, saçılmış şeyler.

döl (i) Canlıların üremesi sonucu ortaya çıkan yeni birey veya yeni bireylerin bütünü, nesil.

döndürmek (f) Dönmesini sağlamak.

dönem (i) Belli özellikleri olan zaman parçası.

dönemeç (i) Bir yolun yön değiştirdiği yer, viraj.

döner (i) Bir eksene geçirilmiş etlerin döndürülerek pişirilmesiyle yapılan kebap.

dönmek (f) Kendi ekseni üzerinde veya başka bir şeyin dolayında hareket etmek.

dönük (s) Dönmüş, çevrilmiş, yönelmiş.

dönüşmek (f) Bir biçimden veya bir durumdan başka bir biçim veya duruma girmek.

dördüz (s) Dördü birlikte doğmuş olan veya bir arada bulunan.

dörtlük (i) Dört taneden oluşmuş, dört tane alabilen.

dörtnal (zf) Atın en hızlı koşma biçimi.

döşek (i) Yatak.

döşemek (f) Bir tabanı, tahta, karo, mermer gibi yapı gereçleriyle kaplamak.

dövme (i) 1. Dövme işi. 2. Vücut derisi üzerine iğne gibi sivri bir araçla çizilmek ve içine renk veren maddeler konulmak yoluyla yapılan çıkmaz yazı veya resim.

dövmek (f) Vurarak canını acıtmak.

dövünmek (f) Aşırı üzüntü, çaresizlik, pişmanlık duyarak çırpınmak, kendi kendini dövmek.

dövüşmek (f) Karşılıklı birbirini dövmek.

dua (i) *Ar.* Allah'a yalvarma, yakarış.

duba (i) Yük taşımak veya köprü kurmak için kullanılan altı düz bir tür deniz aracı.

dudak (i) Ağzın, dişleri örten ve dışarıya doğru az veya çok kıvrılan üst ve alt kenarlarından her biri.

dul (s) Eşi ölmüş veya eşinden boşanmış (kadın veya erkek).

duman (i) Bir maddenin yanması ile çıkan ve içinde katı zerrelerle buğu bulunan kara veya esmer renkli gaz.

durağan (s) Yerini değiştirmeyen, yerli, hareketsiz, sabit.

durak (i) Tren, tramvay, otobüs gibi genel taşıtların durmak zorunda olduğu veya durabileceği yer.

duraklamak (f) Kısa bir süre için durmak veya arada bir durmak.

duraksamak (f) Ne yapmak veya ne demek gerektiğini kestiremeyerek duraklamak, tereddüt etmek.

durgun (s) Kımıldanış ve canlılık göstermeyen, dingin, sakin.

durgunlaşmak (f) Durgun olma durumu.

durmadan (zf) Sürekli.

durmak (f) Hareketsiz kalmak, yürümez olmak.

duru (s) Bulanıklığı olmayan, temiz, berrak.

durulamak (f) Yıkanmış şeyleri duru sudan geçirmek.

durum (i) Bir zaman kesiti içinde bir şeyi belirleyen şartların hepsi, vaziyet.

duruşma (i) Davacı ile davalının yargıç karşısında hazır bulundukları yargılama evresi.

duş (i) *Fr.* Temizlik veya tedavi amacıyla yüksekten püskürtmek yoluyla su dökünme.

duvak (i) Gelinin başını bazen de yüzünü kaplayan dantel veya tülden örtü.

duygu (i) Duyularla algılama, his.

duygulu (s) Duygusu, duyarlığı çok olan, kolay duygulanan, içli, hassas.

duymak (f) İşitmek, ses almak.

duyu (i) İnsanların ve hayvanların, dış dünyanın uyaranlarını görme, işitme, koklama, dokunma ve tatma organlarıyla algılama yeteneği.

duyum (i) Haber, istihbarat.

duyurmak (f) Duymasını sağlamak.

duyuru (i) Herhangi bir olayı, bir işi, bir dirimi duyurmak için yayımlanan yazılı veya sözlü haber.

düğmelemek (f) Bir şeyin düğmesini iliğine geçirmek, iliklemek.

düğüm (i) İplik, ip, halat gibi bükülebilir şeyleri kıvırıp kendi üzerine veya birbirine dolayarak yapılan boğum.

düğümlemek (f) Düğüm yapmak.

düğün (i) Evlenme dolayısıyla yapılan tören, eğlence.

dükkân (i) Perakende satış yapan esnafın, küçük zanaat sahiplerinin satış yaptıkları veya çalıştıkları yer.

dümdüz (s) Çok düz.

dümen (i) Hava ve deniz taşıtlarında, taşıta istenilen yönü vermeye ve belirli bir doğrultuda götürmeye yarayan hareketli parça.

dün (i) Bugünden bir önceki gün.

dünkü (s) Bugünden bir önceki günle ilgili.

Dünya (i) Üstünde yaşadığımız gökcismi.

dünyalık (i) Mal, mülk, servet, para.

dürbün (i) *Far.* Uzaktaki cisimlerin görüntülerini büyütmeye veya yaklaştırmaya yarayan, iki mercekten oluşan optik alet.

dürmek (f) Bir şeyi kıvırıp silindir biçiminde kendi üzerine sarmak.

dürtmek (f) Ucu sivri bir şeyle hafifçe itmek.

dürüst (s) *Far.* Sözünde ve davranışlarında doğruluktan ayrılmayan, doğru onurlu.

düş (i) Uyurken zihinde beliren olayların, düşüncelerin bütünü, rüya.

düşkün (s) Bir şeye kendini aşırı vermiş olan çok bağlı, meraklı, müptela.

düşlemek (f) Bir şeyi, bir kimseyi, bir durumu istenilen biçimde tasarlamak, zihinde canlandırmak.

düşman (i) Birinin kötülüğünü isteyen, ondan nefret eden, ona zarar vermeye çalışan (kimse).

düşmek (f) Yer çekiminin etkisiyle boşlukta, yukarıdan aşağıya inmek.

düşük (s) 1. Aşağı doğru düşmüş, aşağı sarkmış. 2. Az.

düşünce (i) Düşünme sonucu varılan, düşünmenin ürünü olan görüş.

düşüncesiz (s) Düşüncesi olmayan.

düşünmek (f) Bir sonuca varmak amacıyla bilgileri incelemek, karşılaştırmak ve aradaki ilgilerden yararlanarak, düşünce üretmek.

düşürmek (f) Düşmesine yol açmak, düşmesine sebep olmak.

düve (i) *Ar.* 1-2 yaşında dişi sığır.

düz (s) Kıvrımlı olmayan.

düzelmek (f) Kötü, bozulmuş bir durumda iken düzenli duruma gelmek.

düzeltmek (f) Düzgün duruma getirmek.

düzen (i) Belli yöntem, ilke veya yasalara göre kurulmuş olan durum, uyum.

düzenlemek (f) Düzenli düzgün duruma getirmek.

düzgün (s) Doğru ve pürüzsüz, muntazam.

düzine (i) *İt.* Aynı cinsten olan nesnelerin on iki tanesinin bir arada olması.

düzlem (i) Üzerinde girinti ve çıkıntı olmayan, düz, yassı.

düzlük (i) Geniş, düz yer.

düzmece (s) Gerçek olmayan, düzme, sahte.

düzyazı (i) Şiir olmayan yazı, nesir.

E e

e, E Türk alfabesinin altıncı harfi.

e (ü) Başına getirildiği cümledeki kavrama göre çeşitli tonlar alarak birtakım duygular anlatır: *E, artık bu söze diyecek yok.*

ebat (i) *A.* Boyutlar; ölçü, uzunluklar.

ebe (i) Doğum işini yaptıran kadın.

ebedî (s) Ölmez, ölümsüz.

ebru (i) *F.* Bir çeşit kâğıt süslemeciliği.

ecdat (i) *A.* Atalar, dedeler.

ece (i) Güzel kadın, kraliçe.

ecel (i) *Ar.* Hayatın sonu, ölüm zamanı.

eczacı (i) İlaç yapan veya hazır ilaçları satan diplomalı kimse.

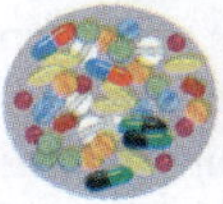

eczane (i) İlaçların yapıldığı, satıldığı yer.

edat, -tı (i) Bir kelimeden sonra gelerek o kelime ile diğer öğeler arasında ilgi kuran kelime, ilgeç.

edebiyat (i) Olay, düşünce, duygu ve imajların dil

aracılığı ile biçimlendirilmesi sanatı, yazın, literatür.
edep (i) Toplum töresine uygun davranma, incelik.
edepli (s) Uslu, ince, terbiyeli, müeddep, uygun.
edinmek (f) Kendini (birşeye) sahip kılmak, kendine sağlamak, iktisap etmek.
efe (i) Yiğit, özellikle Batı Anadolu köy yiğidi, zeybek.
efelik (i) Efe olma durumu.
efendi (s) Eğitim görmüş kişiler için özel adlardan sonra kullanılan unvan.
efendim (s) Bir sesleniş karşısında "burdayım" anlamında kullanılır.
efkâr (i) Düşünceler, tasa, kaygı.
eflatun (i) Açık mor renk.
efsane (i) *Far.* Eski çağlardan beri söylenegelen, olağanüstü varlıkları, olayları konu edinen hayali hikâye, söylence.
egemen (s) Yönetimini hiçbir kısıtlama veya denetime bağlı olmaksızın sürdüren,bağımlı olmayan hükümran, hakim.
egemenlik (i) Egemen olma durumu.
eğe (i) Madenleri, tahtayı vb. yi yontmak, düzeltmek, perdahlamak için kullanılan, üzeri pörtüklü, sert, ensiz çelik araç.
eğik (s) Yatay bir çizgi veya düzlemle açı oluşturacak biçimde olan, mail.

eğik yazı (i) Basımcılıkta üstten sağa doğru eğik yazılan veya dizilen yazı.

eğilim (i) Bir şeyi sevmeye, istemeye veya yapmaya içten yönelme, meyil, temayül.

eğilimli (s) Eğilimi olan, istekli, mail.

eğilme (i) 1. Eğilmek işi. 2. *mat.* Bir doğrunun, bir başka doğruya (veya düzleme) göre eğik olması.

eğim (i) 1. Eğilmiş olma durumu. 2. Bir yüzeyin yatay düzleme doğru eğilmesi, eğiklik, meyil: *Yamacın eğimi.*

eğimli (s) 1. Eğimi olan. 2. *mec.* Bir şeyi yapmaya içten yönelmiş, meyyal.

eğimsiz (s) Eğimi olmayan.

eğirmek (f) Yün, pamuk gibi şeyleri iğ ile büküp iplik durumuna getirmek.

eğitici (i) Eğitimi sağlayan, eğitmeye elverişli veya eğiten değerleri bulunan.

eğitim (i) Belli bir bilim dalı veya sanat kolunda yetiştirme, geliştirme ve eğitme işi.

eğitimci (i) Eğitim işiyle uğraşan (kimse), terbiyeci, pedagog.

eğitimcilik, -ği (i) Eğitimci olma durumu eğitme işi veya eğitimcinin görevi.

eğitim dönemi (i) Herhangi bir konuda bilgi ve becerileri geliştirmek için ayrılan süre.

eğitimli (s) Eğitim görmüş, eğitilmiş.

eğitimsiz (s) Eğitim görmemiş, eğitilmemiş.

eğitme (i) Eğitmek işi, terbiye etme.

eğitmek (f) Birinin akla uygun, fiziksel ve moral gelişmesi üzerine etki yaparak çeşitli davranış yatkınlıkları, bilgi ve görgü aşılayarak, önceden tespit edilmiş amaçlara göre onun belirli bir yönde gelişmesini sağlamak.

eğitmen (i) Eğitim işiyle uğraşan kimse.

eğleme (i) Eğlemek işi.

eğlemek (i) 1. Oyalamak, durdurmak. 2. Avutmak.

eğlence (i) 1. Eğlenmek işi. 2. Neşeli ve hoşça vakit geçirten şey.

eğlenceli (s) Eğlendiren, hoşa giden.

eğlenmek (f) Neşeli ve hoşça vakit geçirmek.

eğri (s) Doğru, düz olmayan, bir noktasında yön değiştiren, çarpık, eğri.

eh (ü) Olur, peki veya fena değil anlamında kullanılır.

ehliyet, -ti (i) *Ar.* Sürücü belgesi.

ehliyetli (s) 1. Yeterlikli, yeterli. 2. Ehliyeti olan.

ejdarha (i) Ejder.

ek (i) Bir şeyin eksiğini tamamlamak için ona katılan parça.

ekici (s) Herhangi bir tarım ürününü üreten, tarımla uğraşan (çiftçi).

ekin (i) 1. Tahılın tarlaya atıldığı andan harman oluncaya kadar aldığı duruma verilen ad.

ekip (i) *Fr.* Takım, grup, kol.

eklem (i) Vücut kemiklerinin uç uca veya kenar kenara gelip birleştiği yer, mafsal.

ekmek (I) (f) Bir bitkiyi üretmek için toprağa tohum atmak veya gömmek.

ekmek (II) (i) Çeşitli tahıl unundan yapılmış hamurun fırında, saçta veya tandırda pişirilmesiyle yapılan yiyecek.

ekonomi (i) *Fr.* İnsanların yaşayabilmek için üretme ve ürettiklerini bölüşme biçimlerinin ve bu faaliyetlerden doğan ilişkilerin bütünü, iktisat.

ekran (i) *Fr.* Üzerine bir cismin ışık yoluyla görüntüsü düşürülen, saydam olmayan düz yüzey, görüntülük.

eksen (i) 1. Bir cismi iki eşit parçaya bölen çizgi, mihver. 2. Araba dingili.

eksik (s) Gerekli duyulan, ihtiyaç duyulan.

eksilmek (f) Azalmak, az duruma gelmek.

ekşi (s) Sirke veya limon tadında olan.

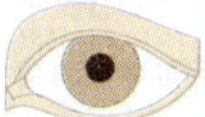

ela (s) Gözde sarıya çalar kestane rengi.

elçi (i) Bir devleti başka bir devlet katında temsil eden kimse, sefir.

elçilik (i) 1. Elçi olma durumu. 2. Elçinin görevi veya makamı.

elebaşı (i) 1. Oyunda arkadaşlarına baş olan çocuk. 2. Kötü, olumsuz iş

veya hareketlerde önder kimse.

elek (i) Taneli veya un gibi toz durumunda olan şeyleri yabancı maddelerden ayıklamak veya incesini kabasından ayırmak için kullanılan tahta bir kasnak ve tek tarafa gerilmiş, gözenekli tel, kıl, bez vb. ile yapılan araç.

elektrik (i) *Fr.* Maddenin elektron, pozitron, proton gibi parçacıklarının hareketleriyle ortaya çıkan enerji türü.

eleman (i) *Fr.* 1. Bir toplulukta çalışan insanların her biri. 2. Öğe. 3. Kümeye ait varlıkların her biri.

elemek (f) Elek yardımıyla ayıklamak veya incesini kabasından ayırmak, elekten geçirmek.

eleştiri (i) Bir insanı, bir eseri, bir konuyu, doğru ve yanlış yanlarını bulup göstermek maksadıyla inceleme işi, tenkit.

eleştirmek (f) Bir düşüncenin, bir eserin, bir yargının doğruluk veya yanlışlığını ortaya çıkarmak ve gerçek değerini belirtmek için onu incelemek, tenkit etmek.

eleştirmen (i) Eleştiri yazan kimse, eleştirmeci.

elmacık (i) Yüzün yanakla göz arasında bulunan, az çok çıkıntılı bölümü.

elmas (i) *Ar.* 1. Billurlaşmış arı karbon. 2. Mücevher olarak kullanılan, saydam, değerli taş.

elti (i) Kardeş eşlerinden her birinin ötekine göre adı.

elverişli (s) Uygun, işe yarayan, müsait.

emanet (i) *Ar.* Korunmak için birine veya bir yere bırakılan eşya, kimse vb.

emek (i) Bir işin yapılması için harcanan beden ve kafa gücü.

emekçi (i) Emek karşılığı geçimini sağlayan kimse.

emeklemek (f) Dizler ve eller üzerinde yürümek.

emekli (i.s.) Belirli bir süre çalıştıktan sonra kanunlar gereği işi ile ilgisi kesilerek kendisine aylık bağlanmış olan (kimse).

emin (i) İnanılır, güvenilir.

emir, -mri (i) *Ar.* Buyruk, komut: *Arzularınız benim için emir sayılır beyefendi. Emrin olur, aslanım.*

emniyet (i) *Ar.* Güvenlik.

emzik (i) Süt çocuklarını oyalamak için ağızlarına verilen kauçuk meme.

emzirmek (f) Kadın veya dişi hayvan memesindeki sütü yavruya vermek.

en (I) (i) 1. Bir yüzeyde boy sayılan iki kenar arasındaki uzaklık. 2. Genişlik. (II) (i) Hayvanlara vurulan damga. (III) (zf) Başına geldiği sıfatların en üstün derece olduğunu gösterir.

encik (i) Enik.

endişe (i) Tasa, kaygı.

endüstri (i) *Fr.* Sanayi.

enerji (i) *Fr.* Maddede var olan ve ısı, ışık biçiminde ortaya çıkan güç.

enfes (s) Çok güzel, en güzel.

engebe (i) İç ve dış güçlerin etkisi ile oluşan, yayla, ova, koyak, çukur gibi biçimlerin bütünü, yer biçimleri, yüzey şekilleri, arıza.

engel (i) Bir şeyin gerçekleşmesini önleyen sebep, mani.

engin (s) Ucu bucağı görünmeyecek kadar geniş, çok geniş.

enişte (i) Bir kimsenin kız kardeşinin veya kadın hısımlarından birinin kocası.

enkaz (i) *Ar.* Yıkıntı, döküntü, çöküntü.

ense (i) Boynun arkası.

entari (i) *Ar.* Genellikle tek parçalı kadın giyeceği.

er (I) (i) 1. Erkek. 2. Kahraman. 3. Asker. (II) (zf) Erken.

erbaş (i) İhtiyaçları devletçe karşılanan onbaşı ve çavuş rütbesindeki asker.

erdem (i) Ahlakın övdüğü iyilikçilik, alçak gönüllülük, yiğitlik, doğruluk gibi niteliklerin genel adı.

ergenlik (i) Cinsi organların fizyolojik gelişmesiyle başlayan, buluğa ermişlikle yetişkinlik arasındaki dönem.

erik (i) 1. Gülgillerden, beyaz çiçekli bir ağaç. 2. Erik ağacının meyvesi.

erimek (f) Katı cismin sıvılaşması.

erişmek (f) Varılması zamana ve emeğe bağlı olan veya uzakta bulunan bir amaca varmak, ulaşmak.

erkek (i) İnsan, hayvan ve bitkilerin dişiyi dölleyecek cinsten olanı.

erken (zf) 1. Zamanın ilerlememiş bir anında. 2. Alışılan zamandan önce.

erlik (s) Erkeklik, yiğitlik.

ermiş (s) Dini inançlara göre kendisinde olağanüstü manevi güç bulunan kişi, evliya.

erozyon (i) *Fr.* Aşınma.

ertelemek (f) Başka zamana bırakmak, tehir etmek, tecil etmek.

erzak (i) *Ar.* Uzun süre saklanabilen yiyeceklerin genel adı.

esans (i) *Fr.* Bitkilerden türlü yollarla çıkarılan veya kimyasal yöntemlerle yapılan, kokulu ve uçucu sıvı.

esaret (i) Tutsaklık, boyunduruk.

esef (i) Acınma, acıma, üzülme.

eser (i) *Ar.* Emek sonucu ortaya konan ürün, yapıt.

esinlenmek (den) Bir şeyden ilham almak, içine doğmak, mülhem olmak.

esinti (i) Belli belirsiz hissedilen hafif yel.

esir (I) *Ar.* 1. Tutsak. 2. Köle.

esirgemek (f) 1. Korumak, himaye etmek. 2. Bir şeyi yapmaktan veya vermekten kaçınmak.

esirgeyici (s). Koruyan, koruyucu: *Allah kullarının esirgeyicisidir.*

eski (s) Çoktan beri var olan, üzerinden çok zaman geçmiş bulunan: *Eski yapı. Eski hamam.*

esmek (f) (hava için) Havanın bir yönden bir yöne akması, rüzgâr olmak.
esmer (s) Siyaha çalan buğday rengi.

esnaf (i) *Ar.* Küçük sermaye ve sanat sahibi.
esrarengiz (s) Bilinmezlerle dolu, anlaşılmaz.
eş (i) Birbirinin aynı olan veya birbirine çok benzeyen iki şeyden her biri, benzer.
eşdeğer (s) *bis.* Değer yönünden birbirine eşit olan (şey).
eşelemek (f) Toprak, kül gibi toz durumunda bulunan şeyleri hafifçe kazıp karıştırmak.
eşik (i) Kapı boşluğunun alt yanında bulunan alçak basamak.
eşit (s) Yapı, değer, boyut, nicelik ve nitelik bakımından birbirinden ne artık ne eksik olmayan.
eşkâl (i) Biçimler, kılık, görünüş.
eşkıya (i) Dağda, kırda yol kesen hırsızlar, haydutlar.
eşsesli (s) Söylenişleri aynı, anlam ve kökleri ayrı olan (kelimeler), eş adlı, sesteş.
eşsiz (s) Eşi benzeri olmayan veya eşi benzeri görülmemiş olan.
etap (i) Aşama.

etek (i) Giysinin belden aşağıda kalan bölümü.

Ɛ
e

etiket (i) Bir malın tür, miktar, fiyat vb. nitelikleri veya kitap defter vb. şeylerin kime ait olduğunu belli etmek için üzerlerine konulan küçük kâğıt.

etken (s) Etki yapan (herşey).

etki (i) Bir kimse veya nesnenin başka bir kişi veya şey üzerindeki gücü.

etkin (s) Hareketli, işleyen, çalışan, faal.

etli (s) İçinde et bulunan.

etmek (f) 1. Bir işi yapmak: *Telefon ettim.* 2. Bir durumu ortaya çıkarmak: *İşi berbat etmek.*

etraf (i) Yanlar, taraflar, çevre.

ev (i) Yalnız bir ailenin oturabileceği biçimde yapılmış yapı.

evci (s) Tatil günlerini evinde geçiren (yatılı öğrenci, er vb.).

evcil (s) Eve, insana alışmış, kendisinden yararlanılabilen (hayvan).

evet (zf) "Öyledir" anlamında doğrulama veya tasdik kelimesi.

evlat (i) Bir kimsenin oğlu veya kızı, çocuk.

evlatlık (i) Evlat olma durumu.

evlenmek (f) Bir erkekle bir kadının, aile kurmak için kanuna uygun olarak birleşmesi, izdivaç etmek.

evli (s) Evlenmiş bulunan.

evliya (i) *Ar.* Erenler, ermişler, veliler.

evrak (i) *Ar.* 1. Kâğıt yaprakları, kitap sayfaları. 2. Mektuplar, özel

ve resmî yazılar.

evren (i) Gök varlıklarının bütünü, kâinat.

evrensel (s) Evrenle ilgili.

evrim (i) Zaman içinde birdenbire olmayan, kesintisiz, niteliksel ve niceliksel gelişme süreci.

evvel (zf) *Ar.* Önce.

eyer (i) Binek hayvanlarının sırtına konulan, oturmaya yarayan nesne.

eylem (i) 1. Eylemek işi, fiil, aksiyon. 2. Bir durumu değiştirme yönünde etkide bulunma çabası.

eyvah (ü) Beklenmedik, kötü, hoşa gitmeyen bir haber veya olay karşısında duyulan acınmayı anlatır.

eyvallah (ü) "Teşekkür ederim", "Allaha ısmarladık" ve "evet öyle olsun" anlamlarında kullanılır.

eza (i) Üzme, sıkıntı verme, eziyet etme.

ezan (i) Müslümanlıkta namaz vaktini bildirmek için müezzinin yaptığı çağrı.

ezber (s) Bir metni veya bir sözü eksiksiz tekrarlayabilecek biçimde akılda tutma.

ezeli (s) Başlangıcı olmayan, öncesiz.

ezgi (i) Belli bir kurala göre çıkarılan ve kulakta haz uyandıran ses dizisi, nağme.

ezilmek (f) Ezmek işine konu olmak.

eziyet (i) Aşırı güçlük ve sıkıntı, üzgü. **eziyet etmek** zahmet ve sıkıntı vermek, canını yakmak.

eziyet çekmek zahmet ve sıkıntıya uğramak.

ezme (f) 1. Ezmek işi. 2. (i) Sebze veya yemiş ezerek yapılan yiyecek.

ezmek (f) 1. Üstüne basarak veya sıkıştırarak yassıltmak, biçimini değiştirmek: *Üzümü ezdik, şıra yaptık.* 2. Çiğnemek

F f

f, F Türk alfabesinin yedinci harfi.

fa (i) Gam dizisinde mi ile sol arasındaki ses.

faaliyet (i) *Ar.* Çalışkanlık, çalışma, canlılık, hareket.

fabl (i) Kahramanları genellikle hayvan olan anlatı.

fabrika (i) *İt.* İşlenmemiş veya yarı işlenmiş maddelerin makine, araç ve benzeri ile işlenerek tüketime hazır duruma getirildiği sanayi kuruluşu, üretim evi.

facia (i) *Ar.* Çok üzüntü veren, acıklı olay, afet.

fakat (b) *Ar.* Yalnız, ancak, ama, lakin.

fakir (s) Geçimini güçlükle sağlayan, yoksul, fukara.

faktör (i) Etki eden, etken.

fal (i) Geleceği öğrenmek, şans ve kısmeti anlamak amacıyla oyun kâğıdı, kahve telvesi, el

F f

ayası gibi şeylere bakarak anlam çıkartmak.

falaka (i) *Ar.* Ceza olarak ayak tabanlarına vurmakta kullanılan, ayakları uygun bir durumda sıkıştırıp tutulan kalınca bir sopa ile bunun iki ucundan bağlı bir ipi olan işkence aracı.

familya (i) *İt.* Aile.

fâni (s) *Ar.* Ölümlü, gelip geçici.

far (i) *Yun.* Taşıtların ön bölümünde bulunan, uzağı aydınlatan güçlü ışık verici.

faraş (i) *Ar.* Toplanan süprüntüleri alıp atmak için kullanılan kürek biçiminde teneke veya plastikten saplı kap.

fark (i) *Ar.* Bir kimse veya nesnenin bir başkasıyla karıştırılmamasını sağlayan ayrılık, benzeyen şeyleri birbirinden ayıran özellik.

farklı (s) Farkı olan, aralarında fark bulunan, değişik, ayrımlı.

farz (i) Gerekli, yapmak zorunda bulunulan.

fasıl, -slı (i) *Ar.* Bölüm, kısım, devre: *Birinci faslı okudum.*

fatih (i) *Ar.* Zafer kazanan, fetheden.

fatura (i) *İt.* Satılan bir malın cinsini, miktarını ve fiyatını bildirmek için satıcının alıcıya verdiği hesap pusulası.

faydalanmak (f) Yararlanmak, istifade etmek.
faydalı (s) Yararlı.
faydasız (s) Yararsız.
fayton (i) Tek körüklü, dört tekerlekli, genellikle çift atlı binek arabası, payton.
faytoncu (i) 1. Fayton süren kimse. 2. Fayton işleten kimse.
fazilet (i) Erdem.
fazla (zf, s) Gereğinden, alışılmıştan çok, aşırı (olan) ziyade.
fazlaca (zf) Gereğinden biraz daha çok olarak, bir hayli çok.
fazlalaşmak (nsz) Çoğalmak, sayısı artmak, ziyadeleşmek.
fazlalık (i) Çokluk, gereğinden artık olma durumu.
feci (s) *Ar.* Acıklı, çok acıklı, yürekler acısı, trajik.
fecir, -cri (i) 1. Tan vakti, gün ağarması. 2. Tan kızıllığı.
feda (i) Bir amaç uğrunda bir değer veya varlıktan vazgeçme, uğruna verme: *Yurduma canım feda.*
fedai (i) *Ar.* Bir ülkü uğruna tehlikeli işlere girişerek canını esirgemeyen kimse, serdengeçti.
fedakâr (i) Özverili.

felaket (i) *Ar.* Büyük zarar, üzüntü ve sıkıntılara yol açan olay veya durum, yıkım, bela.
felç (i) *Ar.* İnme.
felek (i) *Ar.* Dünya, âlem.
felsefe (i) *Ar. Yun.* Varlı-

ğın, bir bilginin bilimsel olarak araştırılması.

fen, -nnî (i) *Ar.* Fizik, kimya, matematik ve biyolojiye verilen ad.

fena (s) İyi nitelikte olmayan, kötü.

fer (i) *Far.* Parlaklık, aydınlık.

feribot (i) *İng.* Arabaları veya vagonları bir kıyıdan öbür kıyıya geçirmeye yarayan gemi, araba vapuru.

fermuar (i) *Fr.* Giysi, çanta vb. yerlerde kullanılan, karşılıklı dişler ve bunların üzerinde yürüyen kapatıcıdan oluşan mekanizma.

feryat (i) *Far.* Haykırış, çığlık.

fesat (i. s) *Ar.* 1. Bozukluk. 2. Karışıklık, kargaşalık. 3. Karıştırıcı, arabozucu.

festival (i) *İng.* Özel önemi olan sanat gösterisi.

fethetmek (f) Bir yeri veya bir ülkeyi savaşarak almak, ülke açmak.

fıçı (i) *Yun.* Bir araya getirilerek çemberlerle tutturulmuş ensiz tahtalardan yapılan, yuvarlak, karnı şişkin ve altı üstü düz kap.

fıkırdak (s) Cilveli, oynak.

fıkra (i) Kısa ve özlü anlatımı olan, nükteli, güldürücü hikâye, anekdot.

fırça (i) *Yun.* Bir şeyin tozunu, kirini gidermekte veya bir şeye boya, cila sürmekte kullanılan, bir

araya getirilerek bağlanmış kıla benzer başka tellerden yapılan araç.

fırıldak (i) Rüzgârla dönen çember biçiminde çocuk oyuncağı.

fırın (i) *Yun.* Her yandan aynı derecede ısı alarak ekmek, pasta vb. pişirmeye yarayan, tavanı kubbe biçiminde, önünde tek açıklık bulunan ocak.

fırsat (i) *Ar.* Uygun zaman, uygun durum veya şart, vesile.

fırtına (i) *İt.* Yağmur ve kasırga getiren çok güçlü rüzgâr.

fısıltı (i) Fısıldarken çıkan, güçlükle duyulan ses.

fıskıye (i) Havuzda suyu yukarıya doğru, türlü biçimlerde fışkırtan ağızlık.

fide (i) *Yun.* Tohumdan yetiştirilip başka yerlere dikilmek için hazırlanan sebze veya körpe çiçek.

fidelik (i) Fide yetiştirilen yer.

figür (i) *Fr.* 1. Resim ve heykel sanatlarında varlıkların biçimi. 2. Bir dansı oluşturan ölçülü adımlarla beliren zincirleme hareketlerden her biri.

fiil (i) *Ar.* İş, davranış.

fikir, -kri (i) *Ar.* Düşünce: *Ben fikrimi söyledim, gerisine karışmam. Bu fikir beni üzüyor.*

fil (i) *Ar.* Filgillerin hortumlar takımından, Afrika ve Asya'nın sıcak bölgelerinde yaşayan, çok iri, kalın derili hayvan.

fildişi (i) *bis.* Fildişinin donuk beyaz rengi.

filika (i) *İt.* Gemilerde bulunan sandal.
filiz (i) Yeni sürmüş körpe ve küçük dal veya yaprak, sürgün.

film (i) *İng.* Fotoğrafçılıkta ve sinemacılıkta resim çekmek için kullanılan, saydam, bükülebilir şerit.
filo (i) *İt.* Bir arada ve bir komuta altında bulunan savaş gemilerinin veya uçaklarının bütünü.
filozof (i) *Yun.* Felsefe ile uğraşan ve felsefenin gelişmesine katkıda bulunan kimse, felsefeci.
filtre (i) *İt.* Süzgeç.
final (i) *Fr.* Sona eren, biten.
fino (i) Çok tüylü küçük bir köpek türü.
fire (i) *Yun.* Her tür ticari malda kuruma, dökülme, bozulma gibi sebeplerle eksilme, ağırlık yitimi.
firma (i) *İt.* Bir ekonomik etkinlik birimi.
fiske (i) Parmaklardan birinin ucunu baş parmağın başına iliştirip birdenbire ileriye fırlatarak yapılan vuruş.

fiş (i) *Fr.* Prizden akım almaya yarayan araç.
fişek (i) *Far.* Tüfek, tabanca gibi hafif ateşli silahların içine, atılmak için sürülen ve içinde barut bulunan bir kovan ile bu kovanın ucuna yerleştirilmiş mermiden oluşan cephane.
fitne (i) 1. Geçimsizlik, karışıklık, kargaşa. 2. (s) Fitneci, ara bozucu.

fitre (i) *Ar.* Ramazan ayı içinde verilmesi dince buyrulan, miktarı belirli para, sadaka.

fiyaka (i) *İt.* Gösteriş, çalım, caka.

fiyasko (i) *İt.* Bir girişimde gülünç ve başarısız sonuç.

fizik (i) *Fr. Yun.* Genel veya geçici yasalara bağlı, deneysel olarak araştırılabilen, ölçülebilen, matematiksel olarak tanımlanabilen.

flama (i) *İt.* İşaret olarak veya çeşitli amaçlarla kullanılan küçük bayrak.

fobi (i) Kuruntu, şiddetli korku.

folklor (i) Halk bilimi.

folluk (i) Tavukların yumurtlaması için hazırlanmış yer.

forma (i) 1. Biçim, şekil. 2. Öğrencilerin, sporcuların, bazı mesleklerde çalışanların giydikleri, bağlı bulundukları okul, spor klübü veya meslekleri belirten tek tip giysi.

formül (i) Genel bir olguyu, bir kuralı veya ilkeyi açıklayan simgeler takımı.

forsa (i) *İt.* Gemilerde kürek çeken tutsak veya hükümlü kimse.

fosil (i) *Fr.* Yerin altında kalıp taşlaşmış hayvan ve bitki kalıntısı, taşıl.

fotoğraf (i) *Yun.* Görüntüyü, ışığa karşı duyarlı (cam, kâğıt gibi) bir yüzey üzerinde özel makine ile tespit etme yöntemi.

fotokopi (i) *Yun.* Tıpkıçekim, eşçekim. (Bir yazının veya resmin fotoğraflama yöntemi ile kâğıda kopyalanması)

fren (i) *Fr.* Bir makinenin, herhangi bir taşıtın hızını kesmeye veya onu durdurmaya yarayan mekanizma.

fuar (i) *Fr.* Belli zamanlarda belli yerlerde ticari mal sergilemek amacıyla açılan büyük sergi.

funda (i) *Yun.* Süpürge otu.

futbol (i) *İng.* Topu, kafa veya ayak vuruşları ile karşı kaleye sokma kuralına dayanan ve on birer kişilik iki takım arasında oynanan top oyunu, ayak topu.

G g

g, G Türk alfabesinin sekizinci harfi.

gaflet (i) *Ar.* Dalgınlık, dikkatsizlik, boş bulunma, aymazlık.

gaga (i) Genel olarak kuşlarda ağzın bir uzantısı durumunda olan, biçim ve büyüklüğü değişik, boynuz yapısında, katı ve çıkıntılı organ.

gala (i) Tiyatro veya operada oyunun ilk gösterimi.

galeri (i) *Fr.* Bir yapının birçok bölümlerini aynı katta birbirine bağlayan içten veya dıştan yapılmış geniş geçit.

galiba (zf) *Ar.* Görünüşe göre, sanılır ki, anlaşılan.

galibiyet (i) *Ar.* Yenme.

galip (s) *Ar.* Bir yarışma, karşılaşma, çatışma vb. sonunda yenen, üstün gelen, başarı kazanan.

gam (i) Tasa, kaygı, üzüntü.

gamsız (s) Üzüntüsü olmayan.

Gg

gamze (i) *Ar.* Bazı insanların çenelerinde, yanaklarında doğal olarak bulunan veya güldükleri zaman görülen küçük çukur.

ganimet (i) Düşmandan alınan mal.

gar (i) *Fr.* Yolcu ve eşya ulaşımını sağlamak için demir yolu ile ilgili birçok kuruluşun bulunduğu yer.

garaj (i) *Fr.* Otomobil, vagon gibi taşıtların konulduğu üstü örtülü yer.

garanti (i) Güvence, teminat.

gardrop (i) *Fr.* Giysi dolabı veya yeri.

gardiyan (i) *Fr.* Ceza evlerinde düzeni, tutukluların yasalara uygun biçimde davranmalarını sağlamakla görevli kimse.

garip (s) 1. Zavallı. 2. Alışılmamış, yadırganan.

garp (i) Batı.

garson (i) *Fr.* Lokanta; otel, pastahane, kahvehane gibi yerlerde müşterilere hizmet eden kimse.

gaye (i) *Ar.* Amaç.

gayret (i) Çaba, çabalama.

gazel (i) *Ar.* Divan edebiyatında en çok lirik konularda yazılan şiir biçimi.

gazi (s) *Ar.* Düşmanla savaşan veya savaş yapmış.

gebe (s) Karnında yavru bulunan, hamile.

gece (i) Güneş battıktan gün ağarmaya başlayıncaya kadar geçen süre.

gecekondu (i) *bis.* Yasadışı, gizlice yapılan küçük konut.

gecelik (i) Geceye özgü olan, gece kullanılan.

geçit (i) Geçmeye yarayan yer, geçecek yer.

geçmek (f) Bir yerden başka bir yere gitmek.

gelenek (i) Bir toplumda, eskiden kalmış olmaları dolayısıyla saygın tutulup kuşaktan kuşağa iletilen, yaptırım gücü olan kültürel kalıntılar, alışkanlıklar, bilgi, töre ve davranışlar.

gelgit (i) *bis.* Ay ve Güneş'in yer yuvarı üzerindeki çekim güçleri sebebiyle deniz yüzünde, özellikle ana denizlerde su düzeyinin alçalması, kabarması olayı, meddücezir.

gelin (i) Evlenmek için hazırlanmış süslenmiş kız veya yeni evlenmiş kadın.

gelir (i) Bir kimseye veya topluluğa belli zamanlarda, belli yerlerden gelen para.

gelişigüzel (s.zf) Herhangi, özensiz, itinasız.

gemi (i) Su üstünde yüzen, insan ve yük taşımaya yarayan büyük taşıt.

genç (s) Yaşı ilerlememiş olan, ihtiyar karşıtı.

Ç ç

genel (s) Bir şeye veya bir kimseye özgü olmayıp onun bütün benzerlerini içine alan.

geniş (s) Eni çok olan.

gerçek (s) Bir durum, bir nesne veya bir nitelik olarak var olan, varlığı inkâr edilemeyen, olgu durumunda olan.

gerdan (i) *Far.* Vücudun omuzlarla baş arasında kalan ön bölümü.

geri (i) Arka, bir şeyin sonra gelen bölümü.

gerilim (i) Sıkıntı, gerginlik.

geveze (s) Çok konuşan, çenesi düşük, lafçı, lafazan.

gevrek (s) Kolayca kırılıp ufalanan.

gevşek (s) Sıkı veya gergin olmayan, gevşemiş olan.

gezegen (i) Güneş çevresinde dolanan, ondan aldıkları ışığı yansıtan gök cisimlerinin ortak adı.

gezgin (s) Gezmek, tanımak, görmek, dinlenmek amacıyla geziye çıkan.

gezi (i) Ülkeler veya şehirler arasında yapılan yolculuk, seyahat.

gezmek (f) 1. Hava almak, hoş vakit geçirmek gibi bir amaçla bir yere gitmek. 2. Bir yerde dolaşmak.

gıda (i) Besin.

gırtlak (i) Soluk borusunun üst bölümü, imik.

girişmek (f) Bir işe, bir şeye başlamak için hazırlık yapmak, ele almak, teşebbüs etmek.

gişe (i) *Fr.* İstasyon, sinema, banka, mağaza ve bazı giriş kapılarında bilet veya para alıp verilen, çoğu küçük pencere biçiminde olan yer.

giz (i) Sır, esrar.

gonca (i) *Far.* Henüz açılmamış veya açılmak üzere olan çiçek.

goril (i) *Yun.* Afrika'nın Ekvator bölgesinde ormanlarda yaşayan, insana benzeyen maymunların en iri ve en güçlüsü.

göçebe (i) Değişik şartlara bağlı olarak belli bir yöre içinde çadır, hayvan ve öteki araçlarla yer değiştiren, yerleşik olmayan.

göçmek (f) Yerleşmek amacıyla mahalle, köy şehir veya ülke değiştirmek.

göçmen (s) Kendi ülkesinden ayrılarak, yerleşmek için başka ülkeye giden.

göğüs, -ğsü (i) Vücudun boyunla karın arasında bulunan ve yürek, akciğer gibi organları içine alan bölümü, sine: *Göğsüme bir ağrı girdi.*

gök (i) İçinde gök cisimlerinin hareket ettiği sonsuz boşluk, uzay.

gökcisimi (i) Gökyüzünde bulunan Güneş Ay, gezegenler, kuyruklu yıldızlar gibi bütün cisimlere verilen ortak ad.

gökdelen (i) *bis.* Yirmi, otuz veya daha çok katlı yapı.

gökkuşağı (i) *bis.* Düşmekte olan yağmur damlacıklarında güneş ışınlarının kırılıp yansımasıyla gökyüzünde oluşan yedi renkli, kemer biçimindeki görüntü, alkım, ebem kuşağı, hacılar kuşağı, yağmur kuşağı.

gökyüzü (i) Göğün görünen yüzeyi, sema.

göl (i) Denize bağlı olmayan toprakla çevrili, derin ve geniş tuzlu veya tuzsuz durgun su örtüsü.

gölge (i) Saydam olmayan bir cisim tarafından ışığın engellenmesiyle ışıklı yerde oluşan karanlık.

gömlek (i) Vücudun üst kısmına giyilen ince kollu veya yarım kollu, yakalı giysi.

gömmek 1. Toprağın içine koymak, toprakla örtmek. 2. Bir ölüyü toprağın içine yerleştirmek, defnetmek:

göndermek (i, e) Bir yere doğru yola çıkarmak, yollamak, ulaşmasını, gitmesini sağlamak, irsal etmek. *Mektup göndermek.*

gönül, -nlü (i) 1. Sevgi, istek, düşünüş, anma ve hatır gibi kalpte var sayılan duygu kaynağı: *Bayramlar gönüllerin kaynaştığı günlerdir.* 2. *mec.* İstek, arzu: *Allah gönlüne göre versin.*

görev (i) Bir nesne veya bir kimsenin yaptığı iş.

görgü (i) Bir toplum içinde var olan ve uyulması gereken saygı ve incelik kuralları, terbiye.

görümce (i) Bir kadına göre kocanın kız kardeşi.

görünmek (f) Görülür duruma gelmek, görülür olmak.

görüntü (i) Gerçekte var olmadığı hâlde varmış gibi görünen şey, hayalet.

gösteri (i) İlgi, dikkat çekmek için bir topluluk önünde gösterilen beceri veya oyun.

gösteriş (i) Gösterme işi veya biçimi.

götürmek (f) Taşımak, ulaştırmak veya koymak.

gövde (i) 1. Bir şeyin asıl toplu bölümü. 2. İnsan ve hayvanların kol, bacak ve baş dışında kalan bölgesi. 3. Ağaçlarda kök ve dallardan geri kalan bölüm.

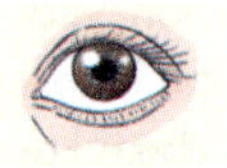

göz (i) Görme organı.

gözbebeği (i) Işığın azlığına veya çokluğuna göre büyüyüp küçülen, gözde irisin ortasındaki yuvarlak delik.

gözcü (s) Gözlemek veya gözetlemek işini yapan kimse.

gözde (i) Göze girmiş olan.

gözetlemek (f) Birine veya bir şeye gizlice bakmak.

gözlem (i) Bir nesnenin, olayın veya bir gerçeğin, özelliklerini bilmek amacıyla dikkatli ve planlı olarak ele alınıp incelenmesi.

gram (i) Kilogramın binde biri değerindeki kütle birimi.

gri (s) *Fr.* Kül rengi, boz.

grip (i) *Fr.* Yorgunluk, kırıklık, kas ağrıları ve ateşle beliren, bulaşıcı, salgın hastalık, paçavra hastalığı.

grup (i) *Fr.* Aynı yerde bulunan kimse ve nesneler bütünü, küme, öbek: *Her grup alandaki yerini aldı: Ali, Anıtkabir'e giden gruba katıldı.*

gurbet (i) *Ar.* Doğup yaşanılmış olan yerden uzak yer.

gurup (i) *Ar.* Güneşin batması, batış: *Gurubu seyretmekten büyük keyif alırım. Dünkü gurup daha güzeldi.*

gübre (i) *Yun.* Verimini artırmak için toprağa dökülen her türlü hayvan dışkısı, kimyasal veya bitkisel madde.

güç (i) Ağır ve yorucu emekle yapılan, müşkül.

güğüm (i) Yandan kulplu, boynu uzun, genellikle bakırdan su kabı.

gül (i) Rengi ve çeşidi çok fazla olan güzel renkli, kokulu bir çiçek türü.

güllaç (i) Nişastadan yapılan, çok ince kuru yufka; bu yufkadan hazırlanan tatlı.

gülmek (f) Hoşuna veya tuhafına giden olaylar, durumlar karşısında, genellikle sesli bir biçimde duygusunu açığa vurmak.

gülsuyu (i) Gül yağı elde edilmesi sırasında yan ürün olarak elde edilen kokulu ve renksiz sıvı.

gümüş (i) Parlak beyaz renkte, kolay işlenen süs eşyası yapılan element.

gün (i) Yer yuvarlağının kendi ekseni etrafında bir kez dönmesiyle geçen 24 saatlik süre.

günah (i) *Far.* Dince suç sayılan iş veya davranış.

gündüz (i) Günün sabahtan akşama kadar süren aydınlık bölümü.

Güneş (i) Gezegenlere ve yer yuvarlağına ışık ve ısı veren büyük gök cismi.

güney (i) Solunu doğuya, sağını batıya veren kimsenin tam karşısına düşen yön, dört ana yönden biri.

günlük (i) O günkü o günle ilgili.

gür (s) Bol ve güçlü olarak çıkan veya fışkıran.

güreş (i) Belli kurallar içinde, güç kullanarak, iki kişinin türlü oyunlarla birbirinin sırtını yere getirmeye çalışması.

güven (i) Korku, çekinme ve kuşku duymadan inanma ve bağlanma duygusu.

güz (i) (kuzey yarım küre için) Eylül, ekim ve kasım aylarını içine alan süre, sonbahar.

güzel (s) Biçimindeki uyum ve ölçülerindeki denge ile hoşa giderek hayranlık uyandıran.

güzergâh (i) 1. Yolüstü uğranılacak, geçilecek yer. 2. Yol boyu. 3. Çok geçilen yer, geçek.

H h

h, H Türk alfabesinin onuncu harfi.

hab (i) Uyku.

haber (i) *Ar.* Bir olay, bir olgu üzerine edinilen bilgi, salık: *Benim bundan haberim yok.*

haberci (s) Haber getiren kimse, ulak.

haberleşme (i) Karşılıklı olarak haber alıp vermek, iletişmek, muhabere etmek.

habitat (i) 1. Yerleşme, oturma. 2. Bitkinin doğal olarak yetiştiği yer.

hac, -ccı (i) *Ar.* Genellikle tek tanrılı dinlerde kutsal olarak tanınan yerlerin, o dinden olanlarca yılın belli aylarında ziyaret edilmesi.

hacı (s) *Ar.* 1. Din buyruklarını yerine getirmek için hacca gitmiş Müslüman. 2. Kudüs'ü, Efes'i veya başka kutsal bir yeri ziyaret etmiş olan Hristiyan.

hacim, -cmi (i) *Ar.* Bir cismin uzayda doldurdu-

ğu boşluk: *Bu iş için büyük hacimli bir salon gerekir. Bazı cisimlerin hacimleri büyük, fakat ağırlıkları azdır.*

haciz (i) El koyma.

hademe (i) *Ar.* İş yerlerinde temizlik ve getir götür işlerine bakan görevli, odacı.

hafif (s) *Ar.* Tartıda ağırlığı az gelen.

hafiflemek (f) Herhangi bir sebeple eski ağırlığı azalmak.

hafiye (i) *Ar.* Özel soruşturmalarla edindiği bilgileri ilgililere ileten kimse.

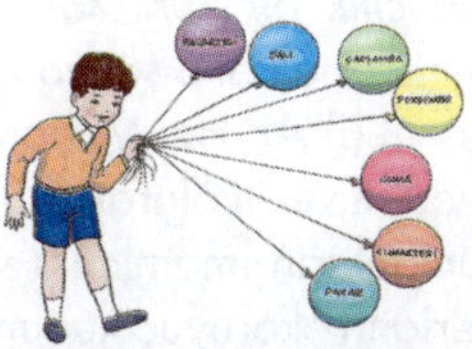

hafta (i) *Far.* Birbiri ardınca gelen yedi günlük dönem.

hain (s) *Ar.* Hıyanet eden.

hak (i) Adaletin, hukukun gerektirdiği veya birine ayırdığı şey, kazanç.

hakaret (i) *Ar.* Onur kırma, onura dokunma, küçültücü söz veya bir kimseyi aşağılık ve değersiz gösterecek biçimde davranmak.

hakem (i) *Ar.* Spor karşılaşmalarının kurallara uygun olarak oynanmasını sağlayan (kararları veren) kimse.

hâkim (i) *Ar.* 1. Egemenliğini yürüten, buyruğunu yürüten, sözünü geçiren egemen. 2. bk. Yargıç.

haklı (s) *Ar.* Hakka uygun, doğru, yerinde.

haksız (s) Hak ve adalete uygun olmayan.
haksızlık (s) Haksız olma durumu.
hâl (i) *Ar.* Bir şeyin içinde bulunduğu şartları veya taşıdığı niteliklerin bütünü, durum, vaziyet.
hala (i) *Ar.* Babanın kız kardeşi
hâlâ (zf) Şimdiye kadar veya o zamana kadar, henüz.

halat (i) *Yun.* Kenevirden yapılmış çok kalın ip.
halay (i) Anadolu'nun çeşitli bölgelerinde davul ve zurna eşliğinde toplu olarak oynanan bir halk oyunu.
hale (i) Ayın çevresinde görülen ışık halkası, ağıl, ayla.
hâlen (zf) Şimdi, şu anda, bugünkü günde.

halı (i) Yere veya mobilya üstüne serilmek, duvara gerilmek için, çoğu yünden dokunan, kısa ve sık tüylü, nakışlı, kalın yaygı.
halıcı (i) Halı dokuyan veya satan kimse.
halıcılık (i) 1. Halı dokuma sanatı veya sanayii: *Halıcılık bir Türk sanatıdır.* 2. Halı alıp satma işi.
halife (i) *Ar.* Hz. Muhammed'in vekili olarak Müslümanların imamlığını ve şeriatın koruyuculuğunu yapmakla görevli kimse.
halifelik (i) 1. Halifenin görevi, hilâfet. 2. Halife

niteliği ve makamı. 3. Halifenin egemenliği altındaki ülkeler.

hâlihazır (i) Şimdiki durum, bugünkü durum.

Halik (s) 1. Yaratıcı, yaratan, yoktan var eden. 2. (i) (büyük H ile) Yaradan Allah.

halim selim (s) Yumuşak ve doğru (kimse).

halis (s) *Ar.* Katışık olmayan, katışıksız, saf.

haliyle (zf) 1. Olduğu gibi: 2. Olağan bir sonuç olarak, ister istemez.

halk (I) (i) *Ar.* Aynı ülkede yaşayan, aynı uyrukta olan insan topluluğu: *Türk halkı.*

halka (i) *Ar.* Çeşitli metallerden veya tahtadan yapılmış çember.

halletmek (f) Güç görünen bir olay veya duruma çözüm yolu bulmak.

halter (i) Birbirine metal sapla bağlanmış iki gülle veya disklerden yapılmış araç.

ham (s) *Far.* Yenecek kadar olgun olmayan.

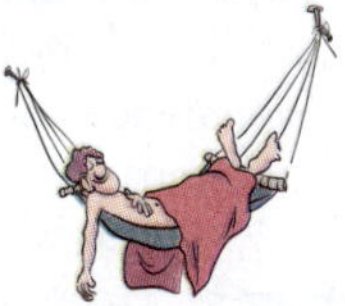

hamak (i) İki ağaç veya direk arasına asılarak içine yatılan ve sallanabilen, ağdan veya bezden yapılmış yatak, ağ yatak.

hamal (i) *Ar.* Ücretle yük taşıyarak geçinen kimse, taşıyıcı, yükçü.

hamam (i) *Ar.* Yıkanacak yer, yunak.
hamarat (s) Ev işlerinde çok çalışan ve becerikli kadın.
hamile (s) *Ar.* Gebe. Karnında çocuk olan doğuracak kadın.
hamle (i) *Ar.* İleri atılma, atılım.
hammadde (i) *Far.* Bir ürün veya mal oluşturmak için gerekli maddelerin işlenmeden önceki doğal durumu.

hamsi (i) Hamsigillerden, Akdeniz, Karadeniz ve Batı Avrupa kıyılarında avlanan, 10-12 cm boyunda, ince uzun bir balık.
hamur (i) *Ar.* Unun su veya başka sıvıyla yoğrulmuş durumu.

han (i) Büyük şehirlerde serbest mesleklerde çalışanların oda veya daire tutup çalıştıkları birkaç katlı yapı.
hançer (i) *Far.* Ucu eğri ve sivri, kamaya benzer, silah olarak kullanılan bir tür bıçak.

hane (i) Ev, konut, bölme.
hanedan (i) Soy.
hangi (s) İki veya daha çok şeyden bir tanesini belirtecek bir cevap istemek için kullanılan soru sıfatı.
hanım 1. (i) Kız ve kadınlara verilen ünvan, bayan. 2. Karı, eş.
hanımanne (i) Kayınvalide.

H h

hanımefendi (i) Üstün bir saygı göstermiş olmak için kadın adlarının sonuna getirilir veya adların yerine kullanılır.

hanım hanımcık Evine, çocuklarına, işine gereği gibi bakan, çevresine uyumlu (kadın, kız).

hanlık (i) 1. Han olma durumu: *Hanlığı dokuz yıl sürdü.* 2. Hanın egemenliğindeki ülke: *Kırım Hanlığı.*

hantal (s) 1. Kocaman, iri, kaba. 2. İşi, davranışları kaba ve yavaş.

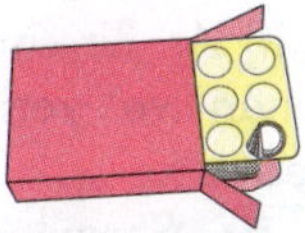

hap (I) (i) *Ar.* 1. Kolayca yutulabilmesi için küçük toparlak durumuna getirilmiş ilaç.

hapı yutmak (tkz) Kötü bir duruma düşmek.

hapır hapır, hapır hupur (zf) İştahlı ve gürültülü bir biçimde (yemek).

hapis, -psi (i) *Ar.* Yasalara göre suçluları ceza evine koyma: *Kapkaççı on altı yıl hapse mahkûm oldu. En az sekiz yıl hapis yatacak.*

hapishane (i) Tutukluevi, cezaevi. Suç işleyenlerin kapatıldıkları yer.

hapsetmek (-i, -e) Bir yere kapatıp salıvermemek. *Kediyi odaya hapsetti.* 3. *mec.* Bir kimseyi veya bir şeyi boşu boşuna tutmak, alıkoymak.

hapşırık (i) Aksırık.

har (I) Birtakım ikileme ve deyimlerde çeşitli anlamlarda geçer.

har gür tartışıp çekişme, tartışıp çekişerek. **har hur** karışıklık ve anlaşmazlık. **har vurup harman savurmak** düşüncesizce ve hesapsızca harcamak, bol bol harcayıp tüketmek.

har (II) (i) Sıcak, kızgın, yakıcı.

harabe (i) *Ar.* 1. Eski çağlardan kalmış şehir veya yapı, ören, kalıntı. 2. Yıkılmış veya yıkılmaya yüz tutmuş yapı.

haraç (i) *Ar.* Bir yerden, bir kimseden zorbalıkla alınan para.

haram (s) *Ar.* 1. Din kurallarına aykırı olan, dince yasak olan. 2. (i) *mec.* Yasak.

harap (s) Yıkık, bitkin.

hararetlenmek (f) Isısı artmak.

harbiye (i) Subay yetiştiren yüksek okul.

harcamak (f) Bir iş görmek veya bir şey satın almak için parayı elden çıkarmak, sarf etmek.

harç (i) Resmî işlerde devlet veznesine ödenen para.

harçlık (i) Ufak tefek ihtiyaçlar için ayrılmış para.

hardal (i) 1. Turpgillerden ve tohumu hekimlikte kullanılan bir bitki. 2. Bu bitkinin tohumundan yapılarak bazı yemeklere konulan sos.

hareket (i) *Ar.* Bir cismin durumunun ve yerinin değişmesi.

harem (i) Saraylarda kadınlara ayrılan özel bölüm.

harf (i) Dildeki bir sesi gösteren ve alfabeyi

oluşturan işaretlerden her biri.

harfiyen (z) Değiştirmeksizin.

harika (i) *Ar.* Olağanüstü nitelikleriyle insanda hayranlık uyandıran.

harikulade (s) Eşi görülmemiş, şaşkınlık.

harita (i) *Yun.* Yeryüzünün veya bir parçasının, belli bir orana göre küçültülerek bir kâğıt düzlem üzerine çizilmesiyle elde edilen taslak.

harman (i) *Far.* Tahıl demetlerinin üzerinden düven geçirilerek tanelerin başaklarından ayrılması işi.

harp (i) Savaş.

hasar (i) Herhangi bir olayın yol açtığı, kırılma, dökülme, yıkılma gibi zarar.

hasır (i) *Ar.* Saz, kabuk, yaprak gibi bir bitki maddesiyle örülmüş taban veya tavan örtüsü.

hasret (i) *Ar.* Özlem.

hasta (i) *Far.* Sağlığı bozuk olan, esenliği yerinde olmayan.

hastabakıcı (i) Tedavi ile ilgili hekimin buyruklarını yerine getirip hastaya bakan hemşirelere yardım eden kimse.

hastane (i) Hastaların yatırılarak tedavi edildikleri sağlık kurumu.

hastalanmak (f) Sağlığı bozulmak, esenliği yerinde olmamak, hasta olmak.

haşarat, -tı (i) *Ar.* Böcekler.

haşarı (s) Çok yaramaz, ele avuca sığmayan.

hata (i) *Ar.* Yanlış, yanlışlık, yanılgı.

hatırlamak (f) Bilinip unutulan bir şeyi akla getirmek, anımsamak.

hatim, -tmi (i) *Ar.* Kur'an'ı başından sonuna kadar okumak: *Ben iki defa hatmettim.*

hatun (i) Kadın.

hava (i) Atmosferi oluşturan, bütün canlıların solunumuna yarayan, renksiz, kokusuz, akışkan gaz karışımı.

havaalanı (i) Uçakların kalkıp inmesi için yapılmış düz, açık ve asfaltlanmış geniş yer, uçak alanı.

hava gazı (i) Maden kömüründen çıkarılan, yakılarak ışık veya ısı sağlanan gaz.

havalandırmak (f) Havalanmasını sağlamak.

havale (i) Bir işi bir başkasının sorumluluğuna bırakma.

havan (i) *Far.* İçinde bir şey dövüp ufalamaya yarayan, tahta, taş, maden veya plastikten yapılan kap.

hava yolu (i) Hava taşıtlarının uçuş sırasında izlemeye zorunlu oldukları yol.

havlamak (f) (köpekler) Bağırmak, ürümek.

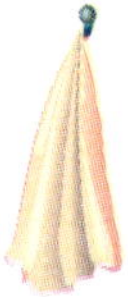

havlu (i) Kurulanmaya yarar havlı bez.

havuç (i) Koni biçimindeki etli kökü için sebze olarak yetiştirilen kırmızı renkli bir bitki.

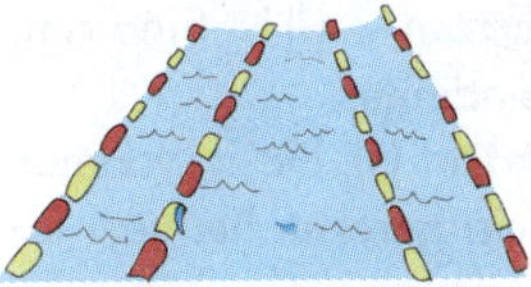

havuz (i) *Ar.* Su biriktirmek, yüzmek veya çevreyi güzelleştirmek gibi amaçlarla altı ve yanları mermer, beton ve benzeri şeylerden yapılarak içine su doldurulan, genellikle üstü açık yer.

havyar (i) Tuzla hazırlanmış yarı ezme durumunda, genellikle mersin balığı yumurtası.

havza (i) *Ar.* Dağ veya tepelerle sınırlanmış, suları aynı denize, göle veya ırmağa akan bölge.

haya (i) Utanma, sıkılma, utanç.

hayal (i) *Ar.* Zihinde tasarlanan, canlandırılan ve gerçekleşmesi özlenen şey, düş, imge.

hayalet (i) Gerçekte var olmadığı hâlde bazen görüldüğü sanılan cin, peri, hortlak gibi görüntüler.

hayat (i) Yaşam.

haydi (ü) İsteklendirmek, çabukluk belirtmek için kullanılır.

hayır, -yrı (I) (i) 1. İyilik, karşılık beklemeden yapılan yardım: *Onun kimseye bir hayrı olmaz.* 2. İyi, yararlı: *O hep hayırlı işler yapar.*

hayır, -yrı (II) (ü) Yok, öyle değil, olmaz anlamında onamama, inkâr kelimesi: *Hayır, kavgamız hiç bitmeyecek.*

hayırsever (i) *Ar.* Yoksullara, düşkünlere, yardıma muhtaç olanlara iyilik ve yardım etmesini seven, iyiliksever, yardımsever.

haykırmak (f) Telaş, şikâyet vb. sebeplerle yüksek sesle bağırmak.

haylaz (s) Hoşa gitmeyen davranışlarda bulunan, hayta.

hayli (s) Epey, oldukça çok.

hayran (s) *Ar.* Çok beğenen, hayranlık duyan.

hayret (i) *Ar.* Beklenmedik, garip bir şeyin sebep olduğu şaşkınlık, şaşırma.

haysiyet (i) Onur, saygınlık.

haz, -zzı (i) *Ar.* Hoşa giden duygulanma, hoşlanma, zevk: *Böyle şakalardan hazzetmem. Bu filmden büyük haz duydum.*

hazan (i) Güz.

hazım (i) Sindirim, sindirme.

hazır (s) Bir iş yapmak için gereken her şeyi tamamlamış olan.

hazırcevap (f) Gerektiğinde çabuk, yerinde cevaplar bulup veren.

hazırlık (i) Hazırlanmak için gereken şeyler veya durumlar.

hazin (s) Acıklı, dokunaklı.

hazine (i) *Ar.* Altın, gümüş, mücevher gibi değerli eşya yığını, büyük servet.

hece (i) *Ar.* Bir solukta çıkarılan ses veya ses birliği.

H h

hecelemek (f) Bir kelimenin hecelerini teker teker söylemek.

hedef (i) *Ar.* Nişan alınacak yer.

hediye (i) *Ar.* Armağan.

hekim (i) *Ar.* İnsanlardaki hastalıkları teşhis ve onları ilaçlarla veya bazı araçlarla tedavi eden kimse, doktor.

helak (i) Ölme, öldürme, yok etme, yok olma.

helal (s) *Ar.* 1. Dinin kurallarına aykırı olmayan, dince yasaklanmamış olan.

hele (zf) "Özellikle", "hiç olmazsa" anlamıyla, bir sözün başına veya sonuna getirilerek belirtilen şeyin ayrıcalığını anlatır.

helikopter (i) Dik iniş ve çıkış yapabildiği için dar yerlerde de kullanılabilen tepeden pervaneli uçan taşıt.

helva (i) *Ar.* Şeker, yağ, un veya irmikle yapılan tatlı.

hem (b.zf) Bir kimseyi uyarmak, bir şeyi açıklamak veya anlamı güçlendirmek için "özellikle", "zaten" anlamlarında kullanılır.

hemen (zf) *Far.* Hiç vakit geçirmeden, gecikmeden, çabucak.

hemşehri (i) *Far.* Aynı ilden olan kimse, memleketli.

hemşire (i) Doktor tarafından acil durumlar dışında yazılı olarak verilen tedavileri uygulamak, hastanın ba-kımını düzenlemek, de-netlemek ve değerlen-dirmekle görevli sağlık çalışanı.

henüz (zf) Az önce, daha şimdi, yeni.

herif (i) *Ar.* Adam.

herkes (i) İnsanların bütünü.

hesap (i) *Ar.* Matematiksel işlem.

heves (i) *Ar.* İstek, eğilik, arzu, şevk.

hevesli (s) Bir şeye veya bir işe istek duyan, merak sarmış olan, istekli.

hey (ü) Seslenmek veya ilgi ve dikkat çekmek için söylenir.

heybe (i) *Ar.* Binek hayvanın eyeri üzerine geçirilen veya omuzda taşınan, içine öteberi koymaya yarayan, kilim veya halıdan yapılmış iki gözlü torba.

heybet (i) *Ar.* Korku ve saygı uyandıran görünüş.

heyecan (i) Sevinç, korku, kızgınlık, üzüntü, kıskançlık sevgi gibi sebeplerle ortaya çıkan güçlü ve geçici duygu durumu.

heyecanlanmak (f) Herhangi bir sebeple güçlü, geçici bir duygulanımdan etkilenmek.

heykeltıraş (i) Heykelci, yontucu.

hıçkırık (i) Boğazdan çıkan ve düzgün aralıklarla tekrarlanan ses.

hınç (i) Öç almayı güden öfke, kin.

hırçın (s) Belirli bir sebebi olmadan sinirlenip huysuzluk eden.

hırka (i) *Ar.* Önden açık, kollu, genellikle yünden üst giysisi.

hırlamak (i) Hırıltıyla ses çıkarmak.

hırpalanmak (nsz) Hırpalamak işine konu olmak veya hırpalamak işi yapılmak.

hırs (i) *Ar.* Sonu gelmeyen istek, aşırı tutku.

hırsız (i) Çalan, uğru.

hırslı (i) Doymak bilmeyen, aşırı istekli, tutkulu.

hısım (i) Soyca veya evlilik sonucu aralarında bağ bulunanlardan her biri, akraba.

hışırtı (i) İnce cisimler hışırdarken çıkan ses, hışırdama sesi.

hıyanet, -ti (i) *Ar.* Kutsal sayılan şeylere el uzatma, kötülük etme veya karşı davranma, hainlik, ihanet.

hıyar (i) Salata yapımında kullanılan bir sebze.

hız (i) Çabukluk, sürat.

hızlı (s) Çabuk, seri, sür'atli.

hicran (i) *Ar.* Bir yerden veya bir kimseden ayrılma, ayrılık.

hicret (i) *Ar.* Göç.

hiç (zf) Olumsuz cümlelerde yüklemin anlamını pekiştirir: *Bundan böyle hiç gelmez.*

hiddet (i) Öfke, kızgınlık.

hikâye (i) *Ar.* Bir olayın sözlü veya yazılı olarak anlatılması.

hilal (i) *Ar.* Ayça, yeni ay.

hile (i) *Ar.* Birini aldatmak, yanıltmak için yapılan düzen, dolap, oyun.

himaye (i) *Ar.* Koruma, gözetme, koruyuculuk.

his, -ssi (i) *Ar.* Duygu: *Ali çok hisli bir çocuktur. Köpeğim Mimi kapıya geldiğimi hemen hisseder.*

hisse (i) *Ar.* Pay.

hissetmek (f) Fiziksel bir uyarıyı duymak.

hitabet (i) Etkili söz söyleme sanatı.

hitap (i) *Ar.* Sözü birine veya birilerine yöneltme, seslenme.

hizmet (i) *Ar.* Birinin işini görme veya birine yarayan bir işi yapma.

hoca (i) *Ar.* Müslümanlıkta din görevlisi.

hokkabaz (s) El çabukluğu ile birtakım şaşırtıcı olaylar yapmayı meslek edinen kimse.

homurdamak (f) Öfke kızgınlık, can sıkıntısıyla anlaşılmaz sesler çıkarmak.

hoparlör (i) Elektrik dalgalarını ses dalgasına çeviren ve gerektikçe sesi yükselten alet.

hoplamak (f) Sevinçten, korkudan veya oyun için, bulunduğu yerde havaya doğru fırlamak.

hor (zf) Değersiz, önemi olmayan, aşağı.

hora (i) Birçok kişi tarafından el ele tutuşarak oyun müziği eşliğinde oynanan bir halk oyunu.

horlamak (f) Uyku sırasında soluk alırken boğaz ve burundan gürültülü sesler çıkarmak.

hortlak (i) Mezardan çıkaran insanları korkuttuğuna inanılan yaratık, hayalet.

hortum (i) Suyu başka yere akıtmak için kullanılan, kauçuk, meşin ya da bezden yapılan uzun boru.

hostes (i) Taşıtlarda ve özellikle uçaklarda yolcu ağırlayan genç kadın.

hoş (s) *Far.* Beğenilen, duyguları okşayan, zevk veren.

hoşaf (i) Şeker şurubunda, bütün veya dilimler durumunda kaynatılmış meyve, komposto.

hoşgörü (i) Her şeyi anlayışla karşılayarak olabildiği kadar hoş görme durumu, müsamaha.

hoşlanmak (f) Hoşuna gitmek, hoş bulmak, sevmek.

hoyrat (i) Kaba, kırıcı ve hırpalayıcı.

hörgüç (i) Devenin sırtındaki tümsek, çıkıntı.

hububat (i) Tahıl.

hukuk (i) *Ar.* Toplumu düzenleyen ve devletin yaptırım gücünü belirleyen yasaların bütünü.

humma (i) *Ar.* Ateşli hastalık.

hummalı (s) Humması olan.
hurç (i) *Ar.* Genellikle yelken bezinden veya meşinden yapılmış büyük heybe.
hurda (s) *Far.* Parçalanmış, döküntü durumuna gelmiş.
huy (i) *Far.* İnsanın yaradılış ve ruh özelliklerinin bütünü, mizaç.
huysuz (s) Huyu iyi olmayan, geçimsiz.
huzur (i) *Ar.* Dirlik, baş dinçliği, gönül rahatlığı.
hücre (i) *Ar.* İnce bir zar ve çekirdekten oluşmuş, bir organizmanın yapı ve görev bakımlarından en küçük birliği.
hücum (i) *Ar.* Saldırma, saldırı.
hüküm, -kmü (i) *Ar.* 1. Yargı: *Mahkemenin hükmü.* 2. Egemenlik: *Demokrasilerde hüküm ulusa aittir.*
hükümdar (i) *Far.* Padişah, kral, hakan gibi taht sahibi devlet başkanı.
hükümet (i) Devletin görevlerini yerine getirmesini sağlayan yetkili organ, bakanlar kurulu.
hükümlü (s) Ceza hükmü verilmiş olan, mahkûm.

hüner (i) *Far.* Beceri isteyen ustalık.
hürriyet (i) *Ar.* Özgürlük.
hüviyet (i) Kimlik.
hüzün (i) *Ar.* İç kapanıklığı, gönül üzgünlüğü.

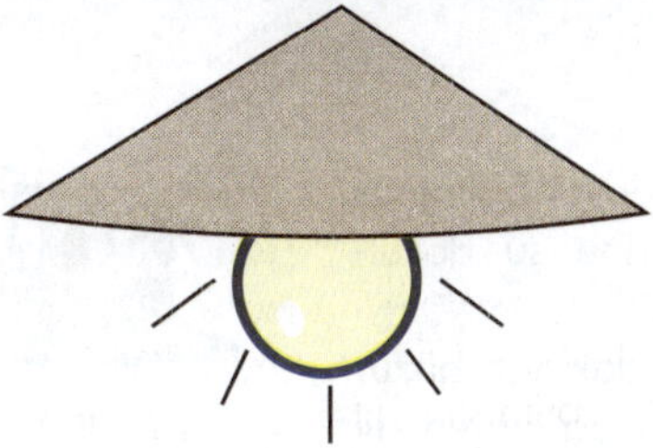

I ı

ı, I Türk alfabesinin on birinci harfi.

ıhlamur (i) 1.Kerestesi beğenilen, büyük bir gölge ağacı. 2. Bu ağacın çay olarak tüketilen baharda açan çiçeği.

ılık (s) Soğukla sıcak arası, ne soğuk ne de sıcak.

ırgat (i) *Yun.* Tarım işçisi, rençber.

ırk (i) *Ar.* 1. Ortak fiziksel özelliklere sahip insanlar topluluğu. 2. Soy

ırmak (i) Çoğunlukla denize dökülen, özellikle genişliği ve taşıdığı su niceliği bakımından en büyük akarsu.

ısı (i) Bir cismin uzamasına, genleşmesine, buharlaşmasına, erimesine, sıcaklığının artmasına, bir iş yapmasına sebep olan fiziksel enerji.

ısınmak (f) Sıcak duruma gelmek, üşümesini gidermek.

ıslak (s) Suya batırılmış veya üzerine su dökülmüş olan.

ıslık (i) Dudakların büzülerek veya parmağın dil üzerine getirilmesiyle çıkarılan ince ve tiz ses.

ıspanak (i) Yapraklarından sebze olarak yararlanılan bir bitki.

ısrar (i) *Ar.* Direnme, ayak direme, üsteleme, üstünde durma.

ıssız (s) Kimse bulunmayan veya az kimse bulunan, tenha.

ıstırap (i) *Ar.* 1. Acı. 2. *mec.* Üzüntü, sıkıntı, keder.

ışık (i) Cisimleri görmeyi, renkleri ayırt etmeyi sağlayan fiziksel enerji, erke, ziya, nur.

ışın (i) Bir ışık kaynağından çıkarak her yöne yayılıp giden ışık demeti.

İ i

i, İ Türk alfabesinin on ikinci harfi.

ibadet (i) *Ar.* Yaratıcı buyruklarını yerine getirme, O'na yönelen saygı davranışı, tapınma.

ibik (i) Horoz, hindi vb. nin tepesinde bulunan kırmızı deri uzantısı.

ibret (i) *Ar.* Yanlış, kötü davranışlardan sakınmayı sağlayan olgu veya bu gibi olgulardan alınması gereken sonuç, ders.

ibrik (i) *Ar.* Su ve sulu şeyler koymaya yarayan kulplu, emzikli kap.

iç (i) Herhangi bir durumun, cismin veya alanın sınırları arasında bulunan bir yer.

içecek (i) İçilen herşey, meşrubat.

içmek (f) Bir sıvıyı ağza alıp yutmak.

içten (s) Yürekten, candan, samimi.

idam (i) *Ar.* Ölüm cezası.

idare (i) *Ar.* Yönetme, yönetim, çekip çevirme.

iddia (i) *Ar.* İleri sürülerek savunulan düşünce, sav.

idman (i) *Ar.* Vücudun gücünü artırmak için yapılan alıştırma, spor.

ifade (i) *Ar.* Anlatım.

iffet (i) Cinsi konularda ahlak kurallarına bağlılık.

iflas (i) *Ar.* Borçlarını ödeyemediği mahkeme kararı ile tespit ve ilan olunan tüccarın durumu.

iftar (i) *Ar.* Oruç açma, oruç bozma.

iftihar (i) Övünme.

iftira (i) *Ar.* Kasıtlı ve asılsız suç yükleme, kara çalma.

iğrenç (s) İğrenme duygusu uyandıran, tiksindiren.

ihtiyaç (i) *Ar.* Gereksene, gereksinme.

ihtiyar (i) *Ar.* Yaşlı, kocamış olan.

ikaz (i) *Ar.* Uyarma, uyarı, dikkat çekme.

iki (i) Birden sonra gelen sayının adı.

ikindi (i) Öğle ile akşam arasındaki süre.

ikiz (s) Bir doğumda dünyaya gelen iki (kardeş).

iklim (i) *Ar.* *Yun.* Yeryüzünün herhangi bir yerinde, atmosfer olaylarının ortaklaşa gerçekleştirdikleri etkilerin uzun yılların ortalamasına dayanan durumu.

ikna (i) *Ar.* Bir konuda birinin inanmasını sağlama, inandırma.

ikram (i) Konuğu ağırlama.

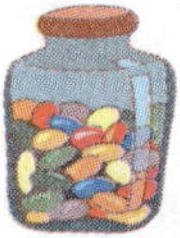

ilaç (i) *Ar.* Bir hastalığı iyi etmek veya önlemek için, türlü yollardan kullanılan madde.

ilah (i) *Ar.* Allah.

ilan (i) Duyuru.

ilave (i) *Ar.* Katma, ekleme, ek.

ilgi (i) İki şey arasında bulunan herhangi bir bağlılık, ilişki, alaka.

ilginç (s) İlgi uyandıran, ilgi ve dikkat çekici olan, enteresan.

ilim, -lmi (i) *Ar.* 1. Bilim. 2. *mec.* Ayrıntı, özellik, nitelik, hassasiyet.

ilişki (i) 1. İki şey arasında karşılıklı ilgi, bağ, münasebet. 2. Bağlantı, temas.

ilk (s) Zaman, sıra, yer ve önem bakımından ötekilerden önce gelen, son karşıtı.

ilkbahar (i) *Far.* (kuzey yarım küre için) Mart, nisan ve mayıs aylarını içine alan zaman aralığı. Gök biliminde 21 Mart ile 22 Haziran arası, ilkyaz, bahar.

iltifat (i) Birine güler yüz gösterme, hatırını sorma, tatlı davranma.

imalat (i) *Ar.* Ham madde işlenerek yapılan her türlü mal.

imam (i) *Ar.* Cemaate namaz kıldıran kimse.

iman (i) *Ar.* Dinin ortaya koyduğu esaslara inanma, din inancı.

imdat (i) Tehlikede olana yapılan yardım.

imha (i) *Ar.* Ortadan kaldırma, yok etme.

imparator (i) *İt.* Bir imparatorluğu yöneten kimse.

imparatoriçe (i) *İt.* İmparator eşi.

imza (i) Bir kimsenin, bir yazının altına bu yazıya yazdığını veya onayladığını belirtmek için her zaman aynı biçimde yazdığı ad veya işaret.

in (i) Yaban hayvanlarının kendilerine yuva edindikleri kovuk, mağara.

inanç (i) Bir düşünceye gönülden bağlı bulunmak.

inat (i) *Ar.* Bir konuda direnme, ayak direme, diretme.

ince (s) Kendi cinsinden olanlara göre, dar ve uzun olan, kalınlığı az olan.

incelemek (f) Bir işi veya bir şeyi ele alıp özelliklerini, ayrıntılarını inceden inceye, özenle anlamaya, öğrenmeye çalışmak.

inci (i) İstiridye gibi bazı kabuklu deniz hayvanlarının içersinde oluşan, değerli, küçük, sedef renginde süs tanesi.

İncil (i) *Ar. Yun.* İsa'ya indirildiğine inanılan kutsal kitap.

incinmek (f) Çarpma, sıkışma, burkulma gibi etkenlerle vücudun bir yeri

ağrı verir duruma gelmek.

incir (i) 1. Asıl yurdu Akdeniz kıyıları olan, yaprakları dilimli bir ağaç. 2. Bu ağacın tatlı meyvesi.

inkâr (i) *Ar.* Yaptığını, söylediğini, tanık olduğunu saklama.

insan (i) *Ar.* Memelilerden, iki eli olan, iki ayak üzerinde dolaşan, sözle anlaşan, akıl ve düşünme yeteneği olan en gelişmiş canlı.

inşaat (i) *Ar.* Yapı, yapı işleri.

intihar (i) Bir kimsenin toplumsal ve ruhsal sebeplerin etkisi ile kendi hayatına son vermesi.

intikam (i) *Ar.* Öç.

ip (i) *Ar.* Dokuma maddelerinin bükülmüş liflerinden yapılan bağ.

ipek (i) İpek böceği kozaları çözülerek çıkarılan ve dokumacılıkta kullanılan çok ince, esnek ve parlak tel.

iplik (i) Pamuk, keten, yün, ipek, naylon vb. dokuma maddelerinin uzun ince liflerinden her biri.

iptal (i) *Ar.* Yararlıktan, kullanıştan kaldırma, silme.

iri (i) Olağandan daha hacimli, olağanı aşan büyüklüğü olan.

iriyarı (i) İri yapılı.

is (i) Dumanın değdiği yerde bıraktığı kara leke.

isabet (i) Hedefe varma, hedefi vurma.

isim, -smi (i) 1. Ad. 2. Kişi, insan: *Yeni isimler de katıldı bize.* 3. Canlı ve cansız varlıkları; duygu ve düşünceleri; çeşitli durumları bildiren kelime.

iskele (i) *İt.* Deniz taşıtlarının yanaştığı, çoğu tahta ve betondan yapılmış, denize doğru uzanan yer.

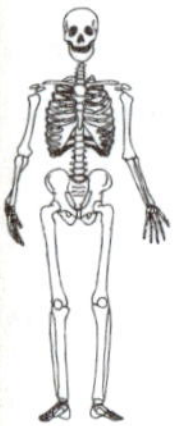

iskelet (i) *Fr.* İnsan ve hayvan bedeninin kemik çatısı.

iskemle (i) *Lat.* Arkalıksız sandalye.

İslam (i) *Ar.* Hz. Muhammed'in yaydığı din.

ispat (i) *Ar.* Tanıt ve kanıt gösterek bir şeyin gerçek yönünü ortaya çıkarma, tanıtlama, tanıt.

israf (i) *Ar.* Gereksiz yere para, zaman, emek vb. yi harcama, savurganlık, tutumsuzluk.

İsrafil (i) İslam inanışına göre kıyamet gününü öttüreceği boru ile bildirecek olan melek.

istasyon (i) *Fr.* Tren durağı.

istek (i) Birşeye duyulan eğilim.

istifa (i) *Ar.* Kendi isteğiyle görevden ayrılma.

istisna (i) *Ar.* Bir kimse veya bir şeyi benzerlerinden ayrı tutma.

isyan (i) *Ar.* Herhangi bir amaçla kurulu düzene veya devlet güçlerine karşı gelme, baş kaldırma.

iş (i) Bir sonuç elde etmek, herhangi bir şey ortaya koymak için güç

harcayarak yapılan etkinlik, çalışma.

işaret (i) *Ar.* Anlam yüklenen şey, anlamlı iz.

işçi (i) Başkasının yararına bedenini, kafa gücünü veya el uzluğunu kullanarak ücretle çalışan kimse.

işgal (i) *Ar.* Bir yeri ele geçirme.

işitmek (f) Kulakla algılamak, duymak.

işkembe (i) Gevişgetirenlerin ilk ve en büyük mide bölümü.

işkence (i) *Far.* Bir kimseye maddi veya manevi olarak yapılan aşırı eziyet.

işlem (i) Bir işi sonuçlandırmak için yapılan iş veya uygulamaların hepsi, muamele.

iştah (i) *Ar.* Yemek yeme isteği.

itfaiye (i) Yangın söndürme kuruluşu.

itiraf (i) *Ar.* Başkalarınca bilinmesi sakıncalı görülen bir gerçeği saklamaktan vazgeçip açıklama, söyleme.

itiraz (i) *Ar.* Bir düşünce veya kararı benimsemeyerek karşı çıkma.

iyi (s) İstenilen, beğenilen nitelikleri taşıyan, beğenilecek biçimde olan.

iz (i)Bir şeyin geçtiği veya önce bulunduğu yerde bıraktığı belirti.

izci (i) İz güderek aradığını bulabilen kimse.

izin, -zni (i) Bir şey yapmak için verilen veya alınan özgürlük, müsaade: *Bir hafta izin aldım. İznimi Ayvalık'ta geçireceğim.*

izmarit (i) 1.İzmaritgillerden, pullu ve kılçıklı bir çeşit ufak balık. 2. İçilmiş sigara artığı.

izzet (i) Büyüklük, yücelik, ululuk.

J j

j, J Türk alfabesinin on üçüncü harfi.

jaguar (i) Kedigillerden, Orta ve Güney Amerika'da yaşayan, postu iri benekli, memeli bir hayvan.

jakuzi (i) Sağlık havuzu.

jale (i) Gece yağan ve yapraklara konan ince nem, çiğ, kırağı.

jalûzi (i) İçeriyi göstermeyip dışarıyı gösteren, şerit biçiminde metal veya plastik levhalardan yapılmış perde.

jambon (i) Tuzlama veya dumanlama yoluyla hazırlanmış domuz budu veya kolu, domuz pastırması.

jandarma (i) *Fr.* Yurt içinde genel güvenliği ve kamu düzenini korumakla görevli, yasa ve nizamların koyduğu hükümlerin

yürütülmesini ve bunlara dayanan hükümet emirlerinin yerine getirilmesini sağlayan silahlı askerî kuvvet.

jel (i) Tedavi amacıyla kullanılan jöle şeklindeki krem.

jeneratör (i) *Fr.* (elektrik için) Üreteç, dinamo.

jest (i) *Fr.* 1. Herhangi bir şeyi açıklamak için yapılan el, kol veya baş ile yapılan iradeli-iradesiz hareket. 2. Genellikle yerinde yapılan ve beğenilen davranış.

jet (i) *İng.* Tepkili uçak, çok süratli uçan bir uçak türü.

jeton (i) *Fr.* Telefon etmek, makinelerde oyun oynamak, gemiye binmek için para yerine kullanılan küçük ve yuvarlak metal veya plastik marka.

jile (i) Daha çok kadınların bluz üzerine giydikleri yelek.

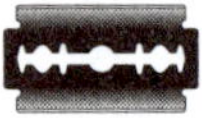

jilet (i) İnce çelikten yapılmış, iki yanı keskin tıraş bıçağı.

jimnastik (i) Vücudu çevikleştirmek ve güçlendirmek için yapılan alıştırmaların tümü, idman.

jip (i) bk. cip.

jöle (i) Saçın düzgün bir biçimde uzun süre kalmasını sağlayan yağlı, parlak ve yapışkan madde.

judo (i) Silahsız olarak, tutmalara, fırlatmalara, hareketsiz bırakmalara dayanan Japon kökenli dövüş sporu.

jübile (i) *Fr.* Bir meslekte uzun bir süre başarılı olarak çalışanlar için düzenlenen tören.

jüpiter (i) Gezegenlerin en büyüğü ve Güneş'e yakınlık bakımından beşincisi, Erendiz, Müşteri.

K k

k, K Türk alfabesinin on dördüncü harfi.
kaba (s) Özensiz, gelişigüzel yapılmış, zevksiz.

kabak (i) Kabakgillerden birçok türleri olan bir bitki.
kabile (i) Boy, oymak.
kabiliyet (i) Yetenek.
kabin (i) *Fr.* Küçük, özel bölme.
kabir, -bri (i) *Ar.* bk. Mezar: *Atatürk, Anıtkabir'de yatıyor. Bu kabri pek çok kişi ziyaret ediyor.*
kablo (i) *Fr.* Elektrik akımı iletiminde kullanılan ve yalıtkan bir madde ile sarılı bulunan metal tel.
kâbus (i) *Ar.* Karabasan, korkulu rüya.
kaçak (s) Bağlı bulunduğu yerden veya yasadan kaçan, uzaklaşan.
kaçmak (f) Kimseye bildirmeden bulunduğu yerden ayrılmak, firar etmek.
kademe (i) Aşama, basamak.

kader (i) *Ar.* Alın yazısı, yazgı.

kafa (i) Baş (özellikle insan başı), ser.

kafadar (i.s) Arkadaş.

kafes (i) Aralıklı telden, metal veya ağaç çubuklardan yapılmış genellikle taşınabilir koyacak: *Kuş kafesi.*

kafeterya (i) *İng.* Müşterilerin kendi kendilerine servis yaptıkları lokanta.

kafile (i) Birlikte yolculuk yapan insan topluluğu.

kâğıt (i) Hamur durumuna getirilmiş türlü bitkisel maddelerden yapılan, yazı yazmaya, basmaya, bir şey sarmaya yarayan kuru, ince yaprak.

kahkaha (i) Gülerken çıkan ses.

kahraman (i) *Ar.* Savaşta veya tehlikeli bir durumda yararlık gösteren kimse, alp.

kahvaltı (i) Genellikle sabahları ve ikindi üstü yenilen hafif yemek.

kahve (i) *Ar.* Sıcak iklimlerde yetişen, kök boyasıgillerden bir ağaç.

kahverengi (i) Kavrulmuş kahvenin rengi.

kâhya (i) Konak, çiftlik vb. yerlerde türlü işleri düzenlemekle görevli kimse.

kâinat (i) *Ar.* Evren.

kalabalık (i) *Ar.* Çok sayıda insan topluluğu.

kalas (i) Kalın biçilmiş uzun tahta.

kalbur (i) *Ar.* Tahıl ve başka iri taneli maddeleri elemek için kullanılan büyük delikli veya seyrek telli elek.

kalça (i) Vücudun bacakla böğür arasındaki iki yana doğru çıkıntılı bölümü.

kaldırım (i) Yollarda taşlarla yapılan döşeme.

kale (i) *Ar.* Düşmanın gelmesi beklenebilen yollar üzerinde, askerî önem taşıyan şehirlerde, geçit ve dar boğaz larda güvenliği sağlamak için yapılan kalın duvarlı, burçlu, mazgallı yapı.

kaleci (i) Bazı oyunlarda kalenin önünde duran, topun kaleye girmesini önlemekle görevli oyuncu.

kalem (i) Yazmak, çizmek gibi işlerde kullanılan çeşitli biçimlerde araç.

kalemtıraş (i) Kalemleri açmak için kullanılan, küçük bıçaklı araç.

kalfa (i) *Ar.* Aşaması çırakla usta arasında bulunan zanaatçı.

kalın (s) Uzunluk ve genişlik dışında üçüncü boyutu çok olan, ince karşıtı.

kalıp (i) *Ar.* Bir şeye biçim vermeye veya eski biçimini korumaya yarayan araç.

kalkan (i) Oktan veya kılıçtan korunmak için savaşçıların kullandığı korunmalık.

kalkınma (i) Kalkınmak işi.

kalkmak (i) Oturuş durumundan dik duruma gelmek.

kalleş (s) *Ar.* Sözünde durmayıp bir işin yüzüstü kalmasına yol açan.

kalp, -bi (i) Göğüs boşluğunda bulunan, vücudun her yanından gelen kanı akciğerlere ve akciğerlerden gelen temizlenmiş kanı vücuda dağıtan organ: *Kalbini çok yormuş, kalp hastası olmuş.*

kamara (i) *İt.* Gemilerdeki oda.

kambur (i) Bel kemiğinin, göğüs kemiğinin eğrilmesi veya raşitizm sonucu sırtta ve göğüste oluşan tümsek.

kamçı (i) Bir ucuna ip, deri vb. bağlı vurma, dövme aracı.

kamera (i) *Fr.* Alıcı, fotoğraf makinesi.

kameraman (i) Alıcı yönetmeni.

kamp (i) *Fr.* Çadır veya baraka gibi eğreti araçlardan oluşturulan konak yeri.

kamyon (i) Motorlu büyük yük taşıtı.

kamyonet (i) 1500 kilogram yük taşıyan küçük kamyon, pikap.

kan (i) Atardamar ve toplardamarların içinde dolaşarak hücrelerde özümleme, yadımlaşma görevlerini sağlayan plâzma ve yuvarlardan oluşmuş kırmızı renkli sıvı.

kanal (i) *Fr.* Bazı bölgeleri sulamak, kurutmak amacıyla veya gemilerin işlemesine elverişli, insan eliyle açılmış su yolu.

kanalizasyon (i) Pis ve atık suların özel kanallar aracılığıyla belli merkezlerde toplanıp atılmasını sağlayan sistem, şebeke.

kanat (i) Kuşlarda ve böceklerde uçmayı sağlayan organ.

kanca (i) *İt.* Bir şey çekmeye yarayan ucu demir çengelli çubuk.

kandırmak (f) Kanmasını sağlamak, inandırmak, ikna etmek.

kandil (i) *Ar.* İçinde sıvı bir yağ ve fitil bulunan kaptan oluşmuş aydınlatma aracı.

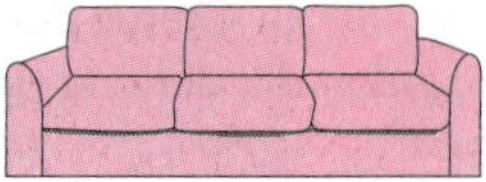

kanepe (i) *Fr.* Birkaç kişinin oturabileceği genişlikte koltuk.

kanıt (i) Bir şeyin doğruluğu, gerçekliği konusunda kanı verici belge, delil.

kanser (i) Bir organ veya dokudaki hücrelerin düzensiz olarak bölünüp çoğalmasıyla beliren kötü ur.

kantin (i) *Fr.* Kışla, fabrika ve okul gibi yerlerde yiyecek ve içecek maddelerin satıldığı yer.

kanun (i) *Ar.* Yasa.

kap (i) İçi gaz, sıvı veya katı herhangi bir maddeyi alabilen oyuk nesne.

kapak (i) Her türlü kabın üstünü örtmeye ve ya bir deliği kapamaya yarayan nesne.

kapan (i) Bazı hayvanları yakalamak için kullanılan, hayvanın ayağının değmesiyle işleyen tuzak.

kapıcı (i) Daire, otel, apartman gibi büyük yapılarda bekçilik, temizlik, alışveriş gibi işlerle görevli kimse.

kap kacak (i) Tencere, tava, sahan gibi mutfak eşyası.

kaptan (i) *İt.* Gemi yönetimiyle ilgili en yüksek görevli.

kaptıkaçtı (i) Yolcu taşımakta kullanılan motorlu küçük taşıt.

kar (i) Havada beyaz ve hafif billûrlar biçiminde donarak yağan su buharı.

kâr (i) *Far.* Alışveriş işlerinin sağladığı para kazancı.

kara (I) (i) *Ar.* Yeryüzünün denizle örtülü olmayan bölümü, toprak.

kara (II) (i) En koyu renk, siyah.

karakol (i) Güvenliği sağlamakla görevli kimselerin bulunduğu konut.

karalamak (f) Boya veya kalemle birtakım şekiller çizerek bir yeri kirletmek.

karamsar (s) Kötümser, bedbin.

karar (i) *Ar.* Bir iş veya sorun hakkında düşünülerek verilen kesin yargı.

karışık (s) Ayrı nitelikteki şeylerden oluşmuş.

karışım (i) Karışmış olanın durumu.

karışmak (f) İki veya ikiden çok şey bir araya gelip birbirinin içinde dağılmak, birbirinin içine girmek.

karikatür (i) *Fr.* İnsan ve toplumla ilgili her tür olayı konu alarak abartılı bir biçimde belirten, düşündürücü ve güldürücü resim.

kârlı (s) Kârı olan, kazançlı.

karma (i) Ayrı türden olan öğelerin karıştırılmasıyla oluşmuş.

karmakarışık (s) Dağınık, düzensiz.

karne (i) *Fr.* Öğrencilere dönem sonlarında okul yönetimlerince verilen ve her dersin başarı durumu ile devam, sağlık, yetenek ve genel gidiş durumlarını gösteren belge.

karşı (i) Bir şeyin, bir yerin, bir kimsenin, esas tutulan yüzünün ilerisi.

kart (s) Gençliği ve körpeliği kalmamış.

kart (i) Düzgün kesilmiş ince karton.

kartpostal (i) *Fr.* Genellikle dikdörtgen biçiminde ince kartondan yapılmış, bir yüzü resimli posta kartı.

kasa (i) *İt.* Para veya değerli eşya saklamaya yarayan çelik dolap.

kasaba (i) *Ar.* Şehirden küçük, köyden büyük, henüz kırsal özelliklerini yitirmemiş olan yerleşim merkezi.

kasap (i) Sığır, koyungibi eti yenecek hayvanları kesen veya dükkânında perakende olarak satan kimse.

kâse (i) Cam, çini, toprak vb. den yapılmış derince çanak.

kasırga (i) Hızı saatte 120 km yi aşan çok güçlü fırtına.

kasket (i) *Fr.* Genellikle erkeklerin giydiği, önü siperli başlık.

kaşe (i) *Fr.* Damga, mühür.

kaşımak (f) Tırnakla veya başka bir şeyle deriyi hafifçe ovmak.

kâşif (i) *Ar.* Bulucu.

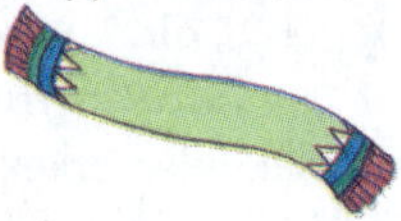

kaşkol (i) Boyun atkısı.

kat (i) Bir yapıda iki döşeme arasında yer alan daire veya odaların bütünü.

katı (s) Sert, yumuşak karşıtı.

katil (i) *Ar.* İnsan öldüren kimse.

katlamak (f) Kâğıt, kumaş gibi nesneleri üstüste kat oluşturacak biçimde bükmek.

katran (i) Organik maddelerden kuru damıtma yoluyla elde edilen, sıvı yağ kıvamında, kara renkte, ağır, is kokulu, suda erimeyen bir madde.

kavalye (i) *Fr.* Kadına, dansta eş olan veya bir yerde, toplantıda arkadaşlık eden erkek.

kavga (i) Düşmanca davranış veya sözlerle ortaya çıkan çekişme veya dövüş, münazara.

kavram (i) Bir nesnenin zihindeki soyut ve genel tasarımı, mefhum.

kavuşmak (f) Ayrı kalınan, sevilen bir kimseyle bir araya gelmek onu yeniden görmek.

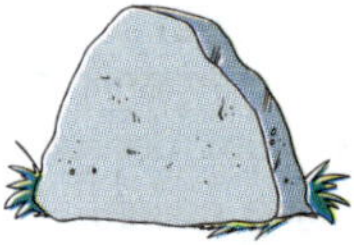

kaya (i) Büyük ve sert taş kütlesi.

kayak (i) Kar veya su üzerinde kaymak için ayağa takılan araç.

kaybetmek (f) Yitirmek.

kaybolmak (f) Yitmek.

kaydetmek (f) Yazmak, bazı önemli notları tespit etmek.

kaydırak (i) Yassı, kaygan çakıl.

kaygan (s) Islak veya düz olduğundan, kendisi kayan veya üzerinde kayılan, kaygın.

kayık (i) Kürek veya yelkenle yürütülen ufak tekne.

kayınpeder (i) Kaynata.

kayınvalide (i) Kaynana.

kayıp (i) *Ar.* Yitme, yitim.

kayış (i) Bağlamak, tutmak veya sıkmak amacıyla kullanılan, dar ve uzun kösele dilimi.

kayıt (i) Bir yere mal ederek deftere geçirme.

kaymak (i) Sütün yüzünde zar durumunda toplanan, açık sarı renkli koyu yağlı katman.

kaymakam (i) *Ar.* Bir ilçenin en büyük yönetim görevlisi.

kaynak (i) Bir suyun çıktığı yer, pınar, memba.

kaynamak (f) Bir sıvı, sıcaklığı belli bir dereceyi bulunca, buhar durumuna geçerek fokurdamak.

kaynana (i) Kadına göre kocasının, kocaya göre karısının annesi, kayınvalide.

kaza (i) *Ar.* Can veya mal kaybına veya zararına sebep olan kötü olay.

kazan (i) Çok miktarda yemek pişirmeye veya bir şey kaynatmaya yarar büyük, derin ve kulplu kap.

kazanç (i) Satılan bir mal, yapılan bir iş veya harcanan bir emek karşılığında elde edilen para.

kazanmak (f) 1. Kazanç sağlamak. 2. Olumlu, iyi bir sonuç elde etmek.

kazara (zf) *Ar.* Kaza sonucu, yanlışlıkla.

kazı (i) Bir yeri kazma işi, hafriyat.

kazık (i) Toprağa çakılmak için hazırlanmış, ucu sivri çubuk.

kazımak (f) Kesici bir aracı sürterek bir şeyin yüzündeki tabakayı kaldırmak.

kazma (i) Kazmak işi.

kebap (i) Doğrudan doğruya ateşte veya kap içinde susuz olarak pişirilmiş et.

keder (i) *Ar.* Acı, üzüntü, dert.

kekelemek (f) Damak sesleriyle başlayan kelimeleri ve heceleri tekrarlayarak ve keserek konuşmak.

kel (s) Saçı dökülmüş olan (kimse).

kelepçe (i) *Far.* Tutukluların kaçmasını önlemek için bileklerine takılan, bir zincirle tutturulmuş demir halka.

kelime (i) *Ar.* Anlamı olan ses veya ses birliği, söz, sözcük.

kelle (i) *Far.* 1. Baş, kafa. 2. (bazı peynir cinsleri ve külçe durumundaki şeker gibi şeyler için) İri tane.

kemençe (i) *Far.* Yayla, diz üzerinde çalınan, kemana benzer üç telli küçük bir çalgı.

kemer (i) *Far.* Bele dolayarak toka ile tutturulan, kumaş, deri veya metalden yapılan bel bağı.

kemik (i) İnsanın ve omurgalı hayvanların çatısını oluşturan türlü biçimdeki sert organların genel adı.

kemirmek (f) Sert bir şeyi dişleriyle azar azar koparmak.

kenar (i) *Far.* Bir şeyin, bir yerin bitiş kısmı veya yakını, kıyı.

kent (i) Şehir.

kep (i) *İng.* Başlık, sipersiz şapka.

kepçe (i) *Far.* Sulu yiyecekleri karıştırmaya, dağıtmaya yarayan, uzun saplı yuvarlak ve derince kaşık.

kepek (i) Un elendikten sonra, elek üstünde kalan kabuk kırıntıları.

kepenk (i) Genellikle dükkânları kapamak için kullanılan, saç levha veya türlü biçimlerde demir veya tahta kanat.

kervan (i) *Far.* Uzak yerlere yolcu ve ticaret eşyası taşıyan yük hayvanı katarı.

kervansaray (i) Ana yollarda kervanların konaklaması için yapılan büyük han.

kese (i) Cepte taşınan, içine para, tütün gibi şeyler konulan, kumaştan veya örgüden küçük torba.

keser (i) Tahta, ağaç yontmaya yarayan, kısa saplı, bir yanı keskin ağızlı, öteki yanı çivi çakmaya uygun çelik araç.

kesim (i) 1. Kesmek işi. 2. Bölüm, parça, kısım, sektör. 3. Bölge, bölüm.

kesin (s) Şüphe ve duraksamaya yer bırakmayan veya geri dönülmeyen, değişmez.

keskin (s) Çok kesici, iyi kesen.

kesmek (f) Bıçak, makas gibi bir araçla bir şeyi ikiye ayırmak, parçalamak.

kestirme (s) Alışılan yolun dışında kısa yol.

keşfetmek (f) Var olduğu bilinmeyen bir şeyi bulmak.

keşif, -şfi (i) *Ar.* Ortaya çıkarma, meydana çıkarma: *Burayı daha yeni keşfettim.*

kırbaç (i) Kıl tek parça deri veya uzun esnek bir değneğin ucuna sırım bağlanarak yapılmış vurma aracı.

kırgın (s) Bir kimseye güvenmiş, gönlü kırılmış olan.

kırık (s) Kırılmış olan.

kırılmak (f) Kırmak işine konu olmak, bir veya bir çok parçaya ayrılmak.

kırışık (i) Kırışmış olan.

kırtasiye (i) *Ar.* 1. Defter, kâğıt, kalem, mürekkep gibi yazı araç ve gereçlerinin bütünü. 2. Bunların satıldığı dükkân.

kısa (s) Boyu, uzunluğu az olan.

kısım, -smı (i) Parçalara ayrılmış bir şeyin her bölümü, bölük, kesim: *Kafasının arka kısmı açılmış, saç kalmamış.*

kıskanç (i) Kıskanma huyunda olan.

kışkırtmak (f) Bir kimseyi kötü bir iş yapması için harekete geçirmek, tahrik etmek.

kışla (i) Askerlerin toplu olarak barındıkları büyük yapı.

kışlık (s) Kışa özgü.

kıt (s) İhtiyaca yetmeyecek kadar az, bol karşıtı.

kıtlık (i) İhtiyaca yetmeyecek derecede azlık.

kıvam (i) *Ar.* Koyuluk, koyuluk derecesi.

kıvanç (i) Övünç, iftihar.

kıvılcım (i) Yanmakta olan bir maddeden sıçrayan küçük ateş parçası.

kıvırcık (s) Küçük küçük kıvrımları olan.

kıvrak (s) Canlı, hareketli, atik.

kıvranmak (f) Ağrı, sancı gibi fiziksel veya korku, heyecan gibi ruhi sebeplerle vücut eğilip bükülmek.

kıyafet (i) *Ar.* Kılık.

kıyamet (i) *Ar.* Tek tanrılı dinlerin inanışına göre dünyanın sonu ve bütün ölülerin dirilerek mahşerde toplanacağı zaman.

kıyı (i) Kara ile suyun birleştiği yer.

kıyma (i) Kıyılmış et.

kıymet (i) *Ar.* Değer.

kız (i) Dişi çocuk.

kızak (i) Kar veya buz üzerinde kaydırılan tekerleksiz taşıt.

kızarmak (f) Kırmızı veya ona yakın bir renk almak.

kızartma (i) Kızartılarak hazırlanmış yemek.

kızgın (s) Çok ısınmış, ısıtılmış veya kızdırılmış.

Kızılay (i) Yurt içinde ve yurt dışında felaketlere uğrayanlara yardım eden kurum.

kızmak (f) Isıtılan veya ısınan bir nesnenin sıcaklığı çok artmak.

kibar (s) *Ar.* Davranış, düşünce, duygu bakımından ince, nazik.

kibir, -bri (i) *Ar.* Kendini büyük görme, başkalarından üstün tutmak.

kiler (i) *Far.* Yiyecek, içecek ve erzakın saklandığı oda, ambar.

kilim (i) *Far.* Döşeme, divan gibi yerlere serilen, genellikle desenli, kalın, kıl veya yün dokuma.

kilit (i) *Far.* Anahtar, düğme gibi takılıp çıkarılabilen bir parça yardımıyla çalışan kapatma aleti.

kimlik (i) Toplumsal bir varlık olarak insana özgü olan belirti, nitelik ve özelliklere, birinin belirli bir kimse olmasını sağlayan şartların bütünü.

kimse (zm) Herhangi bir kişi, kim olduğu bilinmeyen kişi, şahıs.

kimsesiz (s) Anası babası, yakını koruyucusu olmayan.

kir (i) Herhangi bir şeyin veya vücudun üzerinde oluşan, biriken pislik.

kira (i) *Ar.* Bir konutun, bir mülkün veya taşıt gibi herhangi bir şeyin belli bir bedel karşılığında, bir süre için sahibi tarafından başkasına verilmesi.

kiracı (i) Bir şeyi, bir yeri kira ile tutan kimse.

kirli (s) Leke, toz vb. ile kaplı, pis, murdar.

kişi (i) 1. İnsan, kimse, şahıs: 2. *hlk.* Eş koca:

kişilik (i) Bir kimseye özgü belirgin özellik; manevî ve ruhî niteliklerinin bütünü, şahsiyet.

kitaplık (i) Kitapların yerleştirildiği raflardan oluşan mobilya, kütüphane.

kitle (i) İnsan topluluğu.

klasik (i) *Fr.* Eski Yunan ve Roma çağı dili ve sanatı ile ilgili olan.

klinik (i) *Fr.* Hasta bakılan yer.

kocakarı (i) Yaşlı kadın.

koğuş (i) Kışla, okul, tutuk evi, hastahane gibi kalabalık yerlerde, içinde birçok kimsenin yattığı veya barındığı büyük oda.

koklamak (f) Kokusunu duymak için bir şeyi burnuna yaklaştırma veya bir yerin havasını içine çekmek.

koku (i) Nesnelerden yayılan küçük zerrelerin burun zarı üzerindeki özel sinirlerde uyandırdığı duygu.

kol (i) İnsan vücudunda omuz başından parmak uçlarına kadar uzanan bölüm.

kolonya (i) *İt.* Hafif kokulu tuvalet ispirtosu.

koltuk (i) 1. Omuz başının altında, kolun gövde ile birleştiği yer. 2. Kol dayayacak yerleri olan geniş ve rahat sandalye.

kolye (i) *Fr.* Gerdanlık.

komedi (i) *Fr.* Güldürü.

komik (s) Gülme duygusu uyandıran, güldürücü.

komposto (i) Hoşaf.

kompozisyon (i) *Fr.* Ayrı ayrı parçaları bir araya getirerek bir bütün oluşturma biçimi ve işi.

komşu (i) Konutları yakın olan kimselerin birbirine göre aldıkları ad.

komutan (i) Bir asker topluluğunun başı, kumandan.

konak (i) Büyük gösterişli ev.

konaklamak (f) Yolculuk sırasında bir yerde kalıp geceyi geçirme.

konfeksiyon (i) *Fr.* Hazır giyim eşyası.

konferans (i) Dinleyicilere bilim, sanat, edebiyat gibi bir konuda bilgi vermek için yapılan konuşma.

konfor (i) *Fr.* Günlük hayatı kolaylaştıran maddi rahatlık.

konser (i) *Fr.* Sanatçıların müzik eserlerini bir topluluğa çalması veya söylemesi.

konserve (i) *Fr.* Isı ile sterilize edilerek uzun zaman saklanabilecek biçimde tutulan yiyecek.

konu (i) Konuşmada, yazıda eserde ele alınan düşünce, olay veya durum, mevzu.

konuk (i) Bir yere veya birinin evine kısa bir süre kalmak için gelen kimse, misafir.

konuşma (i) Konuşmak işi.

konut (i) Bir insanın yatıp kalktığı iş zamanı dışında kaldığı veya bir kuruluşun bulunduğu ev, apartman gibi yer.

konvoy (i) *Fr.* Aynı yere giden taşıt veya yolcu topluluğu, kafile.

koparmak (f) 1. Kopmasını sağlamak, kopmasını yol açmak. 2. Daldan, ağaçtan alıp toplamak.

kopmak (nsz) Herhangi bir yerinden ikiye ayrılmak: *Tel koptu. İp koptu.*

kopya (i) *İt.* 1. Bir sanat eserinin veya yazılı bir metnin taklidi: *Bir tablonun kopyası.* 2. Suret çıkarma işi.

kor (i) İyice yanarak ateş durumuna gelmiş kömür veya odun parçası.

koridor (i) *Fr.* Bir yapıya gitmeyi sağlayan veya odaları birleştiren genellikle dar geçit, geçenek.

korkak (s) Çok çabuk ve olmayacak şeylerden korkan.

korkmak (f) Korku duymak, ürkmek.

korku (i) Bir tehlike veya bir tehlike düşüncesi karşısında uyanan kaygı duygusu.

korna (i) Motorlu taşıtlarda, bisikletlerde sesle işaret vermek için kullanılan ve içinden hava geçirilerek çalınan boru.

korsan (i) *İt.* Düşman veya kendi ulusunun gemilerine saldıran deniz haydutu.

koru (i) Bakımlı küçük orman.

korumak (f) Bir kimseyi veya bir şeyi dış etkilerden, tehlikeden veya zor bir durumdan uzak tutmak, muhafaza etmek.

koskoca (s) Çok büyük, muazzam.

koşmak (f) Adım atışlarını arttırarak ileri doğru hızla gitmek.

kova (i) Genellikle su veya sulu şeyleri içine koyup taşımaya kuyudan veya denizden

su çekmeye yarayan kulplu kap.

kovan (i) Fişeğin kapsül, barut ve kurşun taşıyan yuva bölümü, kapçık.

kovboy (i) *İng.* Amerika'da sığır çobanlarına verilen ad.

kovmak (f) Sert veya küçük düşürücü sözlerle gitmesini söylemek, savmak.

koyu (s) Yoğunluğundan dolayı güç akan sulu karşıtı.

koza (i) *Far.* İçinde tohum ya da böcek bulunan korunacak: *Pamuk kozası. İpek kozası. Tırtıl kozası.*

kök (i) Bitkileri toprağa bağlayan ve onların, topraktaki besin maddelerini emmesine yarayan bölümü.

köle (i) Savaşta tutsak alınan yabancı ülkelerden zorla kaçırılıp özgürlükten mahrum bırakılan veya başkasından satın alınan erkek.

kömür (i) İçinde yüksek oranda karbon bulunan katı yakıt.

köprü (i) Herhangi bir engelle ayrılmış iki yakayı birbirine bağlayan veya trafik akımının, başka bir trafik akımını kesmeden üstten geçmesini sağlayan, ahşap, beton veya demir yapı.

köpük (i) Çalkanan, yukarıdan dökülen sıvıların üzerinde oluşan hava kabarcıkları yığını.

K
k

kör (i) Görme duygusu olmayan, görmez.

körebe (i) Gözleri bağlı olan ebenin, oyuna katılan öteki çocukları yakalamaya çalıştığı çocuk oyunu.

körfez (i) *Yun.* Karanın içine sokulmuş deniz parçası.

köşe (i) 1. Birbirini kesen iki çizginin oluşturduğu açı. 2. Bölüm, yer.

köşk (i) *Far.* Bahçe içinde yapılmış süs evi.

kötü (s) İstenilen, beğenilen nitelikte olmayan, fena.

köy (i) *Far.* Yönetim durumu, toplumsal ve ekonomik özellikleri veya nüfus yoğunluğu yönünden şehirden ayırt edilen, genellikle tarımsal alanda çalışmak gibi işlevlerle belirlenen, konutları ve öteki yapıları bu hayatı yansıtan yerleşme birimi.

köylü (i) Köyde yaşayan veya köyde doğmuş olan.

köz (i) Küçük kor parçası.

közlemek (f) Et, sebze, meyve, hamur vb. yi köz üzerinde pişirmek.

kral (i) En yüksek devlet otoritesini, bütün devlet başkanlığı yetkilerini katılım veya soylularca seçilme yoluyla elinde bulunduran kimse.

kraliçe (i) *Sl.* Kral karısı veya krallığı yöneten kadın.

kravat (i) *Fr.* Boyun bağı.

krem (i) *Fr.* Tene yumuşaklık vermek veya güneş, yağmur gibi dış etkilerden korunmak için sürülen güzel kokulu merhem.

kristal (i) *Fr.* Billur.

kuaför (i) *Fr.* Kadın berberi.

kucak (i) Açık kollarla göğüs arasındaki bölüm.

kucaklamak (f) Kollarla sarıp göğüs üzerine bastırma.

kuduz (i) Köpek, kedi, tilki gibi bazı memeli hayvanlardan insana geçen, genellikle çırpınma, sudan korkma, felç ile beliren, ölümle sonuçlanan hastalık.

kukla (i) *Yun.* Hareketli yerleri iplikle sanatçının parmaklarına bağlanarak veya eldiven benzeri bir şey kullanarak, bir perdenin üzerinden oynatılan, bez ve karton gibi hafif nesnelerden yapılmış bebek.

kul (i) 1. Allah'a göre insan. 2. Yabancı ülkelerden tutsak olarak getirilen ve alınıp satılabilen köle.

kulaç (i) Gerilerek açılmış iki kolun parmak uçları arasındaki uzaklık.

kulak (i) Başın her iki yanında bulunan işitme organı.

kule (i) *Ar.* Çoğunlukla kare veya silindir biçimindeki yüksek yapı.

kullanmak (f) Bir şeyden belli bir amaçla yararlanmak.

kulp (i) *Yun.* Kapların, sap gibi halka biçiminde olan tutulacak yeri.

kuluçka (i) Civciv çıkarmış, yumurtaya yatmış

K k

veya yatmak üzere kızmış durumda olan dişi kuş veya dişi kümes hayvanı.

kulübe (i) *Far.* Kerpiç, saman veya ağaçtan yapılmış küçük, basit, ilkel ev.

kum (i) Silisli kütlelerin, kayaların, doğal etkenlerle parçalanarak ufalanmasından oluşan ufak, sert taneciklerin bütünü.

kumar (i) Ortaya para koyarak oynanan talih oyunu.

kumaş (i) *Ar.* Pamuk, yün ipek gibi şeylerden makinede dokunmuş her türlü dokuma.

kumbara (i) *Far.* Para biriktirmek için kullanılan, bozuk veya kâğıt para atılan deliği

olan, metal, toprak, plastikten yapılmış küçük kap.

kumarbaz (s) Kumarcı.

kumsal (i) Su kıyılarında oluşan kumlu yer, plaj.

kundak (i) Yeni doğmuş çocuğu ilk aylarda sıkıca sarıp sarmalamaya yarayan geniş bez.

kundura (i) *Yun.* Kaba işlenmiş, bağsız, konçsuz ayakkabı.

kupa (i) *İt.* Genellikle genişliği derinliğinden çok olan altın, gümüş, bronz veya kristalden yapılmış ayaklı kap.

kupon (i) *Fr.* Piyango biçiminde düzenlenmiş çekilişlerde kesilerek kullanılan basılı parça.

kurabiye (i) Un, yağ veya badem, fıstık gibi şeylerle yapılan, şekerli küçük çörek.

kurak (s) Yağışsız.
kural (i) Bir sanata, bir bilime, bir düşünce ve davranış sistemine temel olan, yön veren ilke.
Kur'an (i) *Ar.* İslam dininin temel ilkelerini, Hz. Muhammed'e gönderilen Allah buyruklarını içeren, Müslümanlığın temel kitabı.

kurban (i) *Ar.* Dinin bir buyruğunu veya bir adağı yerine getirmek için kesilen hayvan.
kurmak (f) Bir şeyin oluşmasına yardım eden parçaları birleştirerek bütün durumuna getirmek, monte etmek.
kurnaz (s) *Far.* Kolay kanmayan, başkalarını kandırmasını ve ufak tefek oyunlarla amacına erişmesini beceren, açıkgöz.
kurs (i) *Ar.* Kısa süreli derslere dayanan eğitim etkinliği.
kurşun (i) Yumuşak ve bükülgen, mavimtırak esmer renkte bir element.
kurtarmak (f) Bir canlıyı bir felaketten tehlikeden veya zor durumdan uzaklaştırmak.
kurtuluş (i) Bir şeyden, bir yerden kurtulma.
kuru (s) 1. Suyu, nemi olmayan, yaş ve nemli karşıtı. 2. Yağış almayan veya üzerinde bitki olmayan.
kuru kafa (i) Baş iskeleti.
kurul (i) Bir işi yapmak veya yönetmek için görevlendirilmiş kişilerden oluşmuş topluluk, heyet.

kurulamak (f) Bir şeyin üzerindeki ıslaklığı gidermek.

kurum (i) Kuruluş, müessese, tesis: *Türk Dil Kurumu. Türk Tarih Kurumu.*

kurumak (nsz) 1. Islaklığını, nemini yitirerek kuru duruma gelmek. 2. (bitki) Suyu çekilip cansız duruma gelmek.

kuruş (i) Liranın yüzde biri değerinde Türk parası.

kuru yemiş (i) Fındık, fıstık, leblebi gibi yemek dışında yenilen yiyecekler.

kusmak (f) Midesinin içindekilerini ağız yolu ile dışarı atmak, istifra etmek.

kusur (i) *Ar.* Eksiklik, noksan.

kuş (i) İki ayaklı, iki kanatlı uçucu hayvanların ortak adı.

kuşatmak (i) Çevresini sarmak, çevrelemek, çevirmek, ablukaya almak.

kuşku (i) Bir olguyla ilgili gerçeğin ne olduğunu kestirmemekten doğan kararsızlık.

kutlamak (f) Mutlu bir olay sebebiyle buna sevinildiğini birine söz, yazı veya armağanla anlatmak, tebrik etmek.

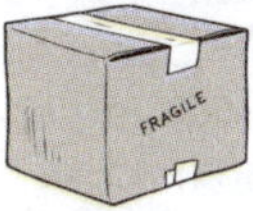

kutu (i) İnce tahta, mukavva, teneke, plastik vb. den yapılmış, genellikle kapaklı kap.

kuytu (s) Issız, sessiz ve göze çarpmayan.

kuyu (i) Su katmanına varıncaya kadar derinliğine kazılan, genellikle silindir biçiminde, çevresine duvar örülen, suyundan yararlanılan çukur.

kuyumcu (i) Değerli metal ve taşlardan bilezik, küpe gibi süs eşyası yapan veya satan kimse, mücevherci.

kuzey (i) Sağını doğuya, solunu batıya veren kimsenin tam karşısına düşen yön, dört ana yönden biri.

kuzeybatı (i) Ufkun kuzeye ve batıya eşit uzaklıkta olan noktası.

kuzeydoğu (i) Ufkun kuzeye ve doğuya eşit uzaklıkta olan noktası.

kuzu (i) Koyun yavrusu.

küçük (s) Boyutları, benzerlerininkinden daha ufak olan.

küçükbaş (i) Kasaplık hayvanlardan koyun ve keçiye verilen ortak ad.

küf (i) Ekmek, peynir gibi organik maddelerin üzerinde, nem ve ısının etkisiyle oluşan, çoğu yeşil renkli mantar.

küfe (i) Genellikle söğüt veya başka ağaç dallarından örülen, yük taşımaya yarayan, kaba ve dayanıklı sepet.

kül (i) Yanan şeylerden arta kalan toz madde.

külâh (i) *Far.* Erkeklerin giydiği genellikle keçeden, ucu sivri veya yüksek başlık.

külot (i) Kısa, beli lastikli iç çamaşırı, don.

kültür (i) Bir topluma özgü düşünce ve sanat eserlerinin bütünü.

kümes (i) Tavuk, hindi gibi evcil hayvanların barınmasına yarayan kapalı yer.

kürk (i) Bazı hayvanların giyecek yapmak için işlenmiş postu.

kürsü (i) Kalabalığa karşı söz söyleyenlerin üzerine çıktıkları yüksekçe yer.

küsmek (f) Darılmak.

kütük (i) Kalın ağaç gövdesi.

kütüphane (i) *Ar.* Kitap, film, plak gibi her türlü düşünce ve sanat ürününü toplayan, düzenleyen ve genel olarak ilgilenen okurlara sunan kuruluş.

küvet (i) *Fr.* İçinde bazı şeyler veya el yıkanan kap.

L l

l, L Türk alfabesinin on beşinci harfi.

labirent (i) Dolangaç; çok karışık yollar ve geçitlerden oluşan bir yapı.

laboratuvar (i) *Fr.* Bilimsel ve teknik araştırmalar, çalışmalar için gerekli araç ve gereçlerin bulunduğu yer

lacivert (i) *Far.* Koyu mavi renk.

lades (i) Tavuğun lades kemiğini iki kişinin birer ucundan tutarak kırması, birinin "aklımda" demeden bir şeyi ötekinden almasıyla yenilmiş sayılarak biten oyun.

laf (i) *Far.* Söz, lâkırdı.

lağım (i) *Yun.* Bir yerleşim merkezinde pis suların akıp gitmesi için yer altında açılmış kanal.

laik (s) Din işlerini devlet işlerine karıştırmayan, devlet işlerini dinden ayrı tutan.

lakap (i) *Ar.* Bir kimseye veya bir aileye kendi adından ayrı olarak son-

radan takılan, o kimsenin veya o ailenin bir özelliğinden kaynaklanan ad.

lamba (i) *Yun.* Petrol gibi yanıcı bir madde yakarak veya elektrik akımıyla içindeki teller akkor durumuna geçerek ışık veren alet.

lanet (i) *Ar.* Allah'ın sevgi ve ilgisinden mahrum olma.

lastik (i) *Fr.* Kauçuktan yapılmış şey.

laubali (s) *Ar.* Saygısız, çekinmesi olmayan.

lav (i) *İt.* Yanardağların püskürme sırasında yeryüzüne çıkardıkları dünyanın derinliklerinden gelen kızgın, erimiş maddeler.

lavabo (i) *İt.* Üzerinde sıcak ve soğuk su muslukları bulunan, porselen, emaye veya sacdan yapılmış, el, yüz, bulaşık yıkamaya yarar, çukur yer veya eşya.

lavanta (i) *İt.* Lavanta çiçeğinden yapılan ispirtolu esans.

layık (i) Nitelikleri, özü, hareketleri, davranışlarıyla bir şeyi elde etmeye hak kazanmış olan; bir kimseye uygun olan yaraşan.

Laz (öz. i.) 1. Güney Kafkasyalı bir halk veya bu halktan olan kimse. 2 (s) Bu halkla ilgili olan.

Lazca (i) Lazların kullandığı dil.

lazer (i) *İng.* Çok güçlü ışık pırıltıları oluşturan, ileti-

şimde ve biyolojide yararlanılan ışık kaynağı.

lazım (i) *Ar.* Gerek, gerekli.

lazımlık (i) Oturak.

leğen (i) *Far.* Genellikle, içinde bir şey yıkamak için kullanılan metal veya plastikten, yayvan kap.

leke (i) *Far.* Kirliliği gösteren iz.

leopar (i) *Fr.* Pars.

leş (i) *Far.* Kokmuş hayvan ölüsü.

levha (i) *Ar.* Bir yere asılmak için yazılmış yazı.

lezzet (i) *Ar.* Ağız yoluyla alınan tat.

lider (i) *İng.* Yönetimde gücü ve etkisi olan kimse, önder, şef.

lif (i) *Ar.* 1. Çok ince ve uzun parça. 2. Yıkanmak için kullanılan bitki telleri demeti veya bu amaçla türlü ipliklerden yapılmış örgü.

lig (i) *Fr.* Küme.

liman (i) Gemilerin barınarak yük alıp boşaltmalarına, yolcu indirip bindirmelerine uygun kuruluşları olan doğal veya yapay sığınak.

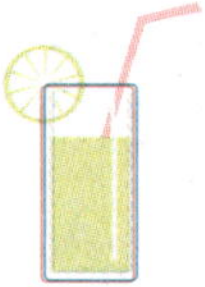

limonata (i) Su, şeker ve limon suyundan yapılan şerbet.

linç (i) *İng.* Birden çok kimsenin kendilerine göre suç olan bir davranışından ötürü birini, yasa dışı ve yargılamasız olarak, taş, sopa gibi araçlarla döverek öldürmesi.

lodos (i) *Yun.* Güneyden veya güneybatıdan esen ve bazen de yağış getiren yerel rüzgâr, kaba yel.

lojman (i) *Fr.* Bir çalışma yerinde görevlilere, işçilere parasız veya az bir kira karşılığında verilen konut.

lokma (i) *Ar.* Mayalı hamuru yuvarlak durumunda kızgın yağa döküp kızarttıktan sonra şerbete atarak yapılan bir tatlı.

lokum (i) Şekerli nişasta eriyiğini pişirip hafif kıvamlaştırılarak yapılan, küçük küp veya dikdörtgen biçiminde kesilen şekerleme.

lor (i) *Far.* Bir tür taze yumuşak ve tuzsuz beyaz peynir.

lort, -du (i) *hlk.* İngiltere'de babadan oğula veya ailenin ilk erkek kişisine geçen veya kral tarafından bağışlanan soyluluk unvanı.

losyon (i) *Fr.* Deri ve saç bakımında kullanılan alkollü veya alkolsüz, kokulu sıvı.

loş (s) 1. Yeterince aydınlık olmayan, yarı aydınlık, az ışık alan. 2. Az ışık veren.

lösemi (i) *Fr.* Kan kanseri.

lûnapark (i) *İt.* Türlü eğlence ve oyun kuruluşları bulunan alan.

lügat, -ti (i) *eski Ar.* 1. Kelime, söz, sözcük. 2. Sözlük.

lüks (i) Giyimde, eşyada, harcamada aşırı gitme, gösteriş, şatafat.

lüle (zf) Bükülmüş, dürülmüş şey.

lütuf, -tfu (i) *Ar.* Önem verilen, sayılan birinden gelen iyilik, yardım. *Yüce Allah'ın lütfuna sığınalım.*

lüzum (i) *Ar.* Gerek, gereklik, gereklilik.

lüzumlu (s) Gerek, gerekli, lazım.

M m

m, M Türk alfabesinin on altıncı harfi.

maaş (i) *Ar.* Aylık.

macera (i) Baştan geçen ilginç olay veya olaylar zinciri, serüven.

macun (i) *Ar.* Hamur kıvamına getirilmiş madde.

madalya (i) Yararlık gösterenlere, yarışlarda ve sergilerde derece alanlara ödül, bazen de önemli bir olay dolayısıyla ilgililere hatıra olarak verilen metal nişan.

madde (i) Duyularla algılanabilen, bölünebilen, ağırlığı olan nesne.

maden (i) *Ar.* Yer kabuğunun bazı bölgelerinde çeşitli iç ve dış doğal etkenlerle oluşan, ekonomik yönden değer taşıyan mineral.

mağara (i) Bir yamaca veya kaya içine doğru uzanan, barınak olarak kullanılabilen yer kovuğu.

mağaza (i) *Far.* Büyük dükkân.
mağlubiyet (i) *Ar.* Yenilme, yenilgi.
mağlup (s) Yenilen, yenik düşen.
mağrur (s) *Ar.* Kurumlu, gururlu.
mahal (i) Yer, yöre.
mahalle (i) Bir şehrin bir kasabanın, büyükçe bir köyün bölündüğü parçalardan her biri.
mahçup (s) Utangaç, sıkılgan.

mahkeme (i) *Ar.* Bir yargıçtan veya bazen savcı ve yargıçtalardan oluşan bir kurulun, yargı görevini yerine getirdikleri yargı yeri.
mahkûm (i, s) *Ar.* Hüküm giymiş, hükümlü.
mahkûmiyet (i) Hüküm giymiş olma durumu.
mahpus (s) Kapatılmış, hapsedilmiş.
mahrum (s) Yoksun.
mahrumiyet (i) Yoksunluk.
mahsul (i) *Ar.* 1. Ürün. 2. *mec.* Ortaya çıkan, elde edilen şey, verim.

mahsun (s) Üzgün, üzüntülü.
mahsur (s) *Ar.* Kuşatılmış, sarılmış, çevrilmiş: *Mahsur kalmak* kuşatılmak, sarılmak, çevrilmek.
mahsus (s) *Ar.* Özgü.
mahşer (i) *Ar.* 1. Kıyamet günü dirilenlerin toplanacaklarına inanılan yer. 2. *mec.* Büyük kalabalık.
mahşer günü (i) Kıyamet.
mahşerî (s) Mahşeri andıran.

mahvetmek (i) Yok etmek.
mahvolmak (nsz) 1. Yok olmak. 2. Bozulup yararsız duruma gelmek.
makam (i) Mevki, kat.
makara (i) Üzerine iplik, tel, şerit gibi şeyler sarılan, kenarları çıkıntılı, ekseni boyunca delik silindir.

maket (i) *Fr.* Yapı, heykel gibi şeylerin taslak durumundaki küçük örneği.
makyaj (i) *Fr.* Yüzü güzelleştirmek için boyama, yüz boyama, yüz bakımı.
mal (i) *Ar.* Bir kimsenin veya bir kurumun mülkiyeti altında bulunan, taşınır veya taşınmaz varlıkların bütünü.
malzeme (i) Gereç, materyal.
mama (i) Bebek için hazırlanan yiyeceklerin genel adı.
manav (i) Meyve ve sebze satan yer.
manda (i) Geviş getirenlerden, derisinin rengi siyaha yakın, uzun seyrek kıllı bir hayvan, su sığırı.

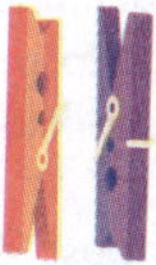

mandal (i) İpe serilen çamaşırı tutturmak için kullanılan yaylı kıskaç.
mangal (i) *Ar.* İçine kor konulan, sacdan, bakır veya pirinçten, türlü biçimlerde üstü açık kap.
mâni (i) Bir çeşit halk şiiri.
mâni (i) *Ar.* Engel.
manken (i) Genellikle

moda evlerinde giysileri alıcılara göstermek işiyle görevli kimse.

mantar (i) Mantarlardan, içinde zehirlileri de bulunan, emeçleri bir gövde ve bunun üs tünde bir şapka biçiminde gelişmiş, ilkel bitkilerin genel adı.

mantık (i) *Ar.* Doğru düşünme sanatı ve bilimi

manto (i) Kadın paltosu.

manzara (i) Bakışı dikkati çeken her şey.

mapus (i) 1. Mahpus. 2. Mapushane.

marangoz (i) Ağaç işleriye uğraşan ve ağaçtan çeşitli eşya yapan usta.

margarin (i) Yapay olarak elde edilen, bitkisel katı yağ.

marifet (i) *Ar.* Ustalık, hüner, uzmanlık.

marka (i) *İt.* 1. Resim veya harflerle yapılan işaret. 2. Bilet, para yerine kullanılan metal veya başka şeyden parça.

market (s) *İng.* Alıcının kendi işini kendisinin gördüğü, daha çok her türlü yiyecek maddesinin ve mutfak gerecinin satıldığı dükkân.

marş (i) *Fr.* Askerlikte yürüyüşe geçmek için verilen komut.

marul (i) Geniş ve uzun olan yeşil yaprakları taze olarak yenilen bir bitki.

masaj (i) *Fr.* Vücut yüzeyinde el, elektrik, su aracılığıyla çeşitli işlemler yapma biçiminde, iyileştirme ve bakım yöntemi.

masal (i) Genellikle halkın yarattığı, ağızdan ağza, kuşaktan kuşağa sürüp gelen, çoğunlukla insanların veya hayvanların başından geçen, olağan dışı olayları anlatan hikaye.

maske (i) Boyalı karton, kumaş, plastikten yapılmış olan ve başkalarınca tanınmamış olmak için yüze geçirilerek kullanılan yapma yüz.

masraf (i) *Ar.* Harcanan para, gider.

masum (s) *Ar.* Suçsuz.

maşa (i) *Far.* Ateş veya kızgın bir şey tutmaya, korları karıştırmaya yarayan iki kollu metal araç.

maşrapa (i) *Ar.* Metal, toprak vb. den yapılmış, ağzı açık kulplu, bardağa benzeyen, küçük kap.

mat (s) Parlak olmayan, donuk.

matador (i) *İt.* Boğa güreşcisi.

matbaa (i) Basımevi.

matem (i) *Ar.* Yas.

mavi (i) Yeşil ile menekşe rengi arasındaki bir renk.

maya (i) *Far.* Bazı besinlerin yapımında mayalanmayı sağlamak için kullanılan madde.

mayın (i) *İng.* Toprak altına, üstüne veya suyun içine yerleştirilen, doğrudan doğruya, çarpma veya basınç etkisiyle patlayarak zarara yol açan patlayıcı madde.

mazeret (i) *Ar.* Kendini veya başka birini özürlü göstermek için ileri sürülen sebep, özür.

mazi (i) *Ar.* 1. Geçmiş. 2. Geçmiş zaman.

mecaz (i) *Ar.* Bir ilgi veya benzetme sonucu gerçek anlamından başka anlamda kullanılan söz.

mecbur (s) *Ar.* Herhangi bir konuda yükümlü, bir şeyi yapmak zorunda olan.

meclis (i) *Ar.* Bir konuyu konuşmak veya görüşmek için yapılan toplantı ve bu toplantının yapıldığı yer, şura: *Türkiye Büyük Millet Meclisi. İdare meclisi. Aile meclisi.*

meçhul, -lü *Ar.* (s) Bilinmeyen.

medeniyet (i) Uygarlık.

medrese (i) *Ar.* 1. İslam ülkelerinde, genellikle İslam dini kurallarına uygun bilgileri okutulduğu yer. 2. *esk.* Fakülte.

mehmetçik (i) Sevgi duygusu ile Türk askerine verilen ad.

mekân (i) *Ar.* Yer, bulunulan yer.

mektup (i) Bir şey haber vermek, bir şey sormak veya istemek için, birine çoğunlukla posta yoluyla gönderilen, zarfa konulmuş yazılı kâğıt.

melek (i) 1. Allah ile insan arasında aracılık yaptığına ve nurdan olduğuna inanılan manevi varlık. 2. *mec.* Terbiyeli, uysal (kimse).

meme (i) Yavrularını emzirmek için, memelilerin göğsünde türlü biçim ve sayıda bulunan ve meme başı denilen çıkıntıları olan organ.

memleket (i) Bir devletin egemenliği altında bulunan toprakların bütünü, ülke.

memnun (i) *Ar.* Herhangi bir olaydan veya durumdan ötürü sevinç duyan, kıvançlı, mutlu.

memur (i) Devlet hizmetinde aylıkla çalışan kimse.

mendil (i) Burun ve ter silmekte, bazen de el ve yüz kurulamakta kullanılan küçük, kare biçiminde dokuma veya yumuşak, ince kâğıt.

menekşe (i) Menekşegillerden, bir veya çok yıllık otsu bitki.

merak (i) *Ar.* Bir şeyi anlamak veya öğrenmek için duyulan istek.

mercek (i) Cisimleri yakınlaştırıp uzaklaştırmaya yarayan cam ve benzeri şeyden yapılan alet.

merdane (i) Türlü işlerde kullanılan, silindir biçimindeki araç.

merhamet (i) Bir kimsenin veya bir başka canlının karşılaştığı kötü durumdan duyulan üzüntü, acıma.

merhem (i) 1. Deriye sürülerek kullanılan, içinde birçok etkili

madde bulunan, yumuşak ve koyu kıvamda, yağlı veya yağsız ilaç. 2. *mec.* Çare.

merkep, -bi "binilecek şey, binek" Eşek.

merkez (i) *Ar.* Bir dairenin veya bir küre yüzeyinin her noktasından aynı uzaklıkta bulunan iç noktasından aynı uzaklıkta bulunan iç nokta.

mermer (i) *Ar.* Genellikle beyaz renkli ve damarlısı da olan, cilalanabilen billûrlaşmış kireç taşı.

mert (s) *Far.* 1. Yiğit. 2. Sözünün eri, güvenilir (kimse).

mertebe (i) *Ar.* 1. Aşama, derece, rütbe. 2. Evre, safha.

mesafe (i) *Ar.* Ara, uzaklık.

mesai (i) Çalışma, emek.

mesaj (i) *Fr.* Bir devlet büyüğünün, bir sorumlunun belirli bir olay veya durum dolayısıyla ilgililere gönderdiği bildiri.

mesire (i) *Ar.* Gezinti yeri.

meslek (i) *Ar.* Bir kimsenin geçimini sağlamak için yaptığı sürekli iş.

meşale (i) *Ar.* Ucunda, alev çıkararak yanıcı bir madde bulunan, aydınlatmaya yarayan değnek.

meşgul (i) *Ar.* Bir işle uğraşan, iş görmekte olan.

meşhur (s) *Ar.* Ünlü, tanınmış, herkesçe bilinen.

meşrubat (i) *Ar.* İçilecek şeyler, içecekler.

metal (i) *Fr.* Çok yüksek elektrik ve ısı iletkenliği, kendine özgü parlaklığı olan madde.

methetmek (f) Övmek.

metot (i) *Fr.* Yöntem.

metre (i) Yer meridyen dairesinin kırk milyonda biri olarak kabul edilen, temel uzunluk ölçüsü birimi ya da 100 cm.

metro (i) *Fr.* Büyük şehirlerde semtler arasında işleyen yer altı demir yolu hattı.

mevcut (i) Var olan, bulunan.

mevki (i) *Ar.* Yer, mahal.

mevsim (i) Yılın iklim şartları bakımından farklılık gösteren dört bölümünden her biri.

meydan (i) *Ar.* Alan, saha.

meyve (i) Bitkilerde çiçeğin döllenmesinden sonra yumurtalığın gelişmesiyle oluşan tohumları taşıyan organ, yemiş.

mezar (i) *Ar.* Ölünün gömülü olduğu yer, kabir.

mıknatıs (i) *Ar.* Demiri ve daha başka bazı metalleri çeken maden.

mısır (i) Ilıman ve nemli yerlerde yetişen bir bitki ve bu bitkinin koçan üzerindeki taneli ürünü.

mısra (i) *Ar.* Manzumenin satırlarından her biri, dize.

mızıka (i) *İt.* Bando.

mızıkçı (s) Çeşitli sebeplerle oyun bozan, yenilgiyi kabul etmeyen, kolayca darılan.

mide (i) Besinlerin sindirime hazır duruma getirildiği organ.

midye (i) Yassı solungaçlı, yumuşakçalardan, kabukları birbirine eşit, denizlerin kayalık yerlerinde kümeler durumunda yaşayan eti yenir bir hayvan.

mikrofon (i) *Fr.* Elektrik akımı etkisiyle sesi uzakta bulunan alıcıya ulaştıran araç.

mikrop (i) Mikroskopla görülebilen, çürümeye, mayalanmaya ve hastalıklara yol açan bir hücreli canlı.

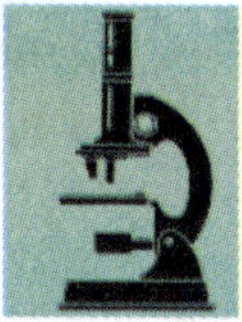

mikroskop (i) Bir mercek yardımıyla küçük nesneleri büyültüp daha iyi belirtmeye veya çıplak gözle görülmeyenleri göstermeye yarayan alet.

miktar (i) *Ar.* Bir şeyin ölçülebilen, sayılabilen veya azalıp çoğalabilen durumu, nicelik.

millet (i) Çoğunlukla aynı topraklar üzerinde yaşayan; aralarında dil, tarih, duygu, ülkü, gelenek ve görenek birliği olan insan topluluğu.

millî (s) Milletle ilgili, millete özgü.

milliyet (i) Millete özgü olma durumu veya millî olma durumu.

mimar (i) *Ar.* Yapıların planını yapıp bunların gerçekleşmesini sağlayan, yöneten kimse.

miras (i) *Ar.* Birine, ölen bir yakınından kalan mal mülk, para veya servet.

misafir (i) *Ar.* Konuk.

misket (i) *Fr.* Bilye.

mizah (i) *Ar.* Gülmece.

mobilya (i) Oturulan, yemek yenilen çalışılan, yatılan yerlerin döşenmesine yarayan taşınabilir eşyalara verilen genel ad.

moda (i) Değişiklik ihtiyacı veya süsleme özentisiyle toplum yaşamına giren geçici yenilik: *Uzun etek modası. Saç modası.*

modern (s) *Fr.* Çağa uygun, çağdaş.

mola (i) *İt.* Yorgunluğu gidermek için duraklamak.

mor (i) Kırmızı ile mavinin karışmasından oluşan renk, menekşe renginin kırmızıya çalanı.

morg (i) *Fr.* Adliyede kovuşturmayı gerektiren olaylar sonucu veya birdenbire ve şüpheli ölümlerde, ölüm sebebinin ve ölünün kim olduğunun tespit edilmesi için ölülerin konulduğu ve inceleme yapılan yer veya yapı.

motosiklet (i) İki tekerlekli motorlu taşıt.

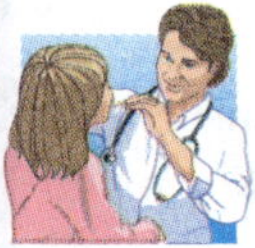

muayene (i) Bir kimsenin hasta olup olmadığını veya hastalığın nerede olduğunu araş tırma.

muayenehane (i) Hekimlerin hastalarını kabul ettikleri yer.

mucit (s) *Ar.* Yeni bir buluş ortaya koyan, icat eden kimse.

mucize (i) *Ar.* İnsanları hayran bırakan, tabiatüstü sayılan olay.

muhabir (i) Basın ve yayın organlarına haber toplayan, bildiren veya yazan kimse.

muhafaza (i) *Ar.* Koruma, saklama, korunum.

muhafız (i) Birini veya bir şeyi koruyan, kollayan, gözeten kimse, koruyucu.

muhasebeci (i) Sayman.

muhtaç (i) *Ar.* Bir şeye ihtiyaç duyan.

muhtar (i) *Ar.* Köy veya mahallenin yasalarla belirtilmiş işlerini yürütmek için o köy veya mahallede oturanların seçtikleri kimse.

muhteşem (s) *Ar.* Görkemli, gösterişli.

mukaddes (s) *Ar.* Kutsal.

mumya (i) Birtakım özel ilaçlar kullanılarak bozulmayacak duruma getirilmiş olan ve bugün kazılarla ortaya çıkan ceset.

musibet (i) *Ar.* Ansızın genel felaket, sıkıntı veren şey.

musiki (i) Müzik.

mutlu (s) Mutluluğa erişmiş olan, sevinçli.

mücadele (i) İki taraf arasında, birbirlerine isteklerini kabul ettirmek için yapılan zorlu çalışma.

mücevher (i) *Ar.* Değerli süs eşyası.

müddet (i) *Ar.* Süre.

müdür (i) *Ar.* İdare eden, yöneten, yönetmen, direktör.

müfettiş (i) *Ar.* Bir kuruluşta işlerin konu ve tüzüklere uygun olarak yürütülüp yürütülmediğini denetleyen kimse.

mühendis (i) *Ar.* Mühendislik mesleğinden olan kimse.

müjde (i) *Far.* Sevindirici haber.

mülk (i) *Ar.* Ev, dükkân, arazi gibi taşınmaz mal.

mürettebat (i) Gemi, uçak gibi taşıtlarda iş başındaki görevli olan kişiler.

müsamere (i) *Ar.* Okullarda öğrencilerin sunduğu gösteri.

Müslüman (i) İslam dininden olan kimse.

müteahhit (i) Başkasıyla ilgili bir işi yapmayı üzerine alan kimse.

mütevazı (s) *Ar.* Alçak gönüllü.

müthiş (s) *Ar.* Korkuya düşüren, korkunç.

müze (i) Sanat ve bilim eserlerinin veya sanat ve bilme yarayan nesnelerin saklandığı, halka gösterilmek için sergilendiği yer.

N n

n, N Türk alfabesinin on yedinci harfi.

naaş (i) *Ar.* Ölen kimsenin vücudu, ceset.

nabız, -bzı (i) *Ar.* Kalp vuruşunun sağladığı kan basıncından dolayı atardamarlara ve özellikle bilekteki atar damara parmakla basıldığında duyulan kımıldama: *Sanki nabzı atmıyor.*

nadas (i) Tarlayı sürerek dinlenmeye bırakmak.

nadide (s) *Far.* Az görülür, görülmedik, seyrek görülen, çok değerli.

nadir (s) Seyrek, az, az bulunur.

nafaka (i) *Ar.* Geçinmek için gerekli olan şeylerin bütünü, geçimlik.

nafile (s) *Ar.* Yararsız, boşa giden, boş, işe yaramayan.

naftalin (i) Tuvalet, banyo gibi yerlerde ve giysileri güveden korumak için kullanılan madde.

nağme (i) *Ar.* Güzel, uyumlu ses, ezgi.

nakarat (i) *Ar.* Bir şarkıda her kıtadan sonra tekrarlanan ve bestesi değişmeyen parça.

nakavt (i) Boks maçında yumruk etkisiyle yere düşen ve 10 saniye içinde kalkıp devam edemeyen oyuncunun yenilmesi durumu.

nakış (i) Genellikle kumaş üzerine renkli iplikler veya sırma ve sim kullanarak elle, makineyle yapılan işleme.

nakil, -kli (i) *Ar.* 1. Bir yerden alıp başka bir yere iletme, aktarma, taşıma: *Motorlu taşıtlar yokken nakletmek daha da zordu.* 2. Göç, taşınma.

nakkaş (i) *Ar.* Yapıların duvar ve tavanlarına süslemeler yapan usta, bezekçi.

nakliye (i) Taşıma işi.

nal (i) *Ar.* At, öküz gibi hizmet hayvanlarının tırnaklarına çakılan demir parçası.

nalbur (i) *Ar.* Çivi, kilit, menteşe gibi yapı işlerinde kullanılan şeyleri satan kimse, hırdavatçı.

nam (i) *Far.* Ad.

namaz (i) *Far.* Müslümanların günde beş kez yapmaları dince buyrulan ve dua okuyarak kıyam, rükû, gibi denilen beden durumlarını, kuralınca tekrarlayarak Allah'a edilen ibadet.

namert (s) *Far.* Korkak, alçak, mert olmayan.

namlı (s) Ünlü, tanınmış.

namlu (i) *Yun.* Tüfek, tabanca, top vb. ateşli silahların ucunda bulunan boru biçimindeki parça.

namus (i) Bir toplum içinde ahlak kurallarına karşı beslenen bağlılık.

nankör (s) *Far.* Kendisine yapılan iyiliğin değerini bilmeyen, iyilik bilmez.

nara (i) *Ar.* Haykırma, bağırma.

narenciye *Ar.* (i) Turunçgiller.

nargile (i) *Far.* Tömbeki denilen bir cins tütünün dumanının sudan geçirilerek içilmesini sağlayan araç.

narin (s) *Far.* İnce, yapılı.

nasır (i) En çok el ve ayağın sürekli sürtünmelere uğrayan noktalarında üst derinin kalınlaşması ve sertleşmesiyle oluşmuş deri.

nasihat (i) *Ar.* Öğüt.

nasip (i) *Ar.* Birinin payına düşen şey.

naylon (i) Petrolden elde edilen birçok giyim ve ev eşyası yapımına yarayan, sert, dayanıklı ve esnek madde.

naz (i) *Far.* Kendini beğendirmek amacıyla yapılan davranış, cilve.

nazar (i) *Ar.* Bakış, bakma, göz atma.

nazaran (e) *Ar.* Göre, oranlı, kıyasla.

nazarlık (i) Nazarı etkisiz duruma getirdiğine inanılan, kumaş parçası, mavi boncuk, kurşun.

nazik (s) Başkalarına karşı saygılı davranan.

nazlanmak (f) Kolayca gönlü olmamak, ısrar beklemek.

nazlı (s) Kolayca gönlü olmayan, kendini ağır satan, işveli.

ne (s) Hangi şey.

nebze (s) *Ar.* 1. Az şey, az. 2. Biraz, kısa bir süre, bir parçacık.

nece (zf) Hangi dilde, hangi dilden.

neci (zm) Ne iş yapar, ne ile uğraşır?

nefes (i) *Ar.* Soluk.

nefesli (s) Soluk alıp vermeden uzunca bir zaman durabilen, nefesi güçlü olan.

nefis (II) (s) 1. Pek hoş, istek uyandıran, çok güzel: *Nefis bir oyun!* 2. İnsanın yeme içme gibi ihtiyaçlarının bütünü.

nefret (i) *Ar.* 1. Bir kimsenin kötülüğünü, mutsuzluğunu istemeye yönelik duygu. 2. Tiksinme, tiksinti.

nefsi müdafaa (i) Korunma, kendini, öz benliğini koruma.

negatif (s) *Fr.* 1. Olumsuz menfi. 2. Eksi, *pozitif* karşıtı.

nehir (i) *Ar.* Irmak.

nem (i) *Far.* 1. Havada bulunan su buharı. 2. Hafif ıslaklık, rutubet.

nemlenmek (f) Nemli duruma gelmek, rutubetlenmek.

nemli (s) Nemi olan, az ıslak, rutubetli.

nemrut (s) *Ar.* Yüzü gülmez, acımaz, can yakıcı.
Neptün (i) Güneş'e yakınlığı bakımından sekizinci olan gezegen.
nere (zm) Hangi yer anlamında yer sormak için kullanılır.
nereli (s) Birinin memleketini, doğum yerini sormak için kullanılır.
nergis (i) Soğanlı bir süs bitkisi.
nesne (i) Belli bir ağırlığı ve hacmi rengi, maddesi olan her türlü cansız varlık, şey, obje.
neşe (i) Üzüntüsü olmamaktan doğan, dışa vuran sevinç.

neşeli (s) Sevinçli, keyifli, şen.
net (s) *Fr.* Bütün çizgileri belirgin olan, gözün bütün ayrıntılarıyla algıladığı iyi görünen (şey).
netice (i) *Ar.* Sonuç.
nevresim (i) Torba biçiminde dikilmiş yorgan çarşafı.
nevruz (i) *Far.* Eski takvimlere göre yılın ve baharın ilk günü sayılan martın yirmi birine rastlayan gün.
ney (i) *Far.* Klasik Türk müziğinde ve özellikle tekke müziğinde yer alan, kaval biçiminde, yanık sesli, kamıştan bir üfleme çalgısı.
nezaket (i) *Far.* Başkalarına karşı saygılı ve incelikle davranma, incelik.
nezle (i) *Ar.* Soğuk almaktan ileri gelen, burun akması, aksırma ile beliren hastalık.

nice (zf) Kaç, ne kadar.

niçin (zf) Bir olayın amacını, sebebini sormak için kullanılır.

nihayet (zf) *Ar.* Son.

nikâh (i) *Ar.* Bir erkekle bir kadının evlilik birliği kurmasını sağlayacak kanuni işlem.

nikâhlanmak (f) Bir kimseye nikahla bağlanmak.

nimet, -ti (i) *Ar.* İyilik, lütuf, ihsan.

ninni (i) Küçük çocukları uyutmak için söylenen türkü.

nisbet, -ti (i) Birini üzmek için veya inat olsun diye yapılan iş.

nişan (i) *Far.* 1. Evlenmek üzere birbirine söz verme. 2. Hedefi vurmak için silah, taş vb.ye gerekli doğrultuyu verme.

nişancı (s) Attığı kurşun, taş vb. ile hedefi vurmakta ustalık kazanmış olan.

nişanlanmak (f) Nişanlı duruma gelmek, evlenmeye söz verme belirtisi olarak yüzük takmak.

nişasta (i) Tahıl tanelerinden mercimek, bezelye gibi bazı baklagillerden veya patates gibi birtakım yumrulardan özel yöntemlerle çıkarılan una benzer bir madde.

nitekim (b) Gerçekten, nasıl ki, hakikaten.

nitelemek (f) Bir şeyin niteliğini belirtmek.

nitelik (i) Bir şeyin nasıl olduğunu belirten, onu başka şeylerden ayıran özellik, vasıf.

niye (zf) Bir olayın amacını veya sebebini sormak için kullanılır.

niyet (i) Bir şeyi yapmayı önceden isteyip düşünme.

niyetlenmek (f) Niyet etmek, tasarlamak.

noksan (i.s) Eksik, eksiklik, kusur.

noktalamak (f) 1. Nokta koymak. 2. Sonlandırmak.

normal (s) *Fr.* Kurala uyan, alışılagelene uyan, düzgüye uygun, düzgülü.

not (i) *Fr.* 1. Bir şeyi hatırlamak için yazılan kısa yazı. 2. Okullarda öğrencilerin bilgi düzeyini gösteren sayı veya derece.

nota (i) *İt.* Bir müzik sesini belirtmeye yarayan işaret.

noter (i) Çeşitli belge ve işlemlere geçerlik kazandırmak, yasanın öngördüğü diğer görevleri yerine getirmekle yükümlü, belli nitelikleri ve kendine özgü bir hukuk statüsü olan kamu görevlisi.

nöbet (i) *Ar.* 1. Sıra. 2. Sıra ile yapılan görev.

numara (i) *İt.* Bir şeyin bir dizi içindeki yerini gösteren sayı, rakam.

nur (i) Aydınlık, ışık, parıltı.

nutuk,-tku (i) *Ar.* 1. Söz, konuşma. 2. Söylev: *Atatürk'ün onuncu yıl nutku.*

nüfus (i) Bir ülkede, bir bölgede, bir evde belirli bir anda yaşayanların oluşturduğu toplam sayı.

nüfuz (i) *Ar.* 1. (içine) Geçme. 2. *mec.* Söz geçirme, güçlü olma.

nüve (i) *Ar.* Bir şeyin özü, çekirdek.

nüzul (i) İnme, felç.

o, O Türk alfabesinin on sekizinci harfi.

o (zm) Üçüncü tekil şahıs.

oba (i) Göçebelerin konak yeri.

obur (s) Gereğinden çok yemek yiyen, doymak bilmeyen.

oburluk (i) Obur olma durumu.

ocak (i) Ateş yakmaya yarayan, pişirme, ısıtma, ısınma gibi amaçlarla kullanılan yer.

oda (i) Evin bir bölümü.

odacık (s) Küçük oda.

odak (s) Bir ışık veya ısı kaynağından yayılan ışınların toplandığı yer.

o denli (zf) Öyle, o kadar.

odun kömürü (i) Odunun kömürleştirilmesiyle elde edilen, kalori değeri düşük kömür, mangal kömürü.

of (ü) Sıkıntı, bezginlik, usanç, acı gibi duyguları bildirir.

ofis (i) *Fr.* İş yeri, daire.

oğul, -ğlu (i) Erkek evlat: *İki kızı iki de oğlu var.*

oh (ü) Sevinç, beğenme, hayranlık.

oje (i) Tırnak cilası.

ok (i) Yayla atılan, ucunda sivri bir demir bulunan ince ve kısa tahta çubuk.

okkalı (s) Kiloca fazla olan, ağır çeken.

oklava (i) Hamur açmakta kullanılan silindir biçiminde uzunca değnek.

oksijen (i) *Yun.* Hidrojenle birleşerek suyu oluşturan, rengi, kokusu ve tadı olmayan, havada beşte bir oranında bulunan bir gaz.

okşamak (f) Sevgi veya şefkat belirtisi olarak elini bir şeyin üzerinde yavaş yavaş gezdirmek veya ona hafifçe vurmak.

okumuş (s) Okuyarak bilgisini genişletmiş, öğrenim görmüş.

okunaklı (s) Açık ve düzgün harflerle yazılmış, kolaylıkla okunabilen.

okur (i) Okuyan kimse, okuyucu.

okuryazar (s) Okuması yazması olan, öğrenim görmüş.

okuyucu (i) Sürekli olarak gazete, dergi vb. okuyan, okur.

okyanus (i) Kıtaları birbirinden ayıran engin, açık deniz, ana deniz.

olağan (s) Sık sık olan, olagelen, tabiî.

olağanüstü (s) Alışılmıştan, benzerlerinden farklı olan, fevkalade.

olanak (i) Yararlanılan uygun şart.

olanca (s) Bütün, elde bulunan hepsi.

olasılık (i) Bir şeyin olabilmesi durumu, olabilirlik.

olay (i) Ortaya çıkan, oluşan durum, ilgiyi çeken veya çekebilecek nitelikte olan her türlü iş, hadise.

olgu (i) Birtakım olayların dayandığı sebep veya bu sebeplerin yol açtığı sonuç, vakıa.

olgun (s) Yenecek duruma gelmiş.

olgunlaşmak (f) Olgun duruma gelmek.

olgunluk (i) Olgun, yenilebilir olma durumu.

olimpiyat (i) *Yun.* Her dört yılda bir başka ülkede yapılan, yalnızca amatör sporcuların katıldığı uluslararası spor yarışmaları.

olmak (f) 1. Varlık kazanmak, meydana gelmek: *Her gün fırtına oluyor.* 2. Gerçekleşmek veya yapılmak. 3. Bir görev, makam, san veya nitelik kazanmak: *Öğretmen olmak. Doktor olmak.*

olmamış (s) Olgunlaşmamış, ham.

olmuş (s) Olgunlaşmış, ergin.

olta (i) Genellikle, bir olta takımının ava hazır bütününe verilen ad.

oluk (i) Bir şeyin akmasına yarayan üst yanı açık boru.

olumlu (s) Gözetilen amaca veya beklenilene uygun, yararlı, müspet.

olumsuz (s) Yapıcı ve yararlı olmayan, hiçbir sonuca ulaşmayan, menfi.
oluş (i) Olmak işi veya biçimi, vuku.
oluşmak (f) Belli bir varlık kazanmak, ortaya çıkmak, meydana gelmek, teşekkül etmek.
omlet (i) Çırpılmış yumurta, peynir, kıyma, mantar vb. katılarak tavada pişirilen bir yemek, kaygana.
omur (i) Omurgayı oluşturan kemiklerden her biri, fıkra.

onarmak (f) Bozulmuş, eskimiş olan bir şeyi düzeltip işler veya kullanılır duruma sokmak, işe yarar duruma getirmek, tamir etmek.
onay (i) Uygun bulma, tasdik.
onaylamak (f) Tasdik etmek.
onur (i) İnsanın kendine duyduğu saygı, öz saygı.
onurlanmak (f) Onur duymak, şereflenmek.
operasyon (i) *Fr.* Elde edilecek sonuç için alınan önlem ve yürütülen işlemlerin bütünü.
orak (i) Ekin biçmekte kullanılan, yarım çember biçiminde yassı, ensiz ve keskin metal bir bıçakla, buna bağlı bir saptan oluşan ekin biçme aracı.
oramiral (i) Deniz kuvvetlerinde, kara kuvvetlerindeki orgeneralin dengi olan en yüksek rütbeli amiral.

oran (i) Büyüklük, nicelik, derece bakımından iki şey veya parça ile bütün arasında bulunan bağıntı, nispet.

orangutan (i) Sumatra ve Borneo'da yaşayan, insana benzeyen, yemişle beslenen bir cins maymun.

oranlamak (f) Ölçmek, hesap etmek.

orantı (i) Bir şeyi oluşturan parçaların kendi aralarında ve parçalarla bütün arasında bulunan uygunluk, oran.

ordinat (i) Bir noktanın uzaydaki yerini belirtmeye yarayan çizgilerden biri.

ordu (i) *Fr.* Bir devletin silahlı kuvvetlerinin tümü: *Türk ordusu.*

ordugâh (i) Ordunun konakladığı yer.

ordu komutanı (i) Bir orduya komuta eden ve genellikle orgeneral rütbesinde olan asker.

ordugâh (i) Ordunun konakladığı yer.

org (i) *Fr.* Çalgı, genellikle kilise çalgısı.

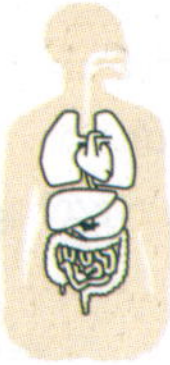

organ (i) *Fr.* Canlı bir vücudun, belirli bir görev yapan ve sınırları kesin olarak belirlenmiş bölümü, üye. uzuv.

organik (s) 1. Organlarla ilgili, uzvî. 2. *mec.* Bir görevi yerine getirmekle yükümlü kuruluşla ilgili olan.

organizasyon (i) *Fr.* Düzenlemek işi, düzenleme, tertip.

organizatör (i) Düzenleyici.

organize sanayi (i) Birbirini bütünleyen, değişik sanayi kollarının ve kuruluşlarının oluşturduğu iş alanı.

organize suç (i) Çeşitli kişi ve örgütlerce planlanıp işlenen suç.

organizma (i) 1. Canlı bir varlığı oluşturan organların bütünü, uzviyet. 2. Herhangi bir canlı varlık.

organ nakli (i) İşlevini yitirmiş bir organın yerine sağlam bir organı koyma, organ aktarımı, transplântasyon.

orgeneral (i) Asıl görevi ordu komutanlığı olan rütbesi en yüksek general.

orijinal, -li (i) *Fr.* 1. Özgün. 2. *mec.* Alışagelenden daha değişik, şaşırtıcı nitelikte olan.

orijinallik (i) Orijinal olma durumu, özgünlük.

orkestra (i) *Fr.* Yaylı ve üflemeli çalgılar topluluğu.

orman (i) Ağaçlarla örtülü geniş alan; bu ağaçların bütünü.

Orta Çağ (i) Batı Roma İmparatorluğunun çöküşünden başlayarak 1453'e veya 1492'ye kadar süren çağ.

orta hâlli (i) Ne zengin, ne yoksul olan.

ortak (i) Birlikte iş yapan, ortaklaşa yararlarla birbirlerine bağlı kimselerden her biri.

ortaklaşa (zf) Ortak olarak, el birliğiyle, müştereken, kolektif.

ortaklık (i) Ortak olma durumu.

ortalama (s) İki veya ikiden artık nicelik toplamının, bu niceliklerin sayısına bölünmesinden çıkan.

ortalık (i) Bulunulan yer.

ortam (i) Canlı bir varlığın içinde bulunduğu doğal veya maddi şartların bütünü.

oruç (i) *Far.* Allah'a ibadet amacıyla yeme, içme gibi bir çok şeylerden belli bir süre veya biçimlerde kendini alıkoyma.

ot (i) Toprak üstündeki bölümleri odunlaşmayıp yumuşak kalan, ilkbaharda bitip, bir iki mevsim sonra kuruyan küçük bitkilere verilen ortak ad.

otağ (i) Büyük ve süslü çadır.

otçul (s) Otla beslenen.

otel (i) *Fr.* Yolcu ve turistlere geceleme imkânı sağlamak, bunun yanında yemek, eğlence gibi türlü hizmetleri sunmak amacıyla kurulmuş işletme.

otlak (i) Hayvan otlatılan yer, salmalık.

otlakçı (s) Para ve emek harcamadan başkalarının sırtından geçinen.

otluk (i) Otu bol olan yer.

otogar (i) *Fr.* Şehirler arası çalışan motorlu taşıtların yolcularını aldıkları ve indirdikleri yer.

otomat (i) *Fr.* Canlı bir varlığın yapabileceği bazı işleri yapan mekanik veya elektrikli araç.

otomatik (s) *Fr.* Mekanik yollarla hareket ettirilen veya kendi kendini yöneten.

otoyol (i) *Yun.* Hızlı bir trafik akımı sağlamak amacıyla yapılan, üç veya dört şeritli, çift yönlü geniş yol, otoban.

otsu (s) Ot gibi olan, gövdesi odunlaşmayan, kısa ömürlü.

oturak (i) Oturulacak yer veya şey.

oturtma (i) Halka halka kesilmiş patates, patlıcan, kabak gibi sebzelerden yapılan bir çeşit kıymalı yemek.

oturum (i) Bir meclis veya kurulun çözümlenmesi gereken sorunları görüşüp tartışmak için yaptığı toplantı.

ova (i) Çevrelerine göre çukurda kalmış, çoğunlukla alüvyonla örtülü, eğimi az, akarsuların derine gömülmemiş olduğu genellikle geniş veya dar düzlük.

oval, -li (s) *Fr.* Yumurta biçiminde olan, yumurtamsı, sobe.

ovalamak (f) Ellerini bir şeye veya birine sürtmek.

ovmak (f) Bir şeyin üzerine bastırarak el gezdirmek.

oy (i) Bir toplantıya katılanların, bir sorunla ilgili birkaç seçenekten birini tercih etmesi, rey.

oyalamak (f) Belirli bir süre birinin dikkat ve ilgisini başka bir şey üzerine çekmek.

oybirliği (i) *bis.* Bir toplantıda oylamaya katılan bütün üyelerin aynı yönde oy kullanması.

oylama (i) Oy kullanma işi.

oymak (i) Keskin, sivri uçlu bir cisimle bir şeyi yontarak veya delerek çukur oluşturmak.

oymalı (i) Oymaları bulunan, oymalarla süslenmiş olan.

oynak (s) Kımıldayan, yerinde sağlam durmayan, hareketli.

oynaşmak (f) Birbiriyle oynamak.

oynatmak (f) Oynamasını sağlamak.

oysa (b) Aralarında karşıtlık, aykırılık bulunan iki cümleyi "tersine olarak" anlamlarıyla birbirine bağlar, hâlbuki.

oyuk (i) Oyulmuş, içi boş ve çukur olan.

oyunbozan (s) Birlikte yapılmasına karar verilen bir işten tek taraflı cayan mızıkçı.

oyuncu (i) Herhangi bir oyunda oynayan kimse.

ozan (i) Halk şairi.

ozon (i) *Yun.* Molekülünde üç atom bulunan oksijenden oluşan, ağır kokulu, gaz durumundaki basit element.

Ö ö

ö, Ö Türk alfabesinin on dokuzuncu harfi.

öbek (i) Birbirine benzer veya aynı cinsten olan şeylerin oluşturduğu bütün, takım, küme grup.

öbür (s) "Bu" zamiriyle belirtilen bir şeyden sonda olan, öteki, diğer.

öbürü (i) Öteki, diğeri.

öç (i) Kötü bir davranışı cezalandırmak için kötülükle karşılık verme isteği ve işi, intikam.

öd (i) Karaciğerin salgıladığı yeşil, sarı renkte acı sıvı safra.

ödem (i) Bazı hastalıklarda yüzde, ellerde, ayaklarda görülen iltihapsız şiş.

ödemek (f) Bir alışveriş ilişkisinden doğan borcu alacaklıya vermek.

ödemli (s) Ödemi olan.

ödeşmek (f) 1. Birbirine olan borçları ödeyip, alacak verecek bırakmamak. 2. Karşılık olarak benzer iş, hareket yapıp veya bir şey verip manen borçlu kalmamak.

ödev (i) 1. Yapılması, yerine getirilmesi, insanlık duygusu, töre veya yasa bakımından gerekli olan iş veya davranış. 2. Öğretmenin öğrencisine verdiği çalışma.

ödlek (s) Korkak, tabansız, yüreksiz.

ödül (i) Bir başarı karşılığında verilen armağan, mükâfaat.

ödün (i) Uzlaşmaya varabilmek için hak, istek veya savlarının bir bölümünden, karşı taraf yararına geçme.

ödünç (s.zf) İleride geri verilmek veya alınmak şartıyla (alınan veya verilen): *Bu kitabı iki günlüğüne ödünç aldım.*

öfke (i) Engelleme, incinme veya gözdağı karşısında gösterilen saldırganlık tepkisi, kızgınlık, hışım, gazap.

öfkeli (i) Öfkelenmiş, kızgın, hiddetli.

öğe (i) Birleşik bir şeyi oluşturan basit şeylerden her biri, unsur.

öğle (i) Gün ortası.

öğretici (s) Öğretme, yetiştirme ve açıklama niteliğinde olan: *Öğretici film.*

öğürmek (f) 1. Kusarken veya kusacak gibi olurken öğürtü sesi çıkarmak. 2. *hlk.* Böğürmek.

öğüt, -dü (i) Bir kimseye yapması veya yapma-

ması gereken şeyler için söylenen söz: *Annemin öğüdünü dinledim.*

öğütmek (f) Bir araçla tane durumundaki nesneleri ezerek un durumuna getirmek.

ökçe (i) Ayakkabı altının topuğa rastlayan yüksek bölümü.

öksüz (s) Anası ölmüş çocuk. Kimsesiz.

ölçek (i) Birim kabul eden herhangi bir şeyin alabildiği kadar ölçü.

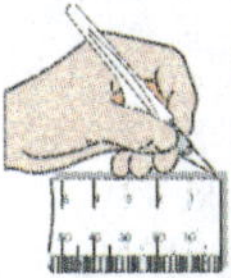

ölçmek (f) En, boy, hacim süre gibi nicelikleri kendi cinslerinden seçilmiş bir birimle karşılaştırıp kaç birim geldiklerini belirtmek.

ölçü (i) Bir niceliği, o nicelik için kabul edilmiş birimlerden birine göre oranlayarak değerlendirme, mizan.

ölçüm (i) Ölçmek işi.

öldürmek (f) Bir canlının hayatına son vermek.

öldürücü (s) Öldüren, ölüme sebep olan, ölüme yol açan.

ölçek (i) Tahıl ölçü birimi.

ölüm (i) Bir insan, bir hayvan veya bitkide hayatın tam ve kesin olarak sona ermesi.

ölümlü (s) Gelip geçici.

ömür, -mrü (i) *Ar.* Yaşama veya var olma süresi, yaşam, hayat: *Otların ömrü ağaçlara göre çok kısadır.* .

ön (i) 1. Bir şeyin esas tutulan yüzü. 2. Bir kimsenin ilerisi: *Önüm sıra gölgem gidiyordu.*

önayak (i) Bir işte öncü, işi yürüten (kimse).

önce (zf) İlk olarak, başlangıçta.

öncelik (i) Bir şeyin öbüründen önce olması durumu.

öncü (s) Bir çıkarımın öncüler kümesini oluşturan önermelerden herhangi biri, mukaddem.

öncülük (i) Öncü olma durumu.

önder (i) Gücü, ünü veya toplumsal yeri dolayısıyla, belli zaman ve durumlar içinde, ilişkili bulunduğu küme veya toplumun tutum, davranış ve etkinliklerini değiştirip yöneltme yeteneğini gösteren kimse, lider.

önderlik (i) Önder olma durumu veya öndere yakışır davranış, öncülük.

önem (i) Bir şeyin nitelik veya nicelik bakımından değeri olma durumu, ehemmiyet.

önemli (s) Önemi olan, mühim, ehemmiyetli.

önemsemek (f) Önemi olmayan, ehemmiyetsiz.

önemsiz (s) Önemi olmayan.

öneri (i) Bir sorunu çözmek üzere öne sürülen görüş, düşünce, teklif.

önermek (f) Bir sorunu çözmek üzere bir şey önesürmek, teklif etmek.

önlemek (f) Bir şeyin olmasına veya yapılmasına engel olmak.

önsezi (i) Hiçbir belirti yokken bir şeyin olacağını sezme, içe doğma.

ön söz (i) *bis.* Bir eserin konusunu tanıtan, amacını, işleniş biçimini açıklayan, bazen hazırlanma-

da emeği geçen kişileri belirten yazı.

örgü (i) Örmek işi veya biçimi.

örgün (s) Bir işi gerçekleştirmek amacıyla türlü ve düzenli görevler yapan organlardan oluşan.

örgüt (i) Ortak bir amaç veya işi gerçekleştirmek için bir araya gelmiş kurumların veya kişilerin oluşturduğu birlik, teşekkül, teşkilat.

örgütlemek (f) Belli bir işin gereği gibi görülebilmesi için örgüt kurmak, teşkilatlandırmak.

örneğin (zf) Söz gelişi, söz gelimi, örnek olarak.

örnek (i) Benzeri yapılacak olan, benzetilmek istenen şey.

örs (i) Biçimleri yapılacak işe göre değişen, üzerinde maden dövülen, çelik yüzeyli, demir araç.

örselemek (f) Yıpratmak, eskitmek, hırpalamak, zedelemek.

örtbas (i) "Bir durumun duyulmamasını, yayılmamasını sağlayan önlemler almak.

örtü (i) Örtmek için kullanılan şey.

öte (i) Konuşanın temel olarak aldığı bir şeyden daha uzak olan yer veya şey.

öteberi (i) Türlü, önemsiz, ufak tefek şeyler.

öteki (s.zm) Bilinenden, sözü edilenden ayrı, öbür.

ötücü (s) Güzel öten, ötüşü güzel olan: *Ötücü kuşlar.*

ötürü (e) Bir şeyden dolayı, bir şey yüzünden.

övgü (i) Birini veya bir şeyi övmek için söylenen söz veya yazılan yazı.

övmek (f) Birinin veya bir şeyin iyiliklerini, üstünlüklerini söyleyerek değerini yüceltmek, sena etmek.

övünç (i) Övünme, kıvanç.

övünme (i) Övünmek işi, kıvanç iftihar.

övünmek (f) 1. Bir niteliği sebebiye kendini yüceltmiş sayarak bundan abartmalı bir biçimde söz etmek. 2. (nsz) Kendi kendisini övmek, tefahür etmek.

öykü (i) 1. Ayrıntılarıyla anlatılan olay. 2. Hikâye.

öykücü (i) Hikâyeci.

öyküleştirmek (i) Öykü durumuna getirmek.

öykünme (i) *hlk.* Öykünmek işi, taklit.

öykünmeci (i, s) Öykünen, benzemeye çalışan, taklitçi.

öykünmek (f) Birinin yaptığı gibi yapmak, birine veya bir şeye benzemeye çalışmak, taklit etmek.

öyle (s) 1. Onun gibi olan, ona benzer. 2. (zf) O yolda, o biçimde, o tarzda. 3 (zf) O denli, o kadar, o derece.

öylece (zf) 1. O biçimde, tam öyle. 2. Öylelikle.

öylelikle (zf) O yoldan, o biçimde, sonunda, öylece.

öyle öyle (zf) Böylece, yavaş yavaş.

öylesi (s) Ona benzer, onun gibisi.

öylesine (i) Aşırı bir biçimde, fazla, o kadar çok.

öz (i) 1. Bir kimsenin benliği, kendi manevi varlığı, nefis. 2. (mec.) Bir şeyin temel ögesi. (s) 3. Kan bağı ile bağlı, üvey olmayan. 4. İçine hiçbir şey karışmamış olan, saf, arı.

Özbek (i) (*Özbek Hanın adından*) Özbekistan Cumhuriyeti'nde yaşayan Türk soyundan bir halk ve bu halktan olan kimse.

Özbekçe (öz. is.) Özbek dili.

özbeöz (i) Gerçek, öz.

özdenetim (i) Daha önemli bir amaca ulaşabilmek için kişinin tepkilerini, davranışlarını veya başka amaca yönelme eğilimini denetleyip kısıtlaması.

özdeş (s) Her türlü nitelik bakımından eşit olan, ayırt edilmeyecek kadar benzer olan, aynı.

özdeşleştirmek (i) Özdeş duruma getirmek.

özdeşlik (i) 1. Özdeş olma durumu, ayniyet, aynılık. 2. Değişen durumlarda aynı kalma, aynı olma.

özdeştirmek Başka birinin ve bir grubun ölçülerini, beklentilerini benimsemek.

özdeyiş (i) Bir düşünceyi, bir duyguyu, bir ilkeyi kısa ve kesin bir biçimde anlatan, genellikle kim tarafından söylendiği bilinen özlü söz.

özel (s) 1. Yalnız bir kişiye, bir şeye ait veya ilişkin olan. 2. Bir kişiyi ilgilendiren veya kişiye ait olan, hususî, zatî.

özel ad (i) *gr.* Tek varlığı bildiren ad: *Ali, Ayşe, Ankara, Sakarya, Kızılırmak* gibi.

özel af (i) *huk.* Yaşlılık, hastalık gibi sebeplerle bir suçlunun cezasının kaldırılması.

öz eleştiri (i) Bir kişinin kendi davranışları üzerine yönelttiği yargı.

özel hayat (i) Kişinin kendine özgü yaşayışı yaşama tarzı kendisini ilgilendiren tutum ve davranışı: *Onun özel hayatı beni ilgilendirmez.*

özelleştirme (i) Devlete ait menkûl veya gayrimenkûllerin teklif alma ya da ihale yoluyla satışını yapma, özelleştirmek işi veya durumu

özellik (i) Bir şeyin benzerlerinden veya başka şeylerden ayrılmasını sağlayan nitelik, hususiyet.

özellikle (zf) Özel olarak, herşeyden önce.

özel sektör (i) Özel teşebbüs.

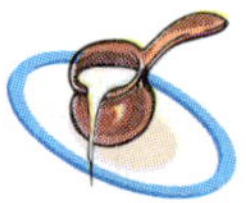

özemek *hlk.* Yoğurt, pekmez gibi koyu şeyleri suyla inceltmek, sulandırmak.

özen (i) Bir işin elden geldiğince iyi olmasına çabalama, özenme, itina.

özenc, -çi (i) *hlk.* 1. İstek. 2. İmrenme.

özendirme (i) 1. Özendirmek durumu, işi, teşvik. 2. Promosyon.

özendirmek Özenmesini sağlamak, teşvik etmek.

özene bezene (zf) Özen ile itina ile, istekle.

özeni (i) Özenme işi.

özenli (s) 1. Özen gösterilerek yapılan (iş), itinalı. 2. Özenle çalışan (kimse).

özenme (i) Özenmek işi, özen.

özenmek (f) 1. Bir şeyi yaparken elden geldiğince iyi yapmaya çabalamak. 2. Beğendiği şeye benzemeye çalışmak, yapmaya kalkışmak.

özensiz (i, s) 1. Özenmeden, kaba, baştan savma, gelişigüzel yapılan (iş), itinasız. 2. Özenmeden, isteksizce iş yapan (kimse).

özenti (i) Beğendiği bir durumda olma, beğendiği şeye benzeme çabası.

özentici (i) Birine veya bir şeye benzemeye çalışan.

özentili (s) Özenti ile yapılan.

özentisiz (s) Özenti olmadan yapılan, özenti gösterilmeden yapılan, özenmeden yapılan.

özerk (s) Ayrı bir yasaya bağlı olarak kendi kendini yönetme yetkisi olan (kuruluş), muhtar, otonom.

özerklik (i) Bir topluluğun, bir kuruluşun ayrı

bir yasaya bağlı olarak kendi kendini yönetme hakkı, muhtariyet, otonomi.

özet (i) Bir yazı veya sözün anlamını daha kısa ve özlü biçimde veren yazı veya söz, hulâsa, fezleke: *Romanın özeti.*

özetlemek (f) Bir yazı veya sözü daha az sözle, daha kısa bir biçimde anlatmak, özüntü.

özge (s) Başka.

öz geçmiş (i) *bis.* Bir kişinin kendisinin anlattığı hayatı.

özgü (i) Özellikle birine veya bir şeye ait olan, belli bir kimsede veya şeyde bulunan.

özgün (s) Yalnız kendine özgü bir nitelik taşıyan, orjinal.

özgür (i) Herhangi bir kısıtlamaya, zorlamaya, şarta bağlı olmayan.

özgürlük (i) Herhangi bir kısıtlamaya, zorlamaya bağlı olmaksızın düşünme veya davranma, herhangi bir şarta bağlı olmama durumu, serbestî.

özgüven (i) İnsanın kendine güvenme duygusu.

öz kardeş (i) Ana babaları veya yalnız babaları bir olan kardeşlerden her biri.

özlem (i) Bir kimseyi veya bir şeyi görme, kavuşma isteği.

özlemek (-i) Bir kimseyi veya bir şeyi görmeyi, kavuşmayı istemek, göreceği gelmek.

özleştirmek Öz durumuna getirmek, özlü durum kazandırmak, arılaştırmak.

özletmek Özlemesine yol açmak.

özlü (s) Özü olan, öz bölümü çokça olan.

özlük (i) Bir şeyin durumu, mahiyet. 2. (görevli) Kişi, zat.

özlü söz (i) Gereksiz ayrıntılardan arınmış söz.

özne (i) *gr.* Bir cümlede bildirilen işi yapan veya yüklemin bildirdiği durumu üzerine alan kimse veya şey, fail: *Çocuk uyudu. Çocuk sevildi. Çocuk henüz küçüktür* cümlelerinde *çocuk* sözü öznedir.

özümlemek (-i) (canlı varlıklar) Dışardan aldıkları besinleri, değişikliğe uğratarak yeni bir birleşimle, organizmanın gereksinme duyduğu maddeler durumuna getirmek, temsil etmek.

özümseme (i) Özümsemek işi veya durumu.

özür, -zrü (i) *Ar.* Bir kusurun, bir suçun elde olmadan yapıldığını ileri sürme veya bu kusurun hoş görülmesini gerektiren sebep, mazeret: *Özrüm vardı, düğüne gidemedim.*

özveri (i) Bir amaç uğruna veya gerçekleştirilmesi istenen herhangi bir şey için kendi menfaatlerinden vazgeçme, fedakârlık.

P p

p, P Türk alfabesinin yirminci harfi.

pabuç (i) *Far.* Ayakkabı.

paça (i) *Far.* Pantolon, don, şalvar gibi giyeceklerde bacakların çıktığı aşağı bölüm.

paçavra (i) *Yun.* Eskimiş bez veya kumaş parçası, çaput.

padişah (i) *Far.* Osmanlı İmparatorluğunda devlet başkanına verilen unvan, hükümdar, sultan.

pahalanmak (f) Pahalı duruma gelmek, fiyatı artmak, pahalılaşmak.

pak (s) *Far.* Temiz.

paket (i) Elde taşınabilecek büyüklükte, herhangi bir şeye sarılı olan.

paklamak (f) Temizlemek.

palan (i) *Far.* Genellikle eşeklere, bazen de atlara vurulan, enli yayvan ve yumuşak bir çeşit eyer.

palavracı (s) Uydurma söz veya haber ortaya atan, yaptığı işleri abar-

tan, bu davranışları huy edinmiş olan.

palaz (i) Kaz, ördek, güvercin gibi bazı kuş yavrularının civcivlikten sonraki durumu.

palazlanmak (f) Gelişmek, iri duruma gelmek, büyümek.

palet (i) *Fr.* Ressamların boyaları üzerine dizerek fırça ile karıştırdıkları tahta veya porselen levha.

palyaço (i) *İt.* Genellikle panayır tiyatrolarında, sirklerde güldürücü rol oynayan acayip kılıklı, yüzü aşırı ve komik makyajlı oyuncu.

pamuk (i) Sıcak bölgelerde yetişen tarım bitkisi; dokumacılıkta kullanılır.

panayır (i) *Yun.* Belli zamanlarda ve genellikle küçük yerleşme birimlerinde kurulan, sergi niteliğini de taşıyan büyük pazar.

pandomim (i) Sözsüz oyun.

panel (i) *Fr.* Dinleyiciler önünde, seçilmiş bir konuşmacı grubunun bir konuyu tartışmak amacıyla düzenlediği toplantı, toplu görüşme.

panik (i) *Fr.* Topluluğu kaplayan ani dehşet duygusu, büyük korku, ürkü.

pano (i) *Fr.* Üzerine bildiri, açıklama veya tanıtma kağıtları tutturmak için hazırlanmış levha.

pansiyon (i) *Fr.* Bütünü veya bir bölümü sürekli veya belli bir zaman için kiraya verilen, isteğe göre yemek de veren ev.

pansuman (i) *Fr.* Yara temizliği ve bakımı.

panzehir (i) *Far.* Zehrin etkisini ortadan kaldırabilme özelliği olan madde.

papağan (i) Papağangillerden olan kuşlara verilen ad.

papaz (i) *Yun.* Hristiyan din adamı.

papyon (i) *Fr.* Kelebek biçiminde, bir çengelle veya lastik bağla yakaya tutturulan kravat.

paragöz (s) Parayı çok seven, paraya çok düşkün olan.

paralanmak (f) 1. Parça parça olmak. 2. *mec.* Sıkıntı ve üzüntü içinde, olmayacak bir işle uğraşmak, didinmek.

paraşüt (i) *Fr.* Yüksek bir yerden düşen veya inen bir cismin, bir insanın, düşüşünü ağırlaştırarak yere inmesini sağlayan genellikle ipekten araç.

paratoner (i) *Fr.* Yıldırımsavar, şimşeksavar.

paravan (i) *İt.* Menteşelerle birbirine bağlı birkaç parçadan oluşan, katlanabilen, taşınabilen çerçeveli perde.

parazit (i) *Yun.* Asalak.

parçalanmak (f) Parçalanmak işine konu olmak, parçalara ayrılmak.

pardon (i) Özür dilerim, affedersiniz anlamında kullanılan bir söz.

parıldamak (f) Işık saçmak.

parıltı (i) Parıldamak, göze çarpan parlaklık.

parke (i) *Fr.* Küçük, ince, uzunca, ölçüleri eşit tahta parçalarının belirli bir düzene göre yerleştirilmesiyle yapılan döşeme.

parlak (s) Parlayan, ışıldayan.

parlamak (f) Güçlü bir ışık çıkarmak, ışık saçmak.

parlatmak (f) Bir yüzeyi düzgün ve parlak duruma getirmek, parlamasını sağlamak.

parmaklık (i) Dik ve biraz aralıklı olarak yan yana dizilmiş tahta, demir vb. çubuklarla yapılmış bölme veya korkuluk.

parola (i) Askerlerin veya gizli derneklerin toplantılarına katılan kimselerin birbirlerini tanımalarını sağlayan ve kendi aralarında önceden kararlaştırdıkları kelime veya söz.

parti (i) *Fr.* Bir kişi, bir kuruluş veya bir topluluğun, çoğu belli bir şeyi kutlamak amacıyla düzenledikleri eğlence.

pas (i) Su içinde ve nemli havada metallerin, özellikle demirin yüzeyinde oksitlenme sonucunda oluşan madde.

pasaj (i) İçinde dükkânlar bulunan, üzeri kapalı veya açık çarşı.

pasak (i) Kir.

pasaklı (s) Kirli, pis.

pasaport (i) Yabancı ülkelere gidecek olanlara yetkili kuruluşça verilen, yabancı ülke yetkililerinin kimlik incelemesinde geçerli olan belge.

paslanmak (f) Üzerinde pas oluşmak.

paslı (s) Üzerine pas oluşmuş, pas tutmuş, paslanmış.

paso (i) *İt.* Bir kimsenin, herhangi bir ücretin bütününden veya bir bölümünden muaf tutulduğunu gösteren belge.

pastel (i) *Fr.* 1. Resim yapmakta kullanılan renkli boya kalemi. 2. Soluk renk.

pastil (i) Ağızda eritilmek için yapılmış şekerli ilaç tableti.

pastörize (s) Özel aletlerde 75° C ye kadar ısıtılarak birdenbire soğutulmak yoluyla, içindeki mikropları öldürülmüş olan.

paşa (i) Osmanlı İmparatorluğu zamanında yüksek sivil memurlara ve albaydan üstün rütbede bulunan askerlere verilen ünvan.

pat (i) Yassı, basık.

pataklamak (f) Rastgele vurarak dövmek.

patavatsız (s) Sözlerinin nereye varacağını düşünmeden saygısızca konuşan, davranışlarına dikkat etmeyen.

paten (i) *Fr.* Buz üstünde kaymak için kullanılan, çoğunlukla tabanına, dar uzun bir çelik takılı ayakkabı.

patırtı (i) Herhangi bir biçimde çıkarılan veya ayakları yere kuvvetle basarak yürüme sonucu çıkan gürültü.

patika (i) Keçi yolu.

patiska (i) Çoğu pamuktan dokunmuş sık ve düzgün bez.

patlak (s) Patlayarak açılmış, yarık.

patlamak (f) İç basıncın etkisiyle ve çoğunlukla büyük ses çıkararak dağılmak, infilak etmek.

patron (i) Bir ticaret veya sanayi kurumunun sahibi, başı.

pay (i) Birden fazla kişi arasında bölüşülmüş bir bütünden, bu kişilerin her birine düşen bölüm.

paydos (i) *Yun.* İşi veya çalışmayı geçici olarak bırakma.

paylaşmak (f) Aralarında bölüşmek, pay etmek.

paytak (s) *Ar.* Çarpık, eğri bacaklı, satranç oyununda piyade taşı.

pazarlama (i) Malı satacak uygun piyasa bulmak.

pazarlık (i) Bir alışverişte tarafların kendileri için en elverişli fiyatı karşısındakine kabul ettirmek amacıyla yaptıkları görüşme.

pazı (i) Kolun omuz ile dirsek arasındaki bölümünde bulunan, şişkince kas kitlesi.

pedal (i) *İt.* Bir makinede, bir araçta ayak yardımıyla dönmeyi veya hareketi sağlayan düzen.

pehlivan (i) *Far.* Güreşçi.

pek (s) Sert, katı.

peki (f) Verilen buyruk veya söylenen sözün onaylandığını kabul edildiğini anlatır.

pekişmek (f) Sertleşmek, katılaşmak.

pelerin (i) *Fr.* Omuzlardan aşağı dökülen, geniş, kolsuz bir çeşit üstlük.

peltek (s) Dilini dişlerinin arasına alır gibi konuşan ve bu yüzden s, z gibi sesleri kusurlu söyleyen.

pençeleşmek (f) Pençe pençeye gelmek, kavga etmek, dövüşmek.

perakende (s) *Far.* Düzenli olmayan, ayrı ayrı, dağınık.

perhiz (i) Sağlığı korumak, düzeltmek veya fazla para harcamamak amacıyla uygulanan beslenme düzeni.

peri (i) *Far.* Doğaüstü güçleri olduğuna inanılan, hayal dışı varlık.

perişan (s) *Far.* Dağınık olma durumu, dağınık, düzensiz.

peron (i) *Fr.* Tren istasyonlarında tren yolu boyunca uzanan, inilip binilen, yüksekçe döşeme.

personel (i) *Fr.* Bir hizmet veya kuruluşun görevlileri, bir iş yerinde çalışanların tümü.

peruk (i) Takma saç.

pervane (i) 1. Geceleri ışık çevresinde dönen küçük kelebek. 2. Döndüğünde bir mekanizmayı işleten bir eksene dikey olarak bağlanmış, iki veya daha çok kanattan yapılmış alet.

pes (ü) *Far.* Yenilgiyi kabul ettiğini belirtmek için veya birinin şaşkınlık veren davranışlarına karşılık olarak kullanılır.

pestil (i) İnce yufka biçiminde kurutulmuş meyve ezmesi.

peş (i) Arka: *Sen peşimden gel.*

peşin (i) *Far.* Bir alışverişte, alışveriş yapıldığı anda, alınan şeyin tesliminden önce veya teslimiyle birlikte ödenen.

peşkeş (i) *Far.* Armağan.

peşkir (i) *Far.* Havlu.

petek (i) Arıların yumurtalarını bırakmak ve bal depo etmek için yaptığı düzgün altıgen ağızlı bal mumu yuvacıklar topluluğu.

petrol (i) Kendisine özgü kokusu olan, koyu renkli, arıtılmamış, doğal yanıcı mineral yağ, yer yağı.

Peygamber (i) Allah'ın buyruklarnı bildiren, haber getiren kimse, yalvaç, elçi.

peyzaj (i) Kır resmi.

pıhtı (i) *Far.* Koyulaşarak yarı katı duruma gelmiş sıvı.

pıhtılanmak (f) İçinde pıhtılar olmak.

pınar (i) Yerden kaynayarak çıkan su, kaynak.

pırıl pırıl (zf) Çok parlak, çok ışıklı.

pısırık (s) Tutuk, sünepe, aşırı çekingen, yüreksiz ve beceriksiz.

pikap (i) *İng.* 1. Elektrikle veya pille çalışan, plak dinlemekte kullanılan araç. 2. Küçük kamyon, kamyonet.

pike (I) (i) 1. Kabartmalı pamuklu kumaş. 2. Bu kumaştan yapılan yatak örtüsü. (II) (i) Yüksekten, hedefin üzerine dik olarak saldırma.

piknik (i) *Fr.* Kırda yenen yemek.

pil (i) *İt.* Kimyasal enerjiyi elektrik enerjisine çeviren araç.

pilaki (i) İçine soğan, sarımsak, maydanoz ve havuç gibi şeyler katılarak zeytinyağıyla pişirilen ve soğuk olarak servisi yapılan yemek.

piliç (i) Tavuğun küçüğü.

pilot (i) *Fr.* Bir hava taşıtını kullanmak ve yönetmekle görevli kimse.

pineklemek (f) Uyuklamak, uyuklar gibi hareketsiz oturmak.

pinti (s) Aşırı derecede cimri, kısmık.

pipet (i) *Fr.* Sıvıları, solukla içine çekip kaptan kaba aktarmaya yarayan cam boru.

pipiriklenmek (nsz) Kuruntulu, vesveseli bir duruma düşmek.

pipo (i) *İt.* Ucundaki lüle içine tütün konulan ve yakılarak dumanı çekilen kısa, çubuk biçimindeki tütün içme aracı.

pir (i) *Far.* Yaşlı, koca, ihtiyar.

piramit (i) *Yun.* 1. Tepeleri ortak bir noktada birleşen, tabanları da herhangi bir çokgenin birer kenarı olan birtakım üçgenlerden

P p

oluşmuş cisim, ehram. 2. Mısır firavunlarının mezarlarına verilen ad.

pirelendirmek (-i) *mec.* Kuşkulandırmak, işkillendirmek, şüphelendirmek, huylandırmak.

pirelenmek (nsz) 1. Üzerinde pire olmak. 2. Pirelerini ayıklamak. 3. *mec.* İşkillenmek, huylanmak.

pirelenmek (f) Üzerinde pire olmak.

pireli (s) 1. Pire bulunan: *Pireli yatak.* 2. *mec.* Her şeyden bir anlam çıkaran, kuşkulu, işkilli, vesveseli: *Pireli bir adam.*

pirina (i) Zeytinin, sıkıldıktan sonra yağ bakımından zenginliğini yitirmeyen, gübre veya hayvan yemi olarak kullanılan küspesi.

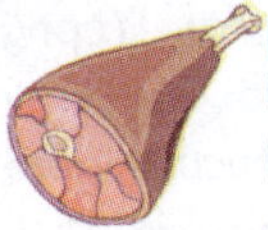

pirzola (i) *İt.* Kasaplık hayvanda omurganın iki yanındaki bölge: *Kuzu pirzolası.*

pis (s) 1. Leke, toz veya kirle kaplı olan, kirli, iğrendirici, murdar. 2. Kendinde pislik olan veya pislenmiş olan.

pist (i) Gösteri yapmak dans etmek vb. için düzenlenmiş, genellikle yuvarlak yer.

pişik (i) Apış yeri, koltuk altı gibi tenin birbirine sürten yerlerinde terin yakmasıyla oluşan kızartı.

pişkin (s) 1. Gereğince pişmiş. 2. *mec.* Saygısızca davranarak işini yürüten. 3. Tecrübesi olan, alışmış olan, olgun.

pişman (s) *Far.* Yaptığı bir işin veya davranışın olumsuz sonucunu görerek üzülen, nadim.

pişmaniye (i) *Far.* Telleri ince ince ayrılabilen bir tür helva.

pişmek (nsz) 1. Ateşte, fırında, kaynar suda veya yağda ısı etkisiyle yenilebilir duruma gelmek. 2. Isıtma sonucu belirli bir kullanıma uygun duruma gelmek.

piyade (i) *Far.* 1. Yaya savaşan askerlerin oluşturduğu sınıf. 2. Bu sınıftan olan asker.

piyango (i) 1. Düzenleyenlerce bastırılmış numaralı kâğıtları satın alanlar içinden, kazananların kur'a ile tespit edildiği talih oyunu: *Millî piyango.* 2. *mec.* Beklenmedik olay veya durum.

piyangocu (i) Piyango satılan yer veya piyango satan kimse.

piyanist (i) *Fr. İt.* İyi piyano çalan kimse.

piyano (i) Klavyeli, telli, değişik tuşlara basılarak çalınan ağır ve büyük çalgı.

piyasa (i) *İt.* 1. Satıcıların mal satmak için bir araya geldiği yer. 2. Bir yol üzerinde gidip gelerek gezinme. 3. Alışveriş fiyatı, geçerli fiyat.

piyaz (i) Haşlanmış kuru fasulyenin üzerine ince doğranmış, tuzla ovulmuş soğan ve maydanoz katıldıktan sonra zeytinyağı, sirke dökülerek yapılan fasulye salatası.

piyes (i) *Fr.* Oynanmak için yazılmış eser, tiyatro eseri veya oyunu.

plaj (i) *Fr.* Deniz banyosu için düzenlenmiş genellikle kumluk alan, kumsal.

plak (i) 1. Metal yaprak, plaka. 2. Üzerine ses kaydedilen ve pikaba takılınca bu sesi tekrar eden yuvarlak levha.

plaka (i) Metal yaprak.

plan (i) Bir işin, bir eserin gerçekleştirilmesi için uyulması tasarlanan düzen.

plastik (s) *Yun.* 1. Biçim verilmeye elverişli olan. 2. (i) Organik ve sentetik olarak yapılan madde.

plastik cerrahi (i) Vücut ve yüz bozukluklarını gidermek amacıyla yapılan operasyon, plastik ameliyat.

platin (i) Kolay işlenen, çok dayanıklı, değerli bir element.

platonik Gerçekte var olmayan, düşte kalan, hep öyle kalması istenilen (sevgi ve ilgiyi belirtmek için kullanılır).

plaza (i) Toplum için ayrılmış geniş alan.

plazma (i) *biy.* Kanda alyuvarlarla akyuvarların içinde bulunduğu sıvı.

Plüton (i) Güneş sisteminde Neptün'den daha uzakta olan, 1930 yılında bulunmuş olan küçük bir gezegen.

podyum (i) *Fr.* Genellikle atletizm yarışmalarında derece alan atletlerin veya giysileri sergilemek için mankenlerin çıktıkları merdivenli, yüksekçe yer.

pofurdamak (nsz) Can sıkıntısı sebebiyle sesli nefes vermek.

pofur pofur (zf) 1. Sürekli, düzenli olarak çıkan pof sesini anlatır. 2. Bol ve sürekli çıkan dumanı belirtir.

poğaça (i) İçine peynir, kıyma vb. konarak hazırlanan bir tür tuzlu çörek.

pohpohlamak (-i) Birini, yüzüne karşı gereğinden çok övmek, koltuklamak.

polemik (i) *Yun.* Siyasi, bilimsel, edebi konularda sert tartışma.

poli "çok fazla" Bazı kelimelerin birleşimine girerek "çok fazla" anlamı veren ön ek: *Poliasit, polifoni.*

poliçe (i) *İt.* Belirli bir sürenin sonunda belirli bir parayı kendi adına veya bir başkasının emrine ödemesi için alacaklının borçluya yazdığı bildiri.

polifonik (s) Çok seslilikle ilgili, çok sesliliğe ilişkin.

poligami (s) *Yun.* Çok eşlilik.

poligon (i) *Yun.* Ateşli silahlarla atış yapılan yer, ateş yeri.

poliklinik (i) *Yun.* Çeşitli hastalıkların bakıldığı klinik.

polis (i) 1. Şehirde kamu düzenini, huzur ve güven-

liği sağlayan kuruluş, kolluk, zabıta. 2. Bu kuruluşta yer alan görevli.

politik (s) Politika ile ilgili, siyasi, siyasal.

politika (i) 1. Devlet işlerini düzenleme ve yürütme sanatı, siyaset. 2. Yöntem.

pompa (i) Hava veya herhangi bir akışkanı bir yerden başka bir yere aktarmaya yarayan makine.

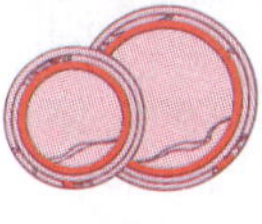

porselen (i) Beyaz sert ve yarı saydam çömlek hamuru.

porsiyon (i) Herhangi bir yemekten bir kimseye verilen belirli miktar.

portatif (s) Kolay taşınabilen, katlanarak taşınabilir duruma getirilebilen, katlanarak taşınabilir duruma getirilebilen.

portre (i) *Fr.* Bir kimsenin yağlı boya, fotoğraf vb. bir yolla yapılmış resmi.

posa (i) Suyu alınmış her tür yiyecek maddesinin artığı.

postalamak (f) 1. Postaya vermek. 2. (tkz.) Herhangi bir sebeple birini yanından uzaklaştırmak.

pot (i) Kötü dikiş sebebiyle kumaşta oluşan büzülme veya kıvrım.

pota (i) *Far.* İçinde maden eritilen kap.

potin (i) *Fr.* Koncu ayak bileğini örtecek kadar uzun olan, bağcıklı veya yan tarafı lastikli ayakkabı, fotin.

poyraz (i) *Yun.* Kuzeydoğudan esen soğuk rüzgâr.

poz (i) *Fr.* Duruş.

pörsümek (f) Gevşeyip sarkmak.

pranga (i) *İt.* Ağır cezalıların ayaklarına takılan kalın zincir.

pratik (s) *Fr. Lat.* Teoriye dayanmayan, davranış ve uygulama ile ilgili olan.

prens (i) *Fr.* Hükümdar ailesinden olan erkeklere verilen unvan.

prenses (i) *Fr.* Hükümdar ailesinden olan kadın ya da kızlara verilen unvan.

pres (i) *Fr.* İşletme, onarma, düzletme gibi işlemlerin uygulanması için bir nesneyi, iki ağırlık arasında mekanik olarak sıkıştırmaya yarayan alet, mengene.

priz (i) *Fr. Yun.* Elektrik akımı almak için fişin sokulduğu yuva.

profesör (i) *Fr.* Üniversitede ve yüksek öğretim kuruluşlarında en üst derecede olan öğretim üyesi.

profesyonel (s) *Fr.* Bir işi kazanç sağlamak amacıyla yapan.

profil (s) Yandan görünüş.

program (i) *Yun.* Belirli şartlar ve düzene göre yapılması öngörülen işlemlerin bütünü.

proje (i) *Fr.* Tasarlanmış şey, tasarı.

propaganda (i) Başkalarına tanıtma, benimsetme ve yayma amacıyla söz, yazı gibi yollarla gerçekleştirilen çalışma.

protein (i) Canlı hücrelerin ana maddesini oluşturan, genellikle sülfür, oksijen ve karbon öğeleri bulunan amino asit birleşiminden oluşmuş karmaşık yapılı doğal madde.

protesto (i) *İt.* Bir davranışı, bir düşünceyi, bir uygulamayı haksız, yersiz, gereksiz bularak karşı çıkma, kabul etmeme.

prova (i) Bir şeyin amacına uygun, istenilen düzeyde olup olmadığını anlamak için yapılan deneme.

psikoloji (i) *Yun.* Ruh bilimi, ruhiyat.

puan (i) *Fr.* Çeşitli sporlarda kullanılan ölçüsü ve değeri değişken birim.

pudra (i) Bazı mineral ürünlerin karışımı ile elde edilen, cildi korumak, düzgün ve güzel göstermek veya kırışıklıkları, pürüzleri gizlemek amacıyla yüze ve tene sürülen, kokulu ince toz.

pulluk (i) Toprağı sürmek için kullanılan tarım aracı.

puro (i) Yaprak tütünle yapılmış kalın ve uzun sigara.

pus (i) Görüş uzaklığını çok azaltmayan bir tür hafif sis.

pusu (i) Birine saldırmak için hazırlanma durumu.

pusula (i) Üzerinde kuzey - güney doğrultusunu gösteren bir mıknatıs iğnesi bulunan

ve yön tespit etmek için kullanılan kadranlı araç.

püflemek (f) Söndürmek veya soğutmak için üflemek.

püre (i) *Fr.* Sebze veya eti ezerek veya süzgeçten geçirerek elde edilen ezme.

pürüz (i) Bir şeyin düzgünlüğünü bozacak çıkıntı, gedik veya kusur.

püskül (i) Bir ucundan bazı şeylere süs olarak takılan, diğer ucu serbest saçak biçimindeki iplik demeti.

püskürmek (f) Ağzında bulunan bir sıvı veya toz durumundaki bir şeyi hızla savurtarak dışarı çıkarmak.

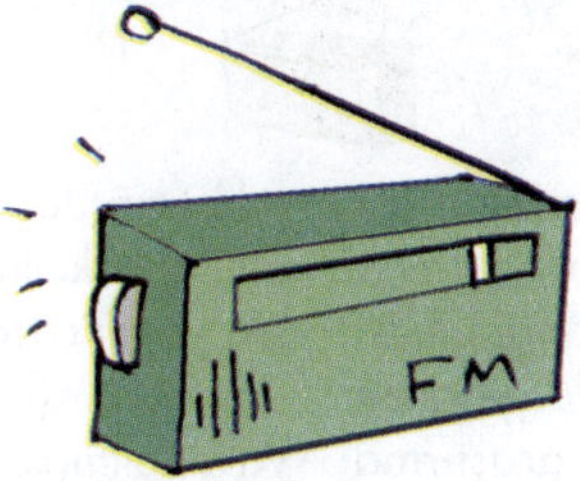

R r

r, R Türk alfabesinin yirmi birinci harfi.

radyo (i) Elektrik dalgalarının özelliğinden yararlanarak seslerin iletilmesi sistemi.

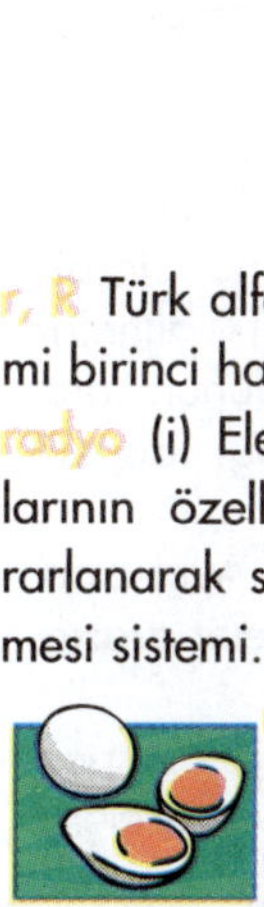

rafadan (i) Kaynar suda kabuğu ile az pişirilmiş (yumurta).

rahat (i) *Ar.* 1. İnsanda üzüntü, sıkıntı, tedirginlik olmama durumu, huzur. 2. (s) Aldırmaz, gamsız.

rahmet (i) *Ar.* Birinin suçunu bağışlama, yargılama, merhamet etme.

rakip (s) *Ar.* Herhangi bir işte, bir yarışta, birbirini geçmeye çalışan, aynı şeyi elde etmeye uğraşan.

ramazan (i) *Ar.* Oruç tutulan ay.

randevu (i) *Fr.* Belli bir saatte, belli bir yerde iki veya daha çok kişi arasında kararlaştırılan buluşma.

ranza (i) *İt.* Gemi, tren, kışla, yatılı okul gibi yer-

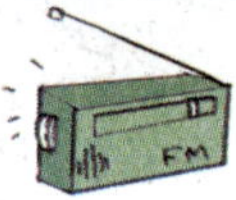

lerde üst üste yapılan yatak yeri.

rapor (i) Herhangi bir işte, bir konuda yapılan inceleme ve araştırma sonucunu, düşünceleri veya gözlemleri bildiren yazı.

rasgele (zf) *Far.* Herhangi bir, gelişigüzel.

rastgelmek (f) Rast gelmek işi veya biçimi.

raslantı (i) Bilgiye, isteğe, kurala veya belli bir sebebe dayanmaksızın oluveren karşılaşma, tesadüf.

ray (i) *İng.* Tren, tramvay gibi taşıtlarda tekerleklerin üzerinde hareket ettiği demir yol.

reçete (i) *İt.* Üzerinde doktorun hastası için gerekli gördüğü ilaçlarla, bunların kullanılış biçimleri yazılı olan kâğıt.

reddetmek (f) Verilen veya yapılması istenen bir şeyi kabul etmemek, geri çevirmek.

rehber (i) Kılavuz.

rehin (i) Bir borcun ödeneceğine teminat olarak, ödenince, geri alınmak şartıyla borçlunun alacaklıya verdiği değerli şey.

rekabet (i) *Ar.* Aynı amacı güden kimseler arasındaki yarışma.

rekor (i) *Fr. İng.* Bir sporda erişilmiş derecelerin en üstünü.

rende (i) *Far.* Üzerinde küçük delik ve kesici çıkıntıları bulunan, peynir, soğan,

R r

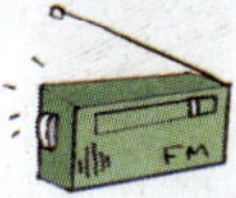

havuç vb.ni ufak parçalara ayırmak için kullanılan mutfak aleti.

rengârenk (i) Çeşitli renkleri olan, renk renk.

renk (i) *Far.* Cisimler tarafından yansılanan ışığın gözde oluşturduğu duyum: *Her renk güzel, ama mor bambaşka.*

resepsiyon (i) *Fr.* 1. Kabul, kabul etme. 2. Resmî ziyafet, kabul töreni.

resim, -smi (i) *Ar.* Varlıkların, doğadaki görünüşlerinin kalem, fırça gibi araçlarla kâğıt, bez vb. üzerinde yapılan biçimleri.

resmî (i) *Ar.* 1. Devletin olan, devlete ait, devletle ilgili. 2. Devletin öngördüğü yöntemlere uygun olarak yapılan: *Resmî muamele.* 3. *mec.* Samimi olmayan, teklifli, ciddi, içten olmayan.

ressam (i) *Ar.* Resim yapan sanatçı.

ret (i) *Ar.* Uygun bulmama, geri çevirme, kabul etmeme.

rezalet (i) *Ar.* Toplumun duygularını inciten olay veya durum, kepazelik.

rezil (s) *Ar.* Alçak, aşağılık.

rıhtım (i) *Far.* Bir akarsu ve ya deniz kıyısında doldurularak yapılmış, gemilerin indirme bindirme veya yükleme boşaltma yapabileceği yer.

rica (i) *Ar.* Dileyiş, dileme, dilek.

robot (i) *Fr.* Belirli bir işi yerine getirmek için

manyetizma ile kendisine çeşitli işler yaptırılabilen otomatik araç.

roket (i) *İng.* Uzay araçlarını uzaya götürmeye yarayan araç.

rol (i) *Fr.* Bir kişiliği canlandıran oyuncunun söylemesi ve yapması gereken hareketlerin genel adı.

roman (i) İnsanın veya çevrenin karakterlerini, göreneklerini inceleyen, serüvenlerini anlatan, gerçek dışı veya gerçek olaylara dayanan uzun edebiyat türü.

romatizma (i) Kaslarda ve özellikle eklemlerde kendini gösteren ağrılı hastalıkların genel adı.

rota (i) *İt.* Bir gemi veya uçağın gidiş yönü, izleyeceği yol.

rozet (i) *Fr.* Yakaya takılmak için çeşitli biçimlerde yapılan, bir kuruluşun sembolü sayılacak ufak kâğıt veya metal nesne.

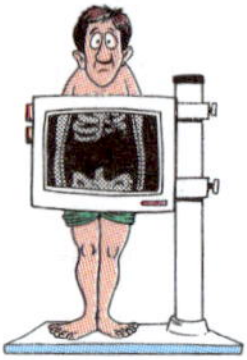

röntgen (i) 1. (tıp) Herhangi bir organın durumunu tespit etmek için çekilen film. 2. *mec.* Bir olayın bütün geçmişini ve durumunu belirlemek.

röportaj (i) *Fr.* Konusu bir soruşturma, araştırma olan gazete veya dergi yazısı.

ruh (i) *Ar.* Dinlerin ve dinci felsefelerin insanda vücuttan ayrı bir varlık olarak kabul ettiği öz.

ruj (i) *Fr.* Dudak boyası.

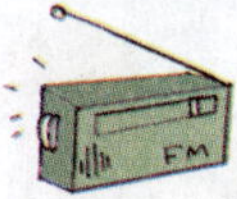

rulo (i) *Fr.* Dürülerek boru biçimi verilmiş deri veya kâğıt tomar.

rutubet (i) *Ar.* Yaşlık, nem.

rüşvet (i) *Ar.* Yaptırılmak istenen bir işte yasa dışı kolaylık veya çabukluk sağlanması için bir kimseye mal veya para olarak sağlanan çıkar.

rütbe (i) *Ar.* 1. Mertebe, derece. 2. Subay, astsubay ve polislerin kıdemini ast ve üst olma durumunu gösteren derece.

rüya (i) *Ar.* Düş.

rüzgâr (i) *Far.* Havanın yer değiştirmesinden oluşan esinti, yel.

S s

s,S Türk alfabesinin yirmi ikinci harfi.

saat (i) *Ar.* Bir günlük sürenin yirmi dörtte birine eşit, altmış dakikalık zaman dilimi, zaman parçası.

sabah (i) Gündüzün, günün başlangıcı.

saban (i) Tarlayı ekilir duruma getirmek için çift süren hayvanların koşulduğu demir uçlu tarım aracı.

sabıka (i) 1. Geçmiş bulunan şey, geçmiş bulunan olay. 2. Geçmişte işlenmiş, mahkemece ispatlanıp cezalandırılmış olan suç.

sabır, -brı (i) *Ar.* Acı, yoksulluk, haksızlık gibi üzücü durumlar karşısında ses çıkarmadan onların geçmesini bekleme erdemi: *Sabrın sonu selamettir. Atasözü.*

sabit (s) *Ar.* Yerinden oynamayan, yer değiştirmeyen, durağan.

sabretmek (f) Sabır göstermek.

sabun (i) *Lat.* Kirli ve yağlı şeyleri temizlemekte kullanılan, türlü yağlarla alkaliler birleştirilerek yapılan madde.

sac (i) 1. Yassı demir çelik ürünü. 2. Bu nesneden yapılmış dişbükey pişirme aracı. 3. Sactan yapılmış olan.

sadaka (i) *Ar.* 1. Dilenciye verilen para. 2. Yoksullara yardım olarak karşılıksız verilen şey.

sade (s) *Far.* Süsü, gösterişi olmayan, yalın.

sadece (zf) Başka bir şey bulmaksızın, yalnızca, ancak.

sadık (s) Dostluğu ve bağlılığı içten olan, sadakatli.

saf (s) *Ar.* 1. Katıksız, arı. 2. *mec.* Kurnazlığa aklı ermeyen, kolaylıkla aldanabilen.

sağ (I) (s) Vücutta kalbin bulunduğu tarafın karşısında olan. (II) (s) Sağlam, esen.

sağanak (i) Birdenbire başlayan genellikle kısa süren şiddetli yağmur.

sağlam (s) Dayanıklı, kolay bozulmaz, yıkılmaz.

sağlık (i) Vücudun hasta olmaması durumu, vücut esenliği, esenlik.

sahne (i) *Ar.* İzleyicilerin kolayca görebilmeleri için genellikle yerden belli bir ölçüde yüksek yapılan, oyun müzik gibi her tür gösteri yapmaya uygun yer.

sahte (s) *Far.* Bir şeyin aslına benzetilerek yapılan, düzme düzmece.

sahur (i) *Ar.* Ramazan ayında oruç tutanların gün doğmadan önce belirli saatte yedikleri yemek.

sakar (s) Sık sık önemsiz küçük kazalar yapan.

sakat (s) *Ar.* Vücudunda hasta veya eksik bir yanı olan.

sakınmak (f) Herhangi bir korku veya düşünce ile bir şeyi yapmaktan uzak durmak, içtinap etmek.

sakin (s) *Ar.* Durgun, hareket etmeyen, kımıldamayan.

saklanmak (f) Kendini saklamak.

saklı (s) Saklanmış olan.

sal (i) Birçok kalın direk yan yana bağlanarak yapılan, düz ve korkuluksuz deniz veya ırmak taşıtı.

saldırgan (s) Kışkırtan olmadan başkasına saldıran, yapısında saldırma özelliği olan.

salgın (s) Kısa zamanda çevredeki insan, hayvan veya bitkilerin büyük bir bölümüne bulaşan.

sallamak (-i) Düzenli bir biçimde ve hep aynı doğrultuda hareket ettirmek.

salon (i) *Fr.* 1. Bir evin en geniş bölümü. 2. Bir evde konukları ağırlamakta kullanılan oda.

saltanat (i) *Ar.* Bir ülkede hükümdarın, padişahın, sultanın egemen olması.

salya (i) *Ar.* Ağızdan sızan tükürük.

saman (i) Türlü ekinlerin taneleri ayrıldıktan sonra, harmanda kalan parçalanmış sapları.

Samanyolu (i) Açık gecelerde gökyüzünde boydan boya görülen uzun yıldız kümesi.

samimi (s) *Ar.* İçten, içtenlikle.

sanat (i) *Ar.* Bir duygunun, tasarının veya güzelliğin anlatımında kullanılan veya güzelliğin anlatımında kullanılan yöntemlerin tamamı veya bu anlatım sonucunda ortaya çıkan üstün yaratıcılık.

sanatçı (i) Güzel sanatların herhangi bir dalında yeteneği olan, eser veren.

sanayi (i) *Ar.* Ham maddeler işlemek, enerji kaynaklarını oluşturmak için kullanılan yöntemlerin ve araçların bütünü.

sancı (i) İç organlarda batar veya saplanır gibi duyulan, nöbetlerle azalıp çoğalan ağrı.

sandal (i) *Ar.* İnsan taşıyacak biçimde yapılmış, kürekle yürütülen deniz teknesi.

sandviç (i) İki ince ekmek dilimi arasına tereyağı, peynir veya sucuk gibi şeyler konularak hazırlanan yiyecek.

saniye (i) Bir dakikanın veya bir derecenin altmışta biri.

sap (i) Bitkinin dal, yaprak, çiçek gibi bölümlerini taşıyan, ağaçlarda odunlaşarak gövde durumunu alan bölüm.

sapan (i) İki ucu ip, ortası örme veya meşin olan bir taş atma aracı.

sapasağlam (s) Çok sağlam, her yanı sağlam.

sapık (s) Tavır ve davranışları doğanın gösterdiği yoldan veya geleneklerden, törelerden ayrılan kimse.

sapsarı (s) Çok sarı veya her yanı sarı.

sararmak (f) Sarı olmak, rengi sarıya dönmek.

saray (i) *Far.* Hükümdarların veya devlet başkanlarının oturduğu büyük yapı.

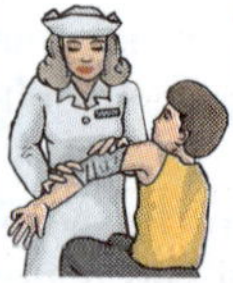

sargı (i) Esnek bir maddeden yapılmış uzun, dar ve ince şerit.

sarhoş (i) *Far.* Alkollü içki veya keyif verici bir madde sebebiyle kendini bilmeyecek durumda olan kimse.

sarılık (i) Derin dokuların ve organizmadaki sıvıların sarı bir renk almasıyla beliren hastalık.

sarılmak (f) Sarmak işi yapılmak.

sarışın (s) Sarı saçlı ve ak tenli kimse.

sarkmak (f) Aşağıya doğru uzanmak.

sarmak (f) Çevresini çevirmek, çepeçevre dolanmak.

sarsılmak (f) Sarsmak işine konu olmak.

sarsıntı (i) Sarsılmak işi, birden sallanma.

sataşmak (f) Bir kimseyi rahatsız edecek davranışta bulunmak, musallat olmak.

ri (i) *Far.* Belli bir işi
ri olmayan başı boş
e.
s) Çizilmesi, kırılma-
esilmesi ve ya çiğ-
esi güç olan, pek,
yumuşak karşıtı.
mek (nsz) 1. Sert
rum almak, katılaş-
2. Gücü artmak,
bir durum almak:
ertleşti.

serum (i) *tıp* Mikroplu bir hastalığa veya zehirli bir madde- ye karşı aşı-
bir hayvanın özel-
n kanından elde
sıvı madde: *Kuş*
erumu.
(i) Bir kimsenin
n geçen veya içi-
ış olduğu heye-
y, macera.

servet (i) *Ar.* Varlık, zenginlik.

servis (i) *Fr. Lat.* 1. Sofrada hizmet etmekle görevli kimsenin yaptığı iş ve bu işin yapılma biçimi, sofra hizmeti. 2. Yemekte gerekli olan tabak, çatal, bıçak, kaşık, peçete gibi şeylerin tümü.

sevecen (s) Acıyarak ve koruyarak seven, şefkatli.

sevgi (i) İnsanı bir şeye veya bir kimseye karşı yakın ilgi ve bağlılık göstermeye yönelten duygu.

sevimli (s) Hoşa gitme özelliği olan, hoşa giden, şirin.

sevinç (i) İstenen veya hoşa giden bir şeyin olmasıyla duyulan coşku.

seviye (i) *Ar.* Düzey.

satıcı (i) Alıcıya bir şey satan kimse.

satılık (s) Satışa çıkarılmış olan.

satmak (f) Bir değer karşılığında bir malı alıcıya vermek.

satranç (i) *Far. Hint.* İki kişi arasında altmış dört kareli bir tahta üzerinde değerleri ve adları değişik olan onatışar siyah ve beyaz taşlarla oynanan bir oyun.

savaş (i) Devletlerin diplomatik ilişkilerini keserek giriştikleri silahlı mücadele.

savunmak (f) Herhangi bir saldırıya karşı koymak, saldırıya karşı korumak, müdafaa etmek.

savurgan (s) Çok ve boşuna para harcayan, tutumsuz.

saydam (s) İçinden ışığın geçmesine ve arkasındaki şeylerin görülmesine engel olmayan.

saygı (i) Değeri, üstünlüğü, yaşlılığı, yararlılığı, kutsallığı dolayısıyla bir kimseye, bir şeye karşı dikkatli, özenli, ölçülü davranmaya sebep olan sevgi duygusu, hürmet.

sayı boncuğu (i) Genellikle çocuklara hesap öğretmekte kullanılan, her teline onar boncuk geçirilmiş hesap aracı.

sayıklamak (f) Uykuda veya bir hastalığın verdiği dalgınlık sırasında anlamsız, tutarsız sözler söylemek.

S
s

saz 1. (i) *Far.* İnce kamış. 2. (i) Her tür müzik aracı, çalgı.

sebep (i) *Ar.* Bir şeyin olmasına veya belli bir hâlde bulunmasına yol açan şey.

seçenek (i) Seçme durumunda, birinin yerine seçebilecek bir başka yol, yöntem.

seçmek (f) Benzerleri arasında hoşa gideni almak veya yararlanmak için ayırmak.

sedye (i) Hasta veya yaralı taşımaya yarayan katlanabilir hasta yatağı.

sefer (i) *Ar.* Yolculuk.

sefil (i) *Ar.* Sefalet çeken, yoksul.

sekreter (i) *Fr.* Özel veya kamu kuruluşlarında haberleşmeyi sağlayan, yazışma yapabilen görevli, yazman, kâtip.

selamlamak (f) Bir kimseyle karşılaşıldığında, birinin yanına gidildiğinde veya yanından uzaklaşıldığında selam vermek, esenlemek.

sema (i) *Ar.* Gök, gökyüzü.

sembol *Fr.* Duyurularla ifade edilemeyen bir şeyi belirten somut nesne veya işaret, remiz, rumuz, timsal, simge.

semer (i) *Yun.* 1. Beygir, katır gibi hayvanların sırtına yerleştirilen, üzerine yük bağlanan veya binilen, iskeleti ağaçtan yastık. 2. Hamalların yük taşırken kullandığı deriden sırt yastığı, arkalık.

semiz (i) 1. Şişman. 2. Eti, yağı çok olan, tavlı.

sempati (i) *Yun.* Bir insanın bir başkasına karşı doğal ve içgüdüsel olarak bir eğilim, sevgi ve yakınlık duyması, cana yakınlık.

semt (i) 1. Yan, taraf, cihet. 2. Yerleşim bölgesi.

sene (i) *Ar.* Yıl.

sepet (i) Saz, kamış veya ince dallardan örülerek yapılan, genellikle sapı olan, yiyecek ve eşya taşımak için kullanılan kap

sera (i) *İt.* Sebze ve meyvelerin yetiştirildiği ve

hava şa
runduğ
la kapl
serbest
ta bağ
gibi d
sergi (
seçme
lerin
rin se
seri
bakı
tura
seri
soğ
ser
Aç
şer
se
la
sa
se
b
d

sers
ve y
kims
sert (
sı, k
nenm
katı,
sertle
bir d
mak.
zorlu
İklim

lanmış
likle a
edilen
palazı
serüven
başınd
ne atıl
canlı o

sevmek (f) Sevgi ve bağlılık duymak.

seyahat (i) *Ar.* Gezi, yolculuk.

seyretmek (f) İzlemek.

sıcakkanlı (s) Normal vücut sıcaklığı, içinde bulundukları ortamın sıcaklığından bağımsız olan.Sevimli, cana yakın, sempatik.

sıçramak (f) Ayaklarla, birdenbire ve kuvvetle yeri teperek hızla yukarıya veya ileriye atılmak.

sığınak (i) Yağmur, güneş veya çeşitli tehlikelerden korunmak için sığınılacak yer.

sığınmak (f) Tehlikelerden kaçarak güvenilir bir yere çekilmek.

sığır (i) Geviş getirenlerden, boynuzlu büyük baş evcil hayvanların genel adı.

sığmak (f) Bir kaba, bir yere bütünüyle girebilmek veya içinden geçebilmek.

sıkıcı (s) İç sıkan, can sıkan, tedirgin eden.

sıkıştırmak (f) Bir şeyi dar bir yere zorla sığdırmak.

sıkmak (f) Çevresine sararak veya bir şey sararak çepçevre basınç altına almak.

sınav (i) Öğrencilerin veya bir işe girmek isteyenlerin bilgi derecesini anlamak için yapılan yoklama, imtihan, test.

sınıf (i) Ders okutulan yer, dershane, derslik.

sınır (i) *Yun.* İki komşu devletin topraklarını bir-

birinden ayıran çizgi, hudut.

sır, -rrı (II) (i) Varlığı veya bazı yönleri açığa vurulmak istenmeyen, gizli kalan, gizli tutulan şey: *Söyleme sırrını dostuna, o da söyler dostuna. Atasözü.*

sıra (i) Bir çizgi üzerinde yan yana veya art arda olan şey veya kimselerin tümü, dizi.

sıralamak (f) Birbiri ardı sıra veya yan yana koyarak sıra durumuna getirmek.

sırdaş (s) Birinin sırlarını bilen kimse, mahrem.

sırf (zf) *Ar.* 1. Salt, ancak, sadece. 2. Tümüyle, bütün olarak, büsbütün.

sırılsıklam (zf) Büsbütün ıslak, çok ıslak.

sırt (i) Omurgalı veya omurgasız hayvanlarda boyundan kuyruk sokumuna kadar uzanan üst bölüm.

sırtlamak (f) Sırtına alıp yüklenmek.

sıska (s) Çok zayıf ve kuru.

sıtma (i) Titreme, ateş ve ter nöbetleriyle kendini gösteren bulaşıcı bir hastalık, malarya.

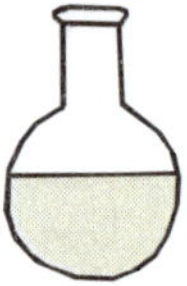

sıvı (i) Bulunduğu kabın biçimini alabilen ve üstü yatay bir düzlem durumuna gelebilen.

sıvı yağ (i) Havanın normal sıcaklığında sıvı durumunda bulunan her türlü yağ.

sıyırmak (f) Hızla sürtünerek bir şeyin yüzünden bir parça soymak, koparmak veya üzerini hafifçe yırtmak.

sıyrık (s) Çarpma veya

vurma sonucunda vücutta hafifçe kazınmış, zedelenmiş, soyulmuş kanamış olan yer.

sızmak (f) İnce aralıklardan veya gözeneklerden az miktarda ve belli olmadan yavaş yavaş akmak, çıkmak.

sifon (i) Hızla fışkırtılan su yardımıyla pis su ile dışkıları atık su tesisatına akıtan düzenek.

sihir, -hri (i) *Ar. Büyü.*

sihirbaz (s) Büyücü.

silah (i) Savunmak veya saldırmak amacıyla kullanılan araç.

silinmek (f) Silmek işine konu olmak.

silmek (f) Bir şeyin ıslaklığını gidererek kuru duruma getirmek.

simsiyah (i) Çok kara, her yanı kara, kapkara.

sinek (i) Birtakım uçucu böceklerin genel adı.

sinema (i) Film göstermeye yarayan özel bir makineyle görüntülerin beyaz perdeye yansıtıldığı salon veya yapı.

sinir (i) Duyu ve hareket uyarılarını beyinden organlara, organlardan beyne ileten beyazımsı teller ve bu tellerin oluşturduğu demet.

sinirlenmek (f) Duyu ve davranışlarını denetleyemeyecek duruma gelmek, öfkelenmek, köpürmek.

sirk, -rki (i) *Lat.* Eğitilmiş hayvanların ve cambazların akrobasi hareketleri yaptıkları genellikle kapalı yer.

sis (i) Atmosferin alt tabakalarındaki küçük su veya buhar tanelerinden oluşan bulutların çok alçalarak yeryüzüne kadar inmesiyle oluşan duman.

sitem (i) *Far.* Bir kimseye yaptığı bir hareketin veya söylediği sözün üzüntü, alınganlık, kırgınlık gibi duygular uyandırdığını öfkelenmeden belirtme.

sivilce (i) İçinde irin bulunan küçük deri kabarcığı, en küçük çıban.

sivri (s) Ucu keskin ve batıcı olan.

siyah (i) Kara.

sofra (i) Masa, sini gibi şeylerin, yemek yemek üzere hazırlanmış durumu.

soğuk (s) Isısı düşük olan, sıcak karşıtı: *Soğuk su.*

soğukkanlı (s) Olaylara ve gelişmelere sakin, ılımlı ve temkinli yaklaşan.

sokak (i) *Ar.* İl, ilçe gibi yerleşim bölgelerinde, iki yanında evler olan, caddeye oranla daha dar veya kısa olabilen yol.

sol (s) Kalbin bulunduğu tarafta olan.

solak (s) Eller kullanılarak yapılan işlerde daha çok sol elini kullanan.

soluk (s) Donuk bir beyazlığı olan, solmuş.

solumak (f) Nefes alıp vermek.

solungaç (i) Suda yaşayan hayvanların solunum organı.

solunum (i) Bütün canlılarda, oksijen alıp karbondioksit verme biçiminde görülen hareket, teneffüs.

somurtkan (s) Sürekli somurtan, asık suratlı.

son (i) Şimdiki zamana en yakın zamandan beri olan veya bu zamanda yapılmış, olmuş olan, ilk karşıtı.

sonsuz (s) Sonu olmayan, hiç bitmeyen.

sonuç (i) Bir olayın doğurduğu başka bir olay veya durum, netice.

sormak (f) Birine soru yönelterek herhangi bir konuda ondan bilgi istemek.

sorumlu (s) Üstüne aldığı veya yaptığı işlerden dolayı hesap vermek zorunda olan, sorumluluk taşıyan kimse.

sorun (i) Araştırılıp öğrenilmesi, düşünülüp çözümlenmesi, bir sonuca bağlanması gereken durum, mesele.

soygun (i) Genellikle çete durumunda bir araya gelmiş haydutlar tarafından yapılan silahlı hırsızlık.

soyguncu (i) Soygun yapan.

soymak (f) Bir şeyin üzerinden kabuk, deri, zar gibi şeyleri çıkarmak.

sökmek (f) Bir şeyi bulunduğu yerden kuvvet kullanarak veya gevşeterek çıkarmak, çekip ayırmak.

sönmek (f) Yanmaz, aydınlatmaz, parlamaz olmak, parlaklığını, ışığını yitirmek.

söylemek (-i, -e) 1. Düşündüğünü veya bildiğini sözle anlatmak. 2. Bir düşünceyi ileri sürmek, ortaya atmak.

söz (i) Bir düşünceyi eksiksiz olarak anlatan kelime dizisi, lakırdı, kelâm.

sözcü (i) Bir kurul, bir topluluk veya kişi adına söz söyleme, onun düşünce ve davranışlarını savunma yetkisi olan kimse.

sözlük (i) Bir dilin bütün veya belli bir çağda kullanılmış kelime ve deyimlerini alfabe sırasına göre alarak tanımlarını yapan, açıklayan eser.

spor (i) *Fr. İng.* Kişisel veya toplu oyunlar biçiminde yapılan, genellikle yarışmaya yol açan, bazı kurallara göre uygulanan beden hareketlerinin tümü.

stadyum (i) Takım oyunlarının, atletizm karşılaşmalarının vb. nin yapılabil-

mesi, seyircilerin törenleri veya oyunları izleyebilmesi için elverişli kuruluşları olan alan, stat.

stop (ünl.) *İng.* 1. Dur! 2. Telgraf ve telefonla olan haberleşmelerde cümleleri birbirinden ayırmak için kullanılır.

stres (i) Ameliyat şoku, aşırı yorgunluk, üzüntü, travma, soğuk, heyecan vb. etkenlerin organizmada, iç organlarda ve metabolizmada oluşturduğu bozuklukların tümü.

stüdyo (i) *İng.* Sanat çalışmaları için düzenlenmiş oda.

su (i) Hidrojenle oksijenden oluşan, oda sıcaklığında sıvı durumunda bulunan, renksiz, kokusuz, tatsız madde.

subay (i) Silahlı kuvvetler içinde asteğmenden mareşale kadar rütbelere yükselebilen, özel kanunlara bağlı asker.

suç (i) Törelere, ahlak kurallarına aykırı davranış.

suçlu (s) Suç işlemiş, suçu olan, kabahatli, mücrim.

susamak (nsz) 1. Su içme ihtiyacı duymak. 2. *mec.* Çok istemek, zorlu bir ihtiyaç duymak, özlemek.

suskun (s) Çok az konuşan, sessiz, sakin olan.

susmak (nsz) Konuşmasını kesmek veya konuşmaktan kaçınmak.

sünger (i) *Yapay olarak elde edilen temizlik veya dolgu gereci.*

sürat (i) *Ar.* Hız, hızlılık.
süre (i) Bir olayın başı ile sonu arasında geçen zaman parçası, zaman aralığı, zaman bölümü.
sürekli (s) 1. Kesintisiz olarak süren, devamlı. 2. (zf) Uzun süreli olarak, daima.
sürgün (i) Ceza olarak belli bir yerin dışında veya belli bir yerde oturtulan kimse.
sürme Kirpik diplerine sürülen siyah boya.
sürmek 1. Yönetip yürütmek, sevk etmek. 2. Önüne katıp götürmek. 3. Uzatmak, ileri doğru itmek.
sürpriz (i) *Fr.* Beklenmeyen ve insanı şaşırtarak sevindiren veya üzen olay, beklenmedik olay.
sürü (i) Evcil hayvanlar topluluğu.
sürücü (i) Hayvan, at arabası ve motorlu taşıt süren kimse.

süs (i) Süslemeye, süslenmeye yarayan şey, bezek.
süzmek (f) Bir sıvıyı, içindeki katı maddelerden ayırmak için bez veya delikli bir kaptan geçirmek.

Ş ş

ş, Ş Türk alfabesinin yirmi üçüncü harfi.

şadırvan (i) Daha çok cami avlularından görülen, üstü açık havuz.

şafak (i) *Ar.* Güneş doğmadan az önce beliren aydınlık.

şah (i) Satrançta bir taş. Hükümdar, padişah.

şahane (s) *Far.* 1. Hükümdarla ilgili, hükümdara özgü olan. 2. *mec.* Çok güzel, çok mükemmel, üstün nitelikli.

şahit (i) *Ar.* Tanık.

şahlanmak (f) 1. Ön ayaklarını yerden keserek arka ayakları üstünde durmak, şaha kalkmak. 2. Coşmak, kükremek.

şahsen (zf) *Ar.* Kendi: *Şahsen işitmedim.*

şahsi (s) *Ar.* Kişiye ait: *Şahsi eşya.*

şahsiyet (zm) 1. Kişilik, belirgin özellik. 2. Kişi, değerli kişi: *Yavaş yavaş mühim bir şahsiyet olmaya başlamıştım.*

şahsiyetli (s) Kişilikli.

şaka (i) Güldürmek, eğlendirmek amacıyla karşısındakini kırmadan yapılan hareket veya söylenen söz.

şakacı (s) Şaka yapmasını seven, şakalaşmadan hoşlanan.

şakalaşmak (f) Karşılıklı olarak şaka etmek.

şal *Far.* (i) Kadınların omuzlarını örtmek için kullandıkları geniş atkı.

şalvar (i) *Far.* Genellikle ağı çok bol olan, bele ve uçkurla bağlanan geniş üst donu.

şamandıra (i) Denizde yol göstermeye bir tehlikeyi haber vermeye yarayan yüzer cisim.

şamar (i) Açık elle yüze vurulan tokat.

şamata (i) Gürültü, patırtı.

şamdan (i) *Ar. Far.* Üzerine mum yerleştirilen destek.

şampiyon (i) *Fr.* Milli ve milletler arası bir yarışmada ilk dereceyi alan, birinci olan kimse veya takım.

şan (i) *Ar.* Ün, san, şöhret.

şangırdamak (f) Bir yere veya birbirine çarparken, kırılırken gürültülü ve çınlayıcı ses çıkarmak.

şanlı (s) Tanınmış, ünlü.

şans (i) *Fr.* Talih, baht.

şanslı (s) Talihli.

şantaj (i) Para veya herhangi bir çıkar sağlamak amacıyla bir kimseyi kendisi ile ilgili lekeleyici bir haber yayma tehdidi ile korkutma.

şapır şupur (zf) Öperken veya yemek yerken şap sesinin çıkarıldığını anlatır.

şapka (i) *Lat.* Keçe, hasır gibi maddelerden yapılan başlık.

şaplak (i) Şap diye ses çıkaran tokat.

şaplamak (I) (nsz) Şap di

şapşal (s) 1. Aptalca davranışlarda bulunan, alık. 2. Üstüne başına önem vermeyen, özen göstermeyen.

şarap, bı (i) *Ar.* Üzüm veya başka meyve sularını türlü yöntemlerle mayalandırarak elde edilen alkollü içki.

şarapnel (i) *İng.* İçi misket dolu top mermisi.

şarap rengi (i) 1. Kırmızı şarabın rengi. 2. (s) Bu renkte olan.

şarıl şarıl (zf) Suyun bol ve sesli akmasını anlatır.

şarj (i) *Fr.* Yükleme, doldurma.

şark (i) *eski Ar.* Doğu.

şarkı (i) Tonlama değişiklikleriyle çeşitli duygular uyandıran uyumlu, ezgili insan sesleri dizisi.

şarküteri (i) Salam, sucuk, sosis, pastırma gibi hazır yiyeceklerin satıldığı dükkân.

şart (i) Olması başka durumların gerçekleşmesini gerektiren şey, koşul.

şaşakalmak (f) Çok şaşırmak, şaşkınlıktan ne yapacağını bilememek.

şaşı (i) Gözleri kayık bakan.

şaşırmak (f) Bir işe nasıl başlayıp, o işi nasıl sürdüreceğini ve nasıl sonuçlandıracağını bilemeyecek duruma gelmek, içinden çıkamamak.

şaşkın (s) Düşünceleri dağılmış, karışmış.

şaşmak (f) Umulmayan, beklenmeyen veya olağanüstü bir olay, bir olgu karşısında şaşkın duruma gelmek, hayret etmek.

şebeke (i) *Ar.* 1. Ülke çapında yaygınlaştırılmış ulaşım ve iletişim örgüsü. 2. *mec.* Birbiriyle bağlantılı ve gizli çalışan kimselerin tümü.

şef (i) *Fr.* Yetki ve sorumluluğu olan, yöneten kimse.

şeffaf (s) *Ar.* Saydam.

şefkat (i) *Ar.* Acıyarak ve koruyarak sevme, sevecenlik.

şehit (i) *Ar.* Kutsal bir ülkü veya inanç uğruna savaşırken ölen kimse.

şehitlik (i) Şehit olma durumu.

şekerleme (i) 1. Şeker şerbeti içinde kaynatılıp üzeri şekerle kaplanmış meyve vb. bonbon. 2. Yatağa yatmaksızın uyunan hafif ve kısa uyku.

şelale (i) *Ar.* Büyük çağlayan, çavlan.

şen (s) Yaşamaktan mutlu olduğunu davranışlarıyla belli eden, sevinçli.

şenlik (i) Şen olma durumu.

şer, -rri (i) *Ar.* Kötülük, fenalık.

şerbet (i) *Ar.* Meyve suyu ile şekerli su karıştırılarak yapılan içecek.

şeref (i) *Ar.* Başkalarının gösterdiği saygının dayandığı kişisel değer.

şereflendirmek (f) Kendisine saygı duyulan bir kimse, bir yere gelerek oradakileri mutlu etmek, onurlandırmak.

şerit (i) Herhangi bir maddenin dar, düz, ince ve uzun parçası.

şey (i) Belirsiz bir anlamda madde, eşya, söz, olay, iş, durum vb. nin adı yerine kullanılır.

şeytan (i) Din kitaplarına göre isyancı meleklerin, kötü ruhların başı olarak nitelenen varlık.

şık 1. (i) *Fr. Alm.* Güzel, zarif, modaya uygun. 2. (i) Bir konuda seçilebilecek yolların, alınabilecek yolların, alınabilecek kararların her biri, seçenek.

şımarık (i) Şımarmış, şımartılmış.

şırınga (i) Havayı veya sıvıları emmeye veya itmeye yarayan alet.

şiddet (i) *Ar.* Bir hareketin, bir gücün derecesi.

şifa (i) Bedeni veya ruhi bir hastalığın son bulması, hastalıktan kurtulma.

şikâyet (i) Hoşnutsuzluk belirten söz veya yazı, sızlanma.

şilte (i) Üstünde oturulan, yatılan, içi yünle, pamukla doldurulmuş döşek.

şimdi (zf) 1. Şu anda, içinde bulunduğumuz zamanda. 2. Az sonra, yakında.

şimdiden (zf) İçinde bulunduğumuz zamandan başlayarak.

şimdilerde (zf) 1. Bugünlerde. 2. Bu sıralarda.

şimşek (i) Bir bulutun tabanı ile yer arasında, iki bulut arasında veya bir bulut içinde elektrik boşalırken oluşan kırık çizgi biçimindeki geçici ışık.

şipşak (zf) Birden, çabucak.

şipşirin (s) Çok sevimli, çok şirin, cana yakın.

şirin (s) *Far.* Sevimli.

şirket (i) *Ar.* Ortaklık.

şirpençe (i) Deri altı hücre dokusunun ve yağ bezlerinin iltihaplanmasından oluşan, genişlediğinde çok tehlikeli olabilen, kan çıbanı, kızıl yara.

şirret (s) *Ar.* Geçimsiz, huysuz, kavga çıkarmaktan hoşlanan, edepsiz, yaygaracı.

şiş (i) Bir ucu sivri, demir veya ağaçtan, bazen silah gibi kullanılabilen ince uzun çubuk.

şişkin (s) Şişmiş, şişirilmiş.

şişko (s) 1. Şişman. 2. Toplu, dolgun.

şive (i) *Ar.* Söyleyiş özelliği.

şofben (i) Gaz veya elektrikle çalışarak sıcak su sağlayan araç.

şort (i) *İng.* Genellikle bazı sporları yaparken giyilen, paçaları dizlerin yukarısında başlayan kısa pantolon.

şöhret (i) *Ar.* Herkesçe bilinme, tanınma durumu.

şölen (i) Eğlenmek veya bir olayı kutlamak amacıyla birçok kimsenin bir araya gelerek yedikleri yemek.

şurup (i) *Ar.* Çok kaynatılarak koyulaştırılmış şerbet.

şükran (i) *Ar.* İyilik bilme, gönül borcu, minnettarlık.

şükretmek (f) Allah'a minnet duygusunu sunmak.

şüphe (i) Kuşku.

T t

t, T Türk alfabesinin yirmi dördüncü harfi.

taarruz (s) Saldırma, saldırı.

tabaka (I) (i) *Ar.* Katman, kat.

taban (i) 1. Ayağın üst yüzü. 2. Üstü kapalı bir yerin gezilen, ayakla basılan yüzü.

tabanca (i) *Far.* Kısa, hafif, cepte veya belde taşınan ateşli silah.

tabela (i) *İt.* Üzerinde tanıtıcı, belirtici bir yazı, açıklama, işaret veya resim bulunan, tahta, sac vb. den yapılan levha.

tabiat (i) İnsan faaliyetlerinin dışında kendi kendini sürekli olarak yeniden yaratan ve değiştiren güç, canlı ve cansız maddelerden oluşan varlığın hepsi, doğa.

tabii (s) Doğal, olağan. Katıksız.

tablet (i) *Fr.* Düz ve yassı biçime konmuş yenecek

veya yutulacak madde: *İlaç tableti.*

tablo (i) *Fr.* Bez, tahta, kâğıt gibi maddeler üzerine yapılmış yağlı boya, sulu boya, pastel veya kara kalem resim.

tabur (i) Düzgün sıralar durumunda art arda dizilmiş insan topluluğu.

taburcu (i) Hastahaneden çıkması kararlaştırılmış, hasta.

tabure (i) *Fr.* Sırt ve kol dayayacak yeri olmayan iskemle.

tabut (i) *Ar.* Ölünün mezarlığa götürülürken içine konulduğu sandık.

tacir (i) Tüccar, alım satımcı.

taç (i) *Ar.* Soyluluk, iktidar, güç veya hükümdarlık sembolü olarak başa giyilen, değerli taşlarla süslü başlık.

tadım (i) Tadına bakmak için bir şeyden ağza alınan miktar.

tadımlık (s) Bir şeyin tadına bakmaya yeter.

tahıl (i) Buğday, arpa, mısır, yulaf, çavdar, pirinç gibi ürünlerin genel adı, hububat.

tahin (i) *Ar.* Öğütülmüş susamın koyu sıvı durumu.

tahmin (i) *Ar.* Yaklaşık olarak değerlendirme, oranlama.

tahsis (i) Bir şeyi bir kimseye veya bir yere ayırma.

tahta (i) *Far.* Düz, enlice, uzun ve az kalın biçilmiş ağaç.

tahterevalli (i) İki ucuna birer kişi oturup, karşılıklı olarak havada yükselip inerek eğlenmeyi sağlayan, ortasından bir yere dayalı tahta, kalas.

tak (i) Millî bayramlarda veya şenliklerde, geçit yapılacak caddelere yapılan, yazılar ve çiçeklerle süslü kemer.

taka (i) Doğu Karadeniz bölgesine özgü yelkenli bir tür kıyı teknesi.

takas (i) *Ar.* Mal alıp karşılığında mal vererek ödeşme.

takat (i) *Ar.* Bir şeyi yapabilme, başarabilme gücü, güç, hal, derman.

takdir (i) *Ar.* Beğenme, beğenip belirtme, değer verme.

takdirname (i) Yapılan bir işin beğenildiğini belirtmek amacıyla verilen yazılı belge.

takı (i) Çoğunlukla evlenen veya nişanlanan birine armağan olarak verilen küpe, bilezik, yüzük gibi şeylerin tümü.

takılmak (f) 1. Takmak işi yapılmak. 2. Bir yere ilişip veya dokunup kalmak.

takım (i) 1. Bir işte veya bir yerde kullanılan eşya ve aletlerin tamamı. 2. Ekip.

takıntı (i) Bir durum veya sorunla ilişkisi olan başka durum veya sorun.

takıştırmak (f) Küpe, bilezik, yüzük gibi süs eşyasını çokça takmak.

takip (i) *Ar.* Yetişmek, yakalamak veya bulmak amacıyla birinin arkasından gitme, izleme.

taklit (i) *Ar.* Belli bir örneğe benzemeye veya benzetmeye çalışma.

takma (i) Gerçeğinin yerine konulan, eğreti.

takmak (f) Bir şeyi başka bir yere uygun bir biçimde tutturmak.

taksit (i) *Ar.* Bir borcun belli zamanlarda ödenmesi gerekli olan parçalarından her biri.

taktik *mec.* İstenen sonuca ulaşmak amacıyla izlenen yol ve yöntemlerin tümü.

talan (i) *Far.* Yağma.

talep (i) Bir kimseden bir şeyi yapmasını veya yapmamasını isteme, dileme, istem.

talih (i) *Ar.* Rastlantıları düzenlendiğine ve insanlara iyi veya kötü durumlar hazırladığına inanılan tabiatüstü güç.

talim (i) *Ar.* 1. Öğretim. 2. Yetiştirme. 3. Alıştırma. 4. Uygulamalı olarak yapılan askerlik öğrenimi, eğitimi.

talimat (i) Bir iş yerinde, üst makamdan asta verilen, çalışma sırasında uyulması gerekli noktayı bildiren yazı, yönerge, direktif.

talimatname (i) Yönetmelik.

tam (s) 1. Eksiksiz, kesintisiz. 2. Bütün, tüm.

tamam (s) Bütün, tüm.

tamamen (zf) Bütün olarak, büsbütün.

tamamlamak (f) Eksiksiz, tamam duruma getirmek, bütünlemek.

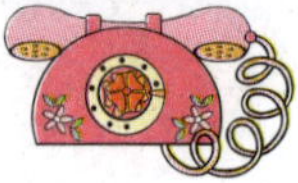

tamir (i) *Ar.* Onarma, onarım.

tamirci (i) Bir şeyi onaran kimse.

tamirhane (i) Genellikle teknik araçların onarıldığı yer.

tampon (i) *Fr.* 1. Bir deliği kapamaya yarayan, herhangi bir maddeden yapılmış büyük tıkaç. 2. Bir darbenin şiddetini azaltmaya yarayan, içi yumuşak maddeyle dolu şey.

tamtakır (s) İçinde bulunması gereken şeylerden hiçbiri bulunmayan.

tam tamına (zf) Bütünüyle, olduğu gibi, tamamı tamamına.

tam tarife (i) İndirimsiz.

tam yol (i) Çok çabuk, yüksek hızda, sür'atli.

tan (i) Güneş doğmadan önceki alaca karanlık.

tane (i) Herhangi bir sayıda olan, adet.

taneli (s) Tanelerden oluşmuş.

tangırtı (i) Madeni şeylerin çıkardığı kuru ve gürültülü ses.

tanı (i) Bir hastalığı tanıma işi.

tanıdık (s) Tanışılıp konuşulan kimse, bildik.

tanık (i) Gördüğünü ve bildiğini anlatan, bilgi veren kimse, şahit.

tanım (i) Bir varlığa, bir şeye özgü niteliklerin belirtilmesi, bir kelimeyi belirleyen, açıklayan anlam.

tanımak (f) Daha önce görülen, bilinen bir kimse veya şeyler karşılaşıldı-

ğında, bunun kim veya ne olduğunu hatırlatmak.

tanınmak (f) Kim olduğu bilinmek.

tanışık (s) Birbirini tanıyanlardan her biri.

tanışmak (i) Birbirini tanır duruma gelmek.

Tanrı (i) Allah.

Tanrıça (i) Çok tanrıcılıkta kadın tanrı.

tansiyon (i) Kanın damarlara içeriden yaptığı basınç, kan basıncı.

tanyeri (i) Güneşin doğmak üzere olduğu sırada, ufukta hafifçe aydınlanan yer.

tapınak (i) İçinde Allah'a kulluk edilen, tapınılan yapı, mabet.

tapmak (f) Allah diye tanımak, kulluk etmek.

taptaze (s) Çok taze.

tapu (i) Bir taşınmazın üstündeki mülkiyet hakkını gösteren belge.

taraça (i) Bir yapının damında çevresi, üstü açık yer.

taraf (i) Ön, arka, sağ, sol, üst, alt vb. yanların her biri.

taraftar (s) Yan tutan, bir yanı destekleyen.

tarak (i) Saç, tüy, sakal düzlemeye yarayan, ana tabana dikey olarak sıralanmış dişlerden oluşan araç.

tarım (i) Gerekli, yararlı bitkileri yetiştirmek amacıyla toprak üzerinde yapılan çalışmaların bütünü.

tarif (i) Bir işin yapılış yöntemini açıklama ve belirtme.

tarife (i) Fiyat gösteren çizelge.

tarih (i) Bir olayın gününü, ayını ve yılını bildiren söz veya gün.

tarihçi (s) Tarihi konular üzerinde araştırmalar yapan, tarih kitapları yazan kimse.

tarihsel (s) Tarihî.

tarla (i) Tarıma elverişli olan, sınırlı ve belirli toprak parçası.

tartaklamak (f) Çekerek ve iterek hırpalamak.

tartı (i) Tartmak işi veya biçimi.

tartışma (i) Birbirine karşıt düşünceleri karşılıklı savunma.

tartmak (i) Bir şeyin birim cinsten ağırlığını bulmak.

tasa (i) Üzüntülü düşünce durumu, kaygı.

tasarı (i) Bir kimsenin yapmayı düşündüğü şey, olması veya yapılması istenen bir şeyin zihinde aldığı biçim.

tasarlamak (f) Bir şeyin nasıl gerçekleşebileceğini düşünmek, zihinde hazırlamak.

tasarruf (i) Tutum, artırım.

tasdik (i) Onay, onaylama.

taslak (i) Bir şeyi, bir sanat veya edebiyat eserini ancak ana çizgileriyle, türlü bölümleriyle belirten ön çalışma.

taslamak (f) Kendinde olmayan bir değeri varmış gibi göstermek.

tasma (i) Bazı hayvanların boynuna takılan, bu hayvanları bir yere bağ-

lamaya, çekip götürmeye yarayan kemer biçiminde bağ.

taşımacılık (i) İnsan, mal vb. nin çeşitli araçlarla bir yerden bir yere taşınmaları, nakliyecilik, nakliyat.

taşımak (f) Bir şeyi bir yerden alıp başka bir yere götürmek.

ta, -mak (f) Taşmasına yol açmak.

taşıt (i) Taşıma aracı.

taşlamak *mec.* Üstü kapalı, iğneleyici söz söylemek.

taşlık (i) Taşı bol olan.

taşmak (f) Bulunduğu yere veya yüzeye sığmayarak kenarları aşmak.

taşyürekli (s) Katı yürekli, hiç acıması olmayan, acımasız.

tat (i) Bazı cisimlerin tat alma organı üstünde bıraktığı duyum.

tatil (i) *Ar.* Kanun gereğince çalışmaya ara verileceği belirtilen süre.

tatlanmak (f) Tat kazanmak, tadı gelmek, olgunlaşmak.

tatlı (i) Şeker tadında olan.

tavan (i) *Far.* Bir yapının, kapalı bir yerin üst bölümünü oluşturan düz ve yatay yüzey.

tavır, -vrı (i) *Ar.* Durum, davranış, vaziyet: *Tavrını hiç beğenmedim.*

tavsiye (i) *Ar.* Öğütleme, yol gösterme.

tay (i) Üç yaşına kadar olan at yavrusu.

tayfun (i) *İng. Fr.* Çok güçlü fırtına.

tayin (i) *Ar.* 1. Ne olduğu anlama, gösterme, belirtme. 2. Atama.

taze (s) *Far.* Bozulmamış, bayatlamamış olan.

tazelemek (f) Yenisiyle veya tazesiyle değiştirmek.

tebrik (i) *Ar.* Kutlama.

tedavi (i) *Ar.* İlaç vb. ile hastalığı iyi etme, iyileştirme.

tedbir (i) *Ar.* Önlem.

tedirgin (s) Rahatı, huzuru kaçmış.

teessüf (i) Acınma, yazıklanma, yerinme. *Teessüf ederim! Yazıklar olsun!*

tef (i) *Far.* Zilli bir kasnağa geçirilmiş vurmalı bir çalgı.

teğmen (i) Orduda rütbesi asteğmenle üsteğmen arasında olan, takım komutanlığı yapan subay.

tehdit (i) *Ar.* Birinin gözünü korkutma, korku verme, gözdağı.

tehditkâr (s) Tehdit dolu, tehdit edici.

tehlike (i) *Ar.* 1. Büyük zarar veya yok olmaya yol açabilecek durum. 2. Gerçekleşme ihtimali bulunan fakat istenmeyen durum.

tehlikeli (s) Tehlikesi olan, korkulu, kazalı.

tehlikesiz (s) Tehlikesi olmayan.

tek (I) (s) 1. Eşi olmayan, biricik yegane. 2. Yalnız, yalnızca, salt, sadece.

tekbir (i) Müslümanlıkta Allah'ın büyüklüğünü, yüceliğini anmak için söylenen ve Allahuekber sözü ile başlayan duanın adı.

tekel (i) Bir malın yapımının, tek bir kuruluşun elinde bulunduğu durum.

tekerleme (i) Çoğunlukla basmakalıp söz.

tekir (i) Postu siyah çubuklarla ve beneklerle süslü, kül renginde veya boz olan kedi.

teklif (i) Birinden yapılması zor, eziyetli bir iş isteme.

tekme (i) Ayakla vuruş.

tekne (i) Deniz taşıtı.

teknik (i) *Fr.* Bir sanat, bir bilim, bir meslek dalında kullanılan yöntemlerin hepsi.

teknisyen (i) Teknikçi.

tekrar (zf) *Ar.* Aynı olayın, işin, hareketin yeniden ortaya çıkışı, tekrarlanması.

tekstil (i) Dokuma.

tel (i) Türlü metallerden yapılmış, kopmaya karşı bir direnç gösteren ince uzun nesne

telaş (i) *Ar.* Herhangi bir sebeple acelecilik.

telgraf (i) *Fr.* İki merkez arasında, kararlaşmış işaretlerin yardımıyla yazılı haberlerin veya belgelerin iletimini sağlayan bir telekomünikasyon düzeni.

telkin (i) Aşılama.

telsiz (i) Telsiz telefon veya telsiz telgrafın kısa adı.

tema (i) Bir hikâyede, öğretici veya edebi bir eserde işlenen düşünce.

temas (i) *Ar.* Değme, dokunma.

tembel (s) *Far.* İş görmeyi, çalışmayı sevmeyen, çaba göstermekten sıkıntıdan kaçan kimse.

tembih (i) *Ar.* Bir şeyin belli biçimde veya yolda yapılmasını söyleme, bunu üsteleyerek hatırlatma, uyarı.

temel (i) *Yun.* Bir yapının toprak altında kalan ve yapıya dayanak olan duvar, taban vb. bölümlerinin tümü.

temiz (s) *Ar.* Kirli, lekeli, pis bulaşık olmayan.

temsil (i) Birinin veya bir topluluğun adına davranma.

temsilci (i) Hak ve görev bakımından birinin veya bir topluluğun adına davranan kimse.

temsilcilik (i) Hak ve görev bakımından birinin veya bir topluluğun adına davranma görevi.

ten (i) *Far.* İnsan vücudunun dış yüzü.

tenha (s) *Far.* İçinde alışılandan az insan bulunan, kalabalık olmayan.

tepe (i) Bir şeyin en üstteki bölümü.

tepegöz (i), (s) Derslerde kullanılan optik araç.

tepeleme (s) Taşacak kadar dolu olan: *Tabağıma tepeleme pilav doldurdu.*

tepetaklak (zf) Başaşağı gelecek biçimde, tepesi üstü.

tepinmek (f) Ayaklarını hızla vurmak.

tepki (i) Bir cismin kendini iten veya sıkıştıran başka bir cisme gösterdiği karşı etki.
tepmek (f) Ayağıyla vurmak.
teras (i) Taraça.

terazi (i) *Far.* Bir kolun iki ucuna asılı iki kefeden oluşan tartı.
terbiye (i) *Ar.* Eğitim.
tercih (i) *Ar.* Bir şeyi öbürüne göre daha iyi, üstün veya önemli sayma, yeğ tutma, yeğleme.
tercüman (i) *Ar.* Çevirici.
terim (i) Bir bilim, sanat meslek dalıyla veya bir konu ile ilgili özel ve belirli bir kavramı karşılayan kelime.
terk (i) *Ar.* Bırakma, ayrılma.
termometre (i) Havanın sıcaklığını veya vücudun ısısını ölçmeye yarayan araç.
termos (i) *Fr.* İçine konan sıvının sıcaklığını uzun süre koruyan kap.
ters (s.zf) 1. Gerekli olan duruma karşıt. 2. Yanlış.
tersane (i) Gemi yapılan yer.
terslemek (f) Bir kimseye gönül kırıcı, sert söz söylemek veya azarlamak.
terslik (i) Ters olma durumu veya tersçe davranış, aksilik.

tertemiz (s) 1. Çok temiz,

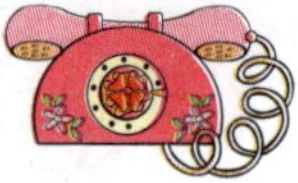

her yanı temiz, pirüpak. 2. *mec.* Kötülük düşünmeyen, günahsız, lekesiz, suçsuz.

tertibat (i) *Ar.* 1. Düzen, düzenleniş. 2. Bir işin güçlüklerini karşılam için yapılan ön hazırlıklar.

tertip (i) *Ar.* 1. Uygun bir sıraya, düzene koyma, sıralama. 2. Düzenleniş, sıralanış biçimi.

tertiplemek (-i) 1. Sıraya, düzene koymak, düzenli bir biçim vermek. 2. Düzenlemek, hazırlamak.

tertipli (insan için) Dağınıklıktan hoşlanmayan, düzenli.

tertipsiz (s) 1. Dağınık, düzence konmamış, düzensiz. 2. Savruk, dağınık, intizamsız (kimse).

terütaze (i) Çok taze, körpe.

terzi (i) Giysi biçip diken kimse.

tesadüf (i) 1. Yalnız ihtimallere bağlı olduğu düşünülen olayların kesin olmayan, değişebilen sebebi. 2. Rastlantı, rast geliş.

tesadüfen (zf) Rast gelerek, rastlantı sonucu olarak.

tescilli (s) Tescil edilmiş, resmen kayıtlı.

tescilsiz (s) Tescil edilmemiş.

teselli (i) *Ar.* Acı bir olayı unutturmaya çalışma, acısını hafifletme, avunma.

tesettür (i) *esk. Ar.* Örtünme, örtülü.

tesettürlü (s) Tesettür içinde olan, örtünen.

tesir (i) *Ar.* Etki.

tesirli (s) *esk.* Etkili.

tesirsiz (s) *esk.* Etkisiz.

tesis (i) *Ar.* 1. Yapma kurma, temelini atma. 2. Kurum.

tesisat (i) *Ar.* Belli bir işin sağlanmasına yardım eden araçların uygun yerlere döşenmesi veya döşenen bu araçların tümü, döşem: *Kalorifer tesisatı.*

tesisatçı (i) Tesisatı döşeyen, döşemeci: *Elektrik tesisatçısı.*

teskere (i) *Far.* 1. Sedye. 2. Yapılarda malzeme taşımak için kullanılan, dört kollu ve iki kişinin taşıdığı tahta araç.

teskin (i) *Ar.* Acı, öfke, heyecan gibi duyguları yatıştırma, dindirmeye çalışma.

teslim (i) *Ar.* 1. Bir şeyi sahibine verme. 2. Emanet alınan bir şeyi sahibine geri verme. 3. Bırakma, devretme, terk etme: *Şehrin teslimi sırasında çok kan döküldü.* 4. *mec.* Gerçek olduğunu söyleme, doğrulama. 5. *ünl.* ***Teslim ol*** veya ***teslim oluyorum*** sözünün kısaltılmışı

teslimiyet (i) Teslim olma, kendini verme, boyun eğme.

teslimiyetçi (s) Boyun eğme eğiliminde olan, kabullenmiş.

tespih (i) Dinî sözleri tekrarlamak veya elde oyalanmak için kullanılan, türlü maddelerden bon-

cuk biçiminde yapılmış, genellikle 33 veya 99 taneden oluşmuş dizi.

tespit (i) *Ar.* Bir durumu kuşkuya düşürmeyecek biçimde gösterme, belirleme.

test (i) *İng.* 1. Bir kimsenin, bir topluluğun doğal veya sonradan kazanılmış yeteneklerini, bilgi ve becerilerini ölçmeye ve anlamaya yarayan sınama. 2. *ped.* Nesnel olarak değerlendirilebilen sınav sorularının hepsine verilen ad.

testi (i) *Far.* Kulplu, geniş gövdeli, dar boğazlı, emzikli veya emziksiz olabilen toprak kap.

teşvik (i) *Ar.* İsteklendirme, özendirme.

tetik (s) Çabuk davranan, çevik, dikkatli

teyp (i) *İng.* Manyetik bir bant üzerine sesleri tespit eden cihaz.

tez (zf) *Far.* Çabuk olan.

tezat (i) *Ar.* Karşıtlık, karşıt olma.

tezek (i) Yakıt olarak kullanılan kurutulmuş sığır pisliği.

tezgâh (i) *Far.* Genellikle dükkânlarda satıcıların önündeki uzun masa.

tezgâhtar (i) Kahve, gazino ve mağaza gibi yerlerde tezgâhta duran, satış yapan kimse.

tezlik (i) Tez olma durumu, tezleşmek.

tığ (i) *Far.* Dantel veya yün örmekte kullanılan, ucu çengelli kısa şiş.

tıkaç (i) Herhangi bir şeyin delik veya ağzını tıkamaya yarayan nesne.

tıkamak (f) Bir şeyin ağzını veya deliğini içerden veya dışarıdan bir nesneyle kapamak.

tıkınmak (f) Eline geçen yiyeceği oburca yemek.

tıkışmak (f) Birlikte bir yere tıkılmak.

tıkmak (f) İterek, zorla, aceleyle sokmak.

tılsım (i) *Ar.* Tabiatüstü işler yapabileceğine inanılan güç.

tımar (i) *Far.* Yara bakımı.

tıp, -bbı (i) *Ar.* Hastalıkları iyileştirmek, hafifletmek veya önlemek amacıyla başvurulan teknik ve bilimsel çalışmaların tümü.

tıpkı (s.zf) Tıpatıp, aynı, tamamıyla.

tıraş (i) *Far.* Dibinden kesme, kazma, yülüme.

tırıs (i) Atın kısa adımlarla hızlı yürüyüşü.

tırmalamak (f) Tırnaklarıyla çizmek veya hırpalamak.

tırmanmak (f) El ve ayaklarıyla tutunarak dik bir yere çıkmak.

tırtıl (i) Kelebek kurtçuğunun yumurtadan çıktıktan sonra krizalit oluncaya kadarki durumu.

ticaret (i) *Ar.* Türlü ürün, mal vb. alım satımı.

tifo (i) Kirli sularla sulanmış sebzelerden geçen, üç hafta süren, ateşli ve tehlikeli bir bağırsak hastalığı.

tiftik (i) *Ar.* Tiftik keçisinin ince, yumuşak parlak yünü.

tik (i) *Fr.* Herhangi bir kas kümesinin irade dışı hareketi.

tiksinmek (f) Bir şeyi, bir kimseyi, bir düşünceyi kötü, iğrenç veya aşağılık bularak ondan uzak durma duygusuna kapılmak, nefret etmek.

tip (i) *Yun.* Aynı cinsten bütün varlıkların veya nesnelerin temel özelliklerini büyük ölçüde kendinde toplayan örnek.

tipi (i) Kar fırtınası.

tiryaki (i) *Ar.* Afyon, tütün kahve, çay gibi keyif veren maddelere alışmış olan kimse.

titiz (s) Çok dikkat ve özenle davranan veya böyle davranılmasını isteyen, memnun edilmesi güç, müşkülpesent.

titremek (f) Küçük ve hızlı salınım hareketleri yapmak.

titreşim (i) Küçük ve hızlı salınım.

tiyatro (i) *İt.* Dram, komedi, vodvil vb. edebiyat türlerinin oynandığı yer.

tiz (s) *Fr.* İnce, keskin.

tohum (i) *Far.* Bitkilerde döllenme sonunda yumurtacıktan oluşan ve yeni bir bitki oluşmasını sağlayan tane.

tok (i) Açlığını gidermiş, doymuş.

toka (i) Kemer, kayış vb. nin iki ucunu birbirine bağlamaya, bunları istenilen genişlikte tutmaya yarayan, türlü biçimlerde tutturmalık.

tokalaşmak (f) Birbirinin elini sıkmak, el sıkışmak.

tokat (i) El içi ile vuruş.

tokmak (i) Ağaçtan yapılmış iri çekiç.

tokuşmak (f) 1. Elle tutulan iki şeyi birbirine çarpıştırmak. 2. Kafa kafaya vuruşmak.

tombul (s) Şişman, şişkin.

tomurcuk (i) Bir bitkinin üzerinde bulunan ve ileride sap, çiçek veya yaprak verecek olan filiz.

ton (i) Bin kilogramlık ağırlık birimi.

tonton (s) Sevimli, hoş kimse.

topaç (i) Çevresine ip sarılıp birden bırakılarak veya kamçı ile vurularak döndürülen koni biçiminde ucu sivri oyuncak.

topak (i) Yufka açmak için avuç içinde yuvarlak bir biçim verilen hamur parçası.

toparlanmak (f) 1. Para yönünden durumunu düzeltmek. 2. Sağlığı düzelmek.

toplanmak (f) Kendine çekidüzen vermek.

toplantı (i) Birden çok kimsenin türlü amaçlarla bir araya gelmesi.

toplu (s) 1. Topu olan. 2. Hep bir arada, toplanmış. 3. Düzene konmuş. 4. Vücutca dolgun.

toplum (i) Aynı toprak parçası üzerinde bir arada yaşayan ve temel çıkarlarını sağlamak için iş birliği yapan insanların tümü.

toptan (s) Toplu olarak, tümüyle, bütünüyle.

topuz (i) Ucu top biçiminde eski bir silah.

tortu (i) *Far.* Bir çökelme sonunda bir sıvının dibine çöken katı madde.

torun (i) Bir kimseye göre çocuğunun çocuğu.

tosun (i) Burulmuş erkek dana.

toy (i) Gençliği sebebiyle görgüsüz veya beceriksiz olan.

toz (i) Çok küçük ve hafif parçacıklara bölünmüş toprak.

tozmak (f) Gezip tozmak.

tozpembe (i) Açık pembe renk.

tozutmak (f) Toz kaldırmak, çevreye toz yaymak. 2. (tkz.) Aklını yitirmek.

tökezlemek (f) Yürürken ayağı bir yere çarpıp sendelemek.

töre (i) 1. (dar anlamda) Bir toplumdaki ahlakî davranış biçimleri.

tören (i) Bir toplulukta, üyelerin belli bir olayı, kişiyi veya değeri ayırt edip sembolleştirmesi, bunların anlam ve öneminin güçlendirilmesi amaçlarıyla düzenlenen hareketler dizisi, merasim.

tövbe (i) *Ar.* İşlediği bir günah veya suçtan piş-

man olarak bir daha yapmamaya karar verme.

tövbekâr (s) Günah sayılacak bir işten vazgeçmiş olan, bir daha yapmamaya karar vermiş olan (kimse).

trafik (i) Ulaşım yollarında bulunan taşıt ve yayaların tümü.

trampet (i) İki değnek ile çalınan küçük davul.

tramvay (i) *Fr. İng.* Yol üzerinde çıkıntı yapmayacak biçimde döşenmiş özel raylarda hareket eden yolcu taşıtı.

trans (i) Medyumların ruhla ilişki kurdukları zaman, girdikleri özel hipnoz durumu.

transfer (i) *Fr.* Bir yerden başka bir yere taşıma veya götürme.

tren (i) *Fr.* Bir veya birkaç lokomotif tarafından çekilen vagonlar dizisi, katar.

tribün (i) *Lat.* Kapalı spor salonlarında ve stadyum, hipodrom gibi yarışma ve gösteri yapılan yerlerde seyircilerin oturduğu koltuklu veya basamaklı bölüm.

triko (i) *Fr.* Örülerek dokunan bir cins yün kumaş.

trilyon (i) Milyar kere bin.

trio (i) *İt.* 1. Üçlü. 2. (s) *mec.* Üç kişiden oluşan.

tropikal Tropika ile ilgili, tropika bölgesinden olan.

Tuba (i) Cennette bulunduğuna inanılan, kökü yukarıda, dalları aşağıda büyük bir ağaç.

tufan (i) *Ar.* 1. Nuh Peygamber zamanında yağdığı ve bütün dünyayı su baskını altında bıraktığı anlatılan şiddetli yağmur. 2. *mec.* Şiddetli yağmur. 3. *mec.* Çok yoğun veya şiddetli.

tugay (i) Alayla tümen arası askerî birlik.

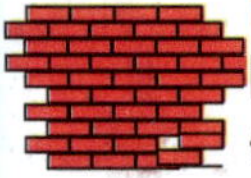

tuğla (i) Sulandırılmış toprağın (balçığın) kalıplara dökülüp güneşte kurutularak sonra özel ocaklarda pişirilerek yapılan, duvar örmeye yarayan yapı malzemesi.

tuhaf (s) *Ar.* Alışılmamış, yabansı.

tuhafiye (i) Çorap, mendil, eldiven gibi giyime ve kurdele, dantel gibi giysi süsüne yarar şeyler.

tunç (i) Bakır, çinko ve kalay alaşımı, bronz.

turfanda (s) *Far.* Mevsimin başında ilk yetişen.

turist (i) *Fr.* Dinlenmek, eğlenmek, görmek ve tanımak gibi amaçlarla geziye çıkan kimse.

turizm (i) Dinlenmek, eğlenmek, görmek ve tanımak gibi amaçlarla yapılan gezi.

turnike (i) *Fr.* Teker teker geçmeyi sağlamak amacıyla bazı yerlere konulan, uçlarından birinin çevresinde dönebilecek düzende yatay olarak yerleştirilmiş çarpı biçiminde araç.

turnuva (i) *Fr.* Oyuncu veya sporcular arasında sırayla yapılan yarışma dizisi.

turşu (i) *Far.* Tuzlu suda veya sirkede bırakılarak özel bir kıvama getirilmiş sebze veya meyve.

turuncu (s) Turunç rengi, kızıl sarı.

turunç (i) 1. Turunçgillerden, bütün Akdeniz ülkelerinde yetişen kışın yaprağını dökmeyen bir bitki. 2. Bu ağacın portakala benzeyen meyvesi.

turunçgiller (i) Turunç, portakal, limon, mandalina ve benzerlerinin genel adı, narenciye.

tuş (i) *Fr.* Piyano, org gibi müzik aletlerinde veya daktilo, hesap makinesi gibi makinelerde parmak vurulan yerlerin adı.

tutacak (i) Sıcak mutfak araçlarını tutmakta kullanılan, birbirine şeritle bağlı bez çifti.

tutak (i) 1. Bir şeyin tutulacak yeri. 2. Tutacak. 3. Maşa, kerpeten gibi araçların tutmaya yarayan kanatlarından herbiri. 4. Tutu, rehine.

tutam (i) 1. Avuç içi veya parmak uçlarıyla tutulabilen miktar. 2. Az, azıcık, çok az.

tutanak (i) Meclis, kurul, mahkeme gibi yerlerde söylenen sözlerin olduğu gibi yazıya geçirilmesi, zabıt, zabıtname.

tutar (i) 1. Nicelik bakımından bir şeyin bütünü. 2. Para miktarı.

tutarlı (s) Aralarında çelişme bulunmayan, uygun, her yönden bağdaşmış, dengeli.

tutku (i) İrade ve yargıları aşan güçlü bir coşku, ihtiras.

tutkun (s) 1. Gönül vermiş, meftun, meclûp. 2. (i) Bir şeye alışmış, bağlanmış, düşkün kimse, müptela.

tutma (i) 1. Tutmak işi. 2. Destekleme. 3. Geçici işçi, yanaşma, uşak, hizmetçi.

tutmak, -ar (-i) Elde bulundurmak, ele almak.

tutsak (i) Savaşta ele geçen düşman, esir.

tutsaklık (i) Tutsak olma durumu, esirlik, esaret.

tutturmak (-i, -e) 1. Tutmasını sağlamak. 2. (-i) Bir işe başlayıp sürdürmek, bir şeyi yapmakta olmak.

tutuk (s) 1. Akıcı, rahat konuşamayan. 2. Durgun, çekingen, sıkılgan.

tutukevi (i) Tutukluların kapatıldığı yer, tevkifhane.

tutuklamak (-i) Kanun yoluyla hürriyeti kısıtlayarak bir yere kapatmak, tevkif etmek.

tutuklu (i) Kanun yoluyla hürriyetlerinden alıkonularak bir yere kapatılan kimse.

tutulmak (f) 1. Popüler olmak. 2. (Ay ve Güneş) Tutulma olayına uğramak. 3. İşleyemez olmak. 4. Birine tutkun olmak, sevmek. 5. Yakalanmak.

tutum (i) Tutulan yol, davranış.

tutunmak (f) Tutup bırakmamak, dayanmak, sarılmak veya asılmak.

tutuşmak (f) Birbirini tutmak, birbirine ilişip dokunmak.

tuval (i) *Fr.* Yağlı boya resim yapmaya yarayan bez veya bu bez üzerine yapılmış tablo.

tuvalet (i) Yıkanma, tıraş olma, giyinme, süslenme, taranma işi.

tuzak (i) Kuş veya yaban hayvanlarını yakalamaya yarayan araç veya düzen.

tüccar (i) *Ar.* Ticaret yapan, ticaretle uğraşan kimse.

tüfek (i) *Fr.* Savaş veya avda kullanılan, uzun namlulu ateşli silah.

tükenmek (f) Bitmek, sona ermek, artık kalmamak.

tüketici (s) Mal ve hizmetlerden yararlanan, satın alıp kullanan, tüketen kimse, yoğaltıcı.

tüketim (i) Üretilen veya yapılan şeyleri kullanıp harcanması, yoğaltım, istihlak.

tükürük (i) Tükürük bezlerinin ağza akan salgısı.

tül (i) *Fr.* Çok ince gözenekli pamuk, ipek veya sentetik dokuma.

tüm (i) Bir şeyin olancası, bütünü, tamamı.

tümör (i) *Fr.* Ur.

tümsek (i) Çıkıntılı yer, kabarıklık, şişkinlik.

tünaydın (i) Akşamları söylenen selamlama sözü.

tünemek (f) Uyumak için bir dala veya sırığa konmak.

tüp (i) 1. Laboratuvarlarda türlü işlerde kullanılan, bir ucu kapalı cam boru. 2. İçine krem, diş macunu vb. maddeler konulan, burgu kapaklı, plastik veya metal boru. 3. Akışkan maddelerin konulduğu genellikle silindir biçiminde, özel tıpalı kap: *Gaz tüpü.*

tür (i) Çeşit.

türemek (f) Oluşmak, ortaya çıkmak, meydana gelmek.

Türkçe (i) Genel Türk dili.

turkuaz (i) 1. Yeşile çalan mavi renkte değerli bir taş, firuze. 2 (s) Bu renkte olan.

türlü (s) Çok çeşitli özellikleri olan, çeşit çeşit, muhtelif.

tütmek (f) Duman veya buhar çıkarmak.

tütsü (i) Dinî törenlerde çevrenin güzel kokmasını sağlamak amacıyla yakılan kokulu madde.

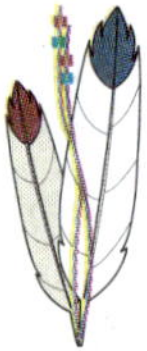

tüy (i) İnsan ve hayvan derisi üzerinde bulunan ince kıl.

U u

u, U Türk alfabesinin yirmi beşinci harfi.

ucuz (s) Fiyatı yüksek olmayan.

uç (i) Genellikle uzun bir nesnenin incelerek biten son ve sivri noktası.

uçak (i) Kanatlarının altına havanın yaptığı basınç yardımıyla yükselip ilerleyebilen motorlu hava taşıtı.

uçarı (s) Ele avuca sığmaz.

uçurum (s) Dik ve derin yamaç.

uçuşmak (f) Hep birlikte uçmak.

uf (ü) Acı, sızı duyunca veya sıkıntılı bir durumda söylenir.

ufacık (s) Çok ufak, küçücük.

ufak (s) Boyutları olağandan küçük.

ufalamak (f) Kırarak veya ezerek ufak parçalara ayırmak.

ufuk (i) *Ar.* Göz erimi.

uğramak (f) Yola devam etmek üzere, bir yerde, kısa bir süre kalmak.

uğraş (i) Bir insanın yaptığı iş veya meslek, meşguliyet.

uğraşmak (f) Bir işi başarmaya çalışmak, iş edinmek.

uğultu (i) Gürültü, boğuk ve anlaşılmaz ses,

uğur (i) Bazı olaylarda görülen ve insana iyilik getirdiğine inanılan belirti.

uğurlamak (f) Gideni esenlik ve sevgi dilekleriyle geçirmek.

ulaşım (i) Köyler, şehirler, ülkeler arasında bir yerden bir yere gidiş geliş.

ulaştırma (i) İnsanların, malların, haberlerin ulaşmasını sağlayan işlerin ve araçların tümü.

ulu (s) Erdemleri bakımından çok büyük.

ulumak (f) (köpek, kurt vb.) Uzun, iniltili, ağlar gibi bir ses çıkarmak.

ulu orta (zf) Bir şeyin aslını bilmeden düşünüp tartmadan, çekinmeden, açıktan açığa.

ulus (i) Millet.

ulusal (s) Millî.

uluslararası (s) Çeşitli milletler arasında yapılan, milletler arasında çok yönlü ilişkilerle ilgili olan.

ummak (f) Bir şeyin olmasını beklemek.

umursamak (f) Aldırış etmek, önem vermek.

umut (i) Ummaktan doğan güven duygusu, ümit.

umutlanmak (f) Bir şeyin olmasını inançla beklemek, ümitlenmek

unutkan (s) Çok unutan, unutma huyu olan

unutmak (f) Aklında kalmamak.

unvan (i) *Ar.* Bir kimsenin işi, mesleği veya toplum içindeki durumu ile ilgili olarak kullanılan ad.

upuzun (s) Çok uzun.

uranüs (i) Güneş'e uzaklık sırasında yedinci olan gezegen.

urgan (i) Keten, kenevir, pamuk gibi türlü dokuma maddelerinden yapılan ince halat.

us (i) Akıl.

usanç (i) Usanma duygusu, bıkma, bıkkınlık.

usandırmak (f) Usanmasına yol açmak.

uslu (s) Toplumu, çevresini rahatsız etmeyen.

usta (s) *Far.* Bir zanaatı gereği gibi öğrenmiş olan ve kendi başına yapabilen kimse.

ustabaşı (i) Ustaların çalışmasını denetleyen usta.

ustalaşmak (i) Bir işi yapmakta usta durumuna gelmek.

usul (i) *Ar.* Bir amaca erişmek için izlenen, tutulan yol, yöntem.

usulca (zf) Yavaşça.

usulsüz (s) Yöntemsiz.

uşak (i) 1. Çocuk. 2. Bir bölgenin halkından olan erkek. 3. Erkek hizmetçi.

utanç (i) Utanma duygusu.

utangaç (s) Bir toplulukta güvenini yitiren, rahat konuşamayan ve rahat davranamayan, sıkılgan, mahçup.

U u

utanmak (f) Onursuz sayılacak veya gülünç olacak bir duruma düşmekten üzüntü duymak.

utku (i) Bir çok emek ve tehlikeli uğraşmalar pahasına erişilen mutlu sonuç, yergi, zafer.

uyanık, -ğı (s) *mec.* 1. Yapacağı işi bilen, dikkatli, tetikte olan. 2. Açıkgöz, kurnaz, becerikli, zeki

uyanış (i) *mec.* Bilgisizlikten kurtulma durumu.

uyarı (i) Herhangi bir konu, sorun üzerine ilgi çekme, ikaz.

uyarmak (f) Bir kimseye bir davranışta bulunmasını söylemek, ikaz etmek.

uydu (i) Bir gezegenin çekiminde bulunarak onun çevresinde dolanan daha küçük gezegen.

uygarlık (i) Uygar olma durumu, medeniyet.

uygulamak (f) Bir bilgiyi, ilkeyi, düşünceyi herhangi bir alanda hayata geçirmek, tatbik etmek.

uygun (s) Yakışır, yaraşır.

uymak (f) Ölçüleri birbirini tutmak.

uyruk (i) Bir devletin yönetimi altında olma durumu.

uysal (s) Başkalarına kolayca uyabilen, sözlerini dinleyip karşı gelmeyen, yumuşak başlı.

uyum (i) Bir bütünün parçaları arasında bulunan uygunluk, ahenk

uyuşmak (I) (nsz) Soğuk, basınç vb. yüzünden vücudun bir yerinde, duygu ve hareket geçici olarak azalmak.

uyuşmak (II) (nsz) Her konuda birbirine uymak.

uyuşuk (s) Duymaz ve hareket edemez duruma gelmiş, uyuşmuş.

uyuşum (i) Uyuşma durumu.

uyutmak (-i) 1. Uyumasını sağlamak, uyur duruma getirmek. 2. *mec.* (acı, keder vb. için) Hafifletmek.

uzak (s) 1. Gidilmesi çok süren, çok ötelerde bulunan, ırak. 2. Arada çok zaman bulunan.

uzamak (f) Uzun duruma gelmek, boyu büyümek.

uzanmak (f) 1. Boylu boyunca yatmak. 2. Yetişmek, ulaşmak.

uzantı (i) Bazı nesnelerin herhangi bir yerinde görülen uzamış bölüm.

uzay (i) Bütün varlıkların içinde bulunduğu sonsuz boşluk.

uzman (i) Belli bir işte, belli bir konu bilgi, görüş ve becerisi çok olan kimse.

uzun (s) İki ucu arasında fazla uzaklık olan.

Ü ü

ü,Ü Türk alfabesinin yirmi altıncı harfi.

ücret (i) *Ar.* İş gücünün karşılığı olan para ve mal.

üçlü (s) Üç parçadan oluşan.

üçüz (i) Üçü birlikte doğmuş olan.

üflemek (f) Dudakları büzerek soluğu birşey üzerine hızla vermek.

ülke (i) 1. Bir devletin egemenliği altında bulunan toprakların tümü, diyar, memleket. 2. Devlet.

ümit (i) *Far.* Umma, beklenti, umut.

ün (i) İyi bir nitelikle bilinip tanınmış olma durumu, şöhret, şan.

üniversite (i) Yüksek düzeyde eğitim, öğretim, bilimsel araştırma yapan öğretim kurumu.

ünlem (i) Türlü duyguları anlatan veya bir doğa sesini yansıtan kelime.

ünlü (s) Ün salmış olan, şöhretli.

ünsüz (s) Ünü olmayan, gösterişsiz, şöhretsiz.

üremek (f) Canlılar için, doğup çoğalmak.

üretici (s) Üretimle uğraşan, yetiştirici.

üretim (i) İnsanlar için gerekli nesneleri sağlamak amacıyla yapılan işler.

üretmek (f) 1. Aynı türden canlıları çoğaltmak. 2. Ürün elde etmek. 3. Oluşturmak, yaratmak.

ürkek (s) Çok ürken.

ürkmek (f) Bir şeyden korkup birden sıçramak.

ürpermek (f) Korku, tiksinti, üşüme vb. yüzünden tüylerin dikilip derinin nokta nokta kabarmasıyla görülen ani titreme.

ürümek (f) Havlamak.

ürün (i) Doğadan elde edilen, üretilen yararlı şey.

üslup (i) *Ar.* Oluş, deyiş veya yapış biçimi, tarz.

üst (i) 1. Bir şeyin yukarı, göğe doğru olan yanı. 2. Bir şeyin görülen yanı, yüzü.

üstelemek (f) Bir düşünce veya istek üzerinde durmak, direnmek, ısrar etmek.

üstelik (zf) Üste verilen şey.

üstlenme (i) Üstüne almak, yüklenmek.

üstün (s) Benzerlerine göre daha yüksek bir düzeyde olan, onları geride bırakan.

üstünkörü (s.zf) İnceliklerine inmeden, özen göstermeden (yapılan) gelişi güzel.
üstünlük (i) Üstün olma durumu.
üşengeç (s) Çok üşenen, tembel.

üşenmek (f) Kendinde bir gevşeklik duyarak bir işi yapmaya isteği olmamak.
üşüşmek (f) Her yandan bir araya gelmek.
üvey (s) Yalnız yasaca akraba sayılan, öz olmayan.
üye (i) Herhangi bir topluluğu oluşturan bireylerden her biri.
üzengi (i) Eyerin iki yanında asılı bulunan ve hayvana binildiğinde ayakların basılmasına yarayan, altı düz demir halka.
üzere (zf) 1. Bir amacı anlatır: *Onunla buluşmak üzere yerinden kalktı.* 2. Şartı anlatır: *Geri getirmek üzere alabilirsin.*
üzgün (s) Üzülmüş, üzüntü duymuş, neşesiz.
üzmek (f) 1. Üzüntü vermek. 2. Bir şeyi gerip çekerek gevşetmek, sürterek aşındırmak.
üzre *bk.* Üzere.
üzülmek (nsz) 1. Üzmek işine konu olmak. 2. Üzüntü duymak, kaygılanmak.

üzüntü (i) Olması istenilmeyen olaylardan doğan ruh tedirginliği.

Ü
ü

V v

v,V Türk alfabesinin yirmi yedinci harfi.

vacip (s) *Ar.* 1. Yapılması gerekli olan. 2. Müslümanlıkça yapılması gerekli olan.

vade (i) *Ar.* Bir işin yapılması veya bir borcun ödenmesi için gösterilen süre, mehil.

vadi (i) *Ar.* İki dağ arasındaki geçit, koyak.

vagon (i) *İng.* Yük ve yolcu taşımakta kullanılan, lokomotifin çektiği demir yolu arabası.

vah (ü) Acıma, yakınma anlatır.

vahiy -hyi (i) Bir buyruk veya düşüncenin Allah tarafından peygamberlere bildirilmesi.

vahşet (i) Korku, ürküntü.

vahşi (s) *Ar.* Yabani.

vaiz (i) *Ar.* Cami, mescit vb. yerlerde Kur'an'dan, hadis kitaplarından örnek getirerek dini konuşmalar yapan kimse.

vakar (i) Ağırbaşlılık, onur.

vakıf (i) Öldükten sonra da bir hizmetin yapılması için belirli koşullarda ve resmî olarak bir kimse tarafından bırakılan mal veya mülk.

vali (i) *Ar.* Bir ilde devleti temsil eden en yetkili yönetim görevlisi.

valiz (i) Elde taşınabilir küçük çanta.

vana (i) *Lat.* Boru içindeki bir akışkanın akışını durdurmaya veya serbest bırakmaya yarayan alet, valf.

vanilya (i) Tatlılara katılan bir çeşit güzel kokulu baharat.

vantilatör (i) *Fr.* Kapalı bir yerin sıcak ve durgun havasını dalgalandırarak esinti sağlayan veya böyle bir ortama temiz hava üfleyen alet.

var (s) Mevcut, evrende veya düşüncede yer alan, yok karşıtı.

vardiye (i) *İt.* Nöbetleşe çalışma.

varlık (i) Var olma durumu, mevcudiyet.

varlıklı (s) Malı mülkü olan, zengin.

varmak (f) Erişilmek istenen yere ayak basmak, ulaşmak.

varsayım (i) Doğru olduğu varsayılan düşünce.

vasiyet, -ti (i) *Ar.* Bir kimsenin ölümünden sonra yapılmasını istediği şey.

vatan (i) Yurt.

vatandaş (i) Yurttaş.

vay (ü) Şaşma anlatır.

vazifeşinas (s) Ödevine işine bağlı.

vaziyet (i) *Ar.* 1. Konum. 2. Durum, tavır, hâl.

vazo (i) *İt.* Çiçek koymak için kullanılan kap.

vebal (i) *Ar.* Günah.

vecize (i) *Ar.* Özdeyiş.

veda (i) Ayrılırken birbirine selam ve esenlik dileme.

vefa (i) *Ar.* Sevgide sebat, sevgide durma.

vefakâr (s) Vefalı.

vefalı (s) Vefası olan, sevgisi geçici olmayan, hakikatli.

vefasız (s) Vefası olmayan, sevgisi çabuk geçen, hakikatsiz.

vefat (i) *Ar.* (insan için) Ölüm.

vejetaryen (i) Etyemez.

vekâlet (i) 1. Vekillik. 2. *eski* Bakanlık.

vekâletname (i) *huk.* Bir kimsenin vekil olduğunu bildiren noterlikçe onaylanmış belge.

vekil (i) 1. Birinin, işini görmesi için kendi yerine bıraktığı veya yetki verdiği kimse. 2. *eski* Bakan.

veli (i) 1. Bir çocuğun her türlü durum ve davranışlarından sorumlu olan kimse. 2. Ermiş, evliya.

velvele (i) *Ar.* Gürültülü bağırışma.

velveleci (s) Gürültü, patırdı eden.

Venüs (i) Merkür'den sonra Güneş'e en yakın olan gezegen.

verecek (i) Birine verilmesi gereken para, borç.

veresiye (zf) Karşılığı sonra ödenmek üzere.

vergi (i) Kamu hizmetlerine harcanmak için hükümetin, yerel yönetimlerin yasalara göre doğrudan doğruya veya bazı madde fiyatlarının üstüne koyarak herkesten topladığı para.

veri (i) Bir araştırmanın, bir tartışmanın, bir muhakemenin temeli olan ana öge, muta, done: *İstatistik veriler.*

verici (s) 1. Veren, verme yanlısı. 2. Çıkar gözetmeksizin her türlü yardımı yapan, esirgemeyen.

verim (i) 1. Çalıştırılan, işletilen, bakılan bir şeyin verdiği sonuç veya bu sonucun niceliği, mahsul, randıman. 2. Ortaya çıkan, istenilen, beklenilen sonuç, semere.

verimli (s) 1. Verimi iyi ve bol olan, randımanlı, mahsuldar, mümbit, müsmir: *Verimli toprak.* 2. Kendisinden beklenen sonucu veren, semereli.

veri tabanı (i) Bilgisayar kullanımında çözüme erişmek için işlenebilir duruma getirilmiş bilgi ortamı.

vermek (-i, -e) (üzerinde, elinde veya yakınında

olan bir şeyi) Birisine eriştirmek, iletmek.

veteriner (i) *Lat.* Hayvan hastalıkları hekimi.

vezin, -zni *Ar.* 1. Tartı. 2. Ölçü.

vezir (i) *Ar.* Osmanlılarda devletin bakanlık, valilik gibi yüksek görevlerinde bulunan ve paşa unvanını taşıyan kimselere verilen ad.

vezne (i) *Ar.* Banka, büro vb. kuruluşlarda para alınıp verilen yer.

vıcıklamak (-i) Sulu veya yumuşak şeyleri avuç içinde ezmek, vıcık duruma getirmek.

vıcık vıcık (s) Kıvamı çok gevşemiş, yumuşamış, sulu.

vıdı vıdı (s) Türlü sebeplerle yerli yersiz çok konuşmayı huy edinmiş (kimse).

vınlamak (f) Vın diye ses çıkarmak.

vırıldamak (nsz) Usandıracak, sinirlendirecek biçimde durmadan konuşmak.

vır vır (zf) Usandırıcı, sinirlendirici bir biçimde durmadan konuşmayı anlatır.

vızıldamak (nsz) 1. Vız diye ses çıkarmak. 2. *mec.* Hafif sesle ve bezdirici biçimde yakınmak, sızlanmak.

vızıltı (i) 1. Vızıldama sesi. 2. *mec.* Hafif sesle ve bezdirici biçimde yakınma, sızlanma.

vızır vızır (zf) Ara vermeksizin, sürekli, çabuk ve kolaylıkla.

vicdan (i) *Ar.* Kişiyi kendi davranışları hakkında bir yargıda bulunmaya iten, kişinin kendi ahlak değerleri üzerine dolaysız ve kendiliğinden yargılama yapmasını sağlayan güç.

vicdanî (s) Vicdanla ilgili olan, vicdana dayanan.

vicdanlı (s) Vicdanı olan, insaflı, hak gözetir.

vicdansız (s) Vicdanı olmayan, insafsız, hak gözetmez.

vinç (i) Ağır yük kaldırmaya yarayan araç.

viraj (i) *Fr.* Bir yolun kıvrıldığı yer, dönemeç.

vişneçürüğü (s) Çürük vişne rengi.

vitamin (i) Meyve, sebzelerden veya ilaç olarak dışardan sağlanan vücuda gerekli madde.

vize (i) Bazı resmi kâğıtlara "görülmüştür" anlamında konulan işaret ve bu işareti koyma işi.

voleybol (i) Altışar kişilik iki takım arasında, bir alan ortasında gerilmiş olan ağ üzerinden bir topun karşılıklı olarak elle oynanması oyunu.

volkan (i) *Fr. İt.* Yanardağ.

volta (i) *İt.* 1. Bir halatı bir yere bir kez dolaştırma veya babalara yöntemince sarma. 2. Zincirin demire veya iki zincirin birbirine dolaşması.

voltaj (i) (elektrikte) Gerilim.

vuku, -u (i) *eski Ar.* Olma, meydana gelme.

vukuat (i) *eski* 1. Olanlar, olan bitenler. 2. Polisi ilgilendiren olay.

vurdumduymaz (s) Anladığı hâlde anlamamış gibi davranan, umursamaz, aldırmaz, aldırışsız, duygusuz.

vurgu (i) Konuşma veya okuma sırasında bir hece veya kelimenin diğerlerinden daha baskılı sölenmesi.

vurgulamak (-i) 1. Vurgu ile söylemek. 2. Bir yazı veya konuşmada sürekli olarak öne sürülen, önemle belirtilmek istenen düşünceye dikkati çekmek, belli bir noktayı altını çizerek belirtmek.

vurgulu (s) 1. Vurgu ile söylenen. 2. (s. ve zf.) *mec.* Üstünde önemle durularak, dikkat çekilerek (yapılan).

vurgun (s) 1. Birine veya bir şeye vurulmuş, bağlanmış, sevmiş olan, sevdalı. 2. (i) Kolayca ve haksız elde edilen kazanç.

vurguncu (i, s) Para dalgalanmalarından yararlanarak kolay yoldan, kazanç elde eden kimse.

vuruşmak (f) Birbirini vurmak, dövüşmek.

Y y

y, Y Türk alfabesinin yirmi sekizinci harfi.

ya (I) (ü) Bir şeyi onaylamada "evet" anlamında kullanılır. ***ya Allah*** bir işe başlarken güç kazanmak için söylenen bir sözdür. ***ya Rabbi*** Allah'ım, Allah'ım: *Ya Rabbi sen bize acı!*

ya (II) (b) 1. Soru cümlelerinin başında kullanılır: *Ya bu adam kim?* 2. (zf) "hele, özellikle" anlamında kullanılır: *Buranın manzarasına diyecek yok ya havasına hiç diyecek yok.*

yaban (i) *Far.* İnsan yaşamayan ıssız yer ve böyle yerde yaşayan veya yetişen canlılar: *Yaban keçisi. Yaban sarımsağı.*

yabancı (s) Başka bir milletten olan, başka bir milletle ilgili olan.

yabancılık (i) Yabancı olma durumu.

yadırgamak (f) Kendine yabancı gelen bir kimse-

ye, duruma veya şeye alışamamak, ısınamamak.

yağdırmak (f) Bir şeyi aralıksız ve çok sayıda atmak, indirmek, savurmak.

yağma (i) Birçok kişinin zor kullanarak ele geçirdikleri malı alıp kaçması.

yağmurluk (i) Yağmurdan korunmak için giyilen üstlük.

yahni (i) Kavrulmuş soğan ve salça ile pişirilen, sade veya sebzeli et yemeği.

yahu (ü) *Ar.* Hey, bana bak, baksana anlamında.

yahut (b) *Far.* Veya, ya da.

yakacak (s) Odun, kömür, mazot gibi ısı sağlamak için yakılan madde, yakıt.

yakarmak (f) Israrla istemek, yalvarmak, niyaz etmek.

yakın (s) Az bir ara ile ayrılmış olan.

yakınlık (i) Yakın olma durumu.

yakınmak 1. (f) (kına, yakı vb. ni) Vücudun bir yerine sürmek. 2. (f) Sızlanmak, şikâyet etmek.

yakışmak (f) Güzel durmak, iyi gitmek, yaraşmak, uygun gelmek.

yakıt (i) Odun, kömür, mazot gibi ısı sağlamak amacıyla yakılan madde, yakacak.

yaklaşık (s) Gerçek değeri veya miktarı değil, ondan az fazla veya eksik bir niceliği gösteren, aşağı yukarı bir değer-

lendirme yapılarak bulunan.

yaklaşmak (f) Arada az bir aralık kalacak biçimde ilerlemek, aradaki uzaklığı azaltmak veya büsbütün ortadan kaldırmak için ileri gitmek.

yalak (i) Hayvanların su içtikleri taş veya ağaçtan oyma kap.

yalama (i) Üzeri düzleşmiş, aşınmış olan.

yalçın (s) Dik.

yaldız (i) Eşyaya altın veya gümüş görünüşü vermek için kullanılan, sıvı veya yaprak durumundaki altın, gümüş ve bunların taklidi olan madde.

yalı (i) Su kıyısında yapılmış büyük, görkemli ev.

yalın (s) Gösterişsiz, süssüz, sade.

yalnız (s. zf) Yanında başkaları bulunmayan.

yalnız (b) Sadece, salt.

yalnızlık (i) Yalnız olma durumu, kimsesizlik.

yalvarmak (f) Birbirinden ısrarla, kendine acındırarak, saygılı bir biçimde birşey istemek.

yamaç (i) Dağın veya tepenin herhangi bir yanı.

yamak (i) Bir işte yardımcı olarak çalışan erkek.

yaman (s) Alışılmışın üzerinde olan.

yamyam (i) İnsan eti yiyen kimse.

yan (i) 1. (bir şeyin) Ön, arka, alt ve üst dışında kalan bölümü. 2. Yan, sağ ve solun ortak adı, taraf.

Y y

yanak (i) Yüzün göz, kulak ve burun arasındaki bölümü.

yanardağ (i) *bis.* Magma maddelerinin yer içinden

yüzeye çıktığı veya geçmişte çıkmış olduğu, genellikle koni biçiminde, tepesinde bir püskürme ağzı bulunan dağ, volkan.

yanık (s) 1. Yanmış olan. 2. Rengi koyulaşmış. 3. *mec.* Duygulu, dokunaklı. 4 (i) Yanmış yer. 5. *mec.* Bıkkın, üzüntülü, dertli.

yanılgı (i) Yanılma durumu, yanlış davranış.

yanılmak (f) Tanımayarak, niteliğini iyi anlamayarak aldanmak.

yanıltmaca (i) Yanıltmak için, yanıltacak yolda söz söyleme.

yanıt (i) Cevap.

yanıtsız (s) Cevabı olmayan, cevabı verilmeyen, cevapsız.

yani (b) *Ar.* 1. "Demek", "şu demek ki" anlamında kullanılır. 2. *hlk.* Sözün kısası, doğrusu.

yankesici (s) Bir kimsenin cebinden, çantasından ustalıkla, yavaşça bir şeyler çalan kimse.

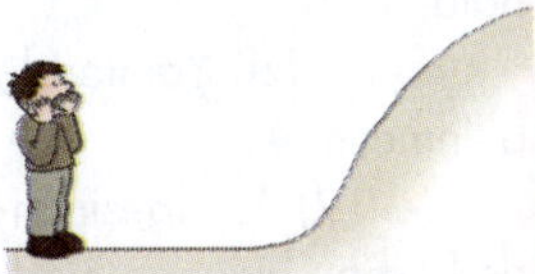

yankı (i) 1. Sesin bir yere çarpıp geri dönmesyile duyulan ikinci ses, eko. 2. Bir olgunun çevrede

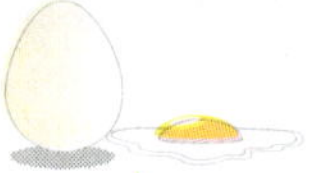

uyandırdığı duygu, düşünce, dedikodu gibi tepki, akis.

yanlı (s) Bıılanrinden yana olan veya bir düşünceye, bir isteğe katılan, onu destekleyen, yandaş, taraflı, taraftar.

yanlış (i) Bir kurala, bir ilkeye, bir gerçeğe uymama durumu, yanılgı, hata.

yanlışlık (i) Yanlış davranış, yanlış iş, yanlış sanı, hata.

yanlışlıkla (zf) Yanılarak, bilinmeyerek.

yanmak (f) 1. Birleşiminde karbon bulunan maddeler, ısı ve ışık yayarak kül durumuna geçip yok olmak. 2. Ateş durumuna geçmek, tutuşmak.

yansımak (f) (ışık dalgaları için) Yansıtıcı bir yüzeye çarparak yön değiştirmek, aksetmek.

yansıtmak (-i) 1. Işık, ses, görüntü vb. yi geri göndermek, yansımasını sağlamak. 2. *mec.* İletmek, duyurmak, aktarmak.

yansız (s) Birinden yana olmayan veya bir düşünceye, bir isteğe katılmayan, onu desteklemeyen, yan tutmayan, tarafsız, bîtaraf.

yan ürün (i) Bir ana ürün elde edilirken ortaya çıkan başka ürün.

yan yan (zf) Yanlamasına.

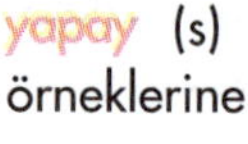

yan yana (zf) Biri ötekinin sağında veya solunda olarak, birbirinin yanında, birlikte.

yapay (s) 1. Doğadaki örneklerine benzetilerek

Y y

insan eliyle yapılmış, üretilmiş yapma, sun'î: *Yapay gübre.* 2. Yapmacık.

yapayalnız (s) Yanında kimse veya hiçbir şey bulunmayan.

yapı (i) Barınmak veya başka amaçlarla kullanılmak için yapılmış her türlü mimarlık eseri, bina.

yapım (i) Yapmak işi, inşa, imal.

yapışık (s) Bir yere yapışmış olan.

yapışmak (f) 1. (yapışıcı olan veya yapışkan bir maddeye bulanmış olan bir şey) Ayrılmayacak bir biçimde bir yere tutunup kalmak. 2. İyice yaklaşmak, sokulup değmek.

yapıştırıcı (i, s) Yapıştırma özelliği olan, yapıştırmaya yarayan (nesne): *Yapıştırıcı madde.*

yapıştırmak (-i, -e) 1. Yapışmasını sağlamak. 2. Yaklaştırmak birbirine dayamak.

yapış yapış (s) 1. Yapışkan bir madde ile bulanmış. 2. (hava için) Nemli, rutubetli. 3. Islak.

yapıt (i) Bir kimsenin emek sonucu ortaya koyduğu şey, eser.

yapmak (f) 1. Ortaya koymak, gerçekleştirmek, oluşturmak, meydana getirmek: *Yemek yapmak.* 2. Bir işle uğraşmak, meşgul olmak: *İş yapmak.*

yaprak Bitkilerde solunum, karbon özümlenmesi, terleme gibi olayların oluştuğu, çoğu klorofilli, yeşil ve türlü biçimdeki bölümler.

yâr (i) *Far.* Sevgili.

Yaradan (i) Allah.

yaramaz (s) 1. Uygun ve yararlı olmayan, bir işe yaramayan. 2. (çocuk için) Söz dinlemeyen, uslu durmayan, yasaklanan şeyleri yapan, haşarı.

yaranmak (f) Bir davranışla birini memnun etmek.

yarar (s) Yarayan, elverişli, uygun.

yararlanmak (f) Kendine yarar sağlamak, faydalanmak, istifade etmek.

yarasa (i) Uçabilen memeli hayvan.

yaraşmak (f) Yakışmak, uymak.

yaratıcı (s) Yaratma yeteneği olan.

yaratık (i) Canlı, mahluk.

yardım (i) Kendi gücünü ve imkânlarını başka birinin iyiliği için kullanma.

yardımcı (s) Yardım eden veya gerektiğinde yardım edecek olan.

yardımlaşmak (f) Karşılıklı yardımda bulunmak.

yargı (i) *huk.* Yasalara göre mahkemece bir olayın incelenmesi sonucu yargıcın verdiği karar, hüküm.

yargıç (i) Millet adına, yargı yetkisini kullanarak yasaya aykırı davranışlarda veya uyuşulmayan işlerde yasayı yerine getirmekle, adaleti gerçekleştirmekle görevli kimse, hakim.

yarık (i) Yarılarak açılmış veya yarılarak oluşmuş.

yarılamak (f) Ortasına varmak, yarısını bitirmek.

yarılmak (f) Üzerine yarık açılmak.

yarımada (i) Yalnız bir yanından ana karaya bağlı, öbür yanları denizle çevrili kara parçası.

yarış (i) Genellikle bir ödül kazanmak amacıyla birbirini yenmeye çalışma, müsabaka.

yarışma (i) Bilgi, yetenek, güzellik vb. de üstünlüğünü göstermek için yarışmak işi.

yarışmak (f) Bir yarışmada başkalarından üstün olmak için çaba göstermek.

yarma (i) 1. Yarmak işi. 2. Engebeli bir yerde, bir yolu geçirmek için açılmış yer.

yarmak (f) Uzunlamasına bölüp ayırmak.

yas (i) Ölüm veya bir felaketten doğan acı ve bu acıyı belirten davranışlar, matem.

yasa (i) 1. Olayların gidişinde olağan dışına yer vermeyen, değişmezlik ve mecburiyet gösteren kural. 2. *huk.* Kanun.

yasak (i) Bir işin yapılmasına karşı olan yasal ve-

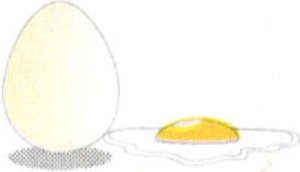

ya yasa dışı engel, memnuniyet.

yaslanmak (f) Dayanmak.

yaslı (s) Yasla olan, yas tutan kimse, matemli.

yaş (i) Doğuştan beri geçen ve yıl birimi ile ölçülen zaman.

yaş (s) Islak.

yaşam (i) Hayat.

yaşamak (f) Canlılığını, hayatını sürdürmek, sağ olmak.

yaşıt (s) Yaşları birbirine eşit olan.

yaşlanmak (f) Yaşı ilerlemek.

yaşlı (s) Yaşı ilerlemiş, ihtiyar.

yatakhane (i) Okul, fabrika gibi kalabalık yerlerde yatakların konulduğu yer.

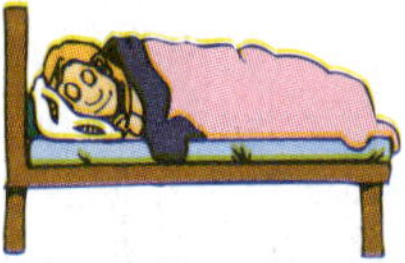

yatalak (s) İnme ve sakatlık gibi bir sebeple yataktan kalkamayan.

yatay (s) Durgun bir su yüzeyine paralel, düşey doğrultusuna dikey olan, utkî.

yatık (s) Dik olmayan, eğik, yatırılmış bir durumda olan.

yatılı (s) Geceleri de kalınıp yatılan okul ve bu okulda okuyan öğrenci.

yatır (i) Belli bir yerde mezarı olan doğaüstü gücü bulunduğuna ve insanlara yardım ettiğine inanılan ölü.

yatırım (i) Parayı, gelir getirici, taşınır veya taşınmaz bir mala yatırma.

yatırmak (f) 1. Bir kimsenin bir yere yatmasını sağlamak. 2. Uyutmak. 3. Eğmek, yatık duruma getirmek. 4. Konuk etmek.

yatışmak (f) Hızı, etkisi azalmak, aşırılığı geçmek

yatkın (s) 1. Bir yana eğilmiş, yatık. 2. (bir işte) Yetenekli, becerikli.

yavan (s) Yağı az.

yavaş (s. zf) Hızlı olmayan.

yaya (s) Yürüyerek giden kimse.

yaygara (i) Gereksiz olarak yüksek sesle bağırıp çağırma.

yaygı (i) Yere veya döşeme üzerine serilen örtü, yazgı.

yaygın (s) Çoğu kimselerce duyulmuş, öğrenilmiş, kullanılmış veya benimsenmiş olan.

yayık (i) Tereyağı çıkarmak için sütün içinde dövüldüğü veya çalkalandığı kap.

yayılmak (f) 1. Serilmek, döşenmek. 2. Rahat bir biçimde, sere serpe oturmak.

yayım (i) Kitap, gazete gibi okunacak şeylerin basılıp dağıtılması.

yayın (i) Basılıp satışa çıkarılan kitap, gazete gibi okunan veya radyo ve televizyon aracılığıyla halka sunulan, duyurulan, iletilen şey.

yayınevi (i) *bis.* Dergi, kitap vb. ni yayımlayan veya satan kuruluş.

yayla (i) Akarsularla derin bir biçimde yarılmış, parçalanmış üzerinde düzlüklerin belirgin olarak bulunduğu, deniz yüzeyinden yüksek yeryüzü parçası.

yaymak (f) Bir şeyi açarak, düzelterek bir alanı örtecek biçimde sermek.

yayvan (s) Eni boyundan ve derinliğinden çok olan, basık ve geniş.

yaz (i) (kuzey yarım küre için) Yılın, haziranın 21'inde başlayıp eylülün 23'üne kadar süren, ilkbaharla sonbahar arasındaki sıcak mevsimi. **yaza çıkmak** yaz mevsimine ulaşmak. **yazı getirmek** yazlık giysiler giymek.

yazar (i) 1. Bilim, edebiyat, sanat alanında kitap yazan kimse, müellif. 2. Özellikle gazete ve dergilerde herhangi bir konuda yazı yazan kimse, muharrir.

yazar kasa (i) Alışveriş merkezlerinde hesap işini yapan makine.

yazarlık (i) Yazar olma durumu veya yazarlığın mesleği.

yazboz tahtası (i) *eski* 1. Okullarda dışarı çıkan çocuğun dönüp dönmediğinin anlaşılması için girip çıkarken işaretlenen tahta. 2. (i) Kara tahta.

yazgı (I) (i) Bütün olmakta ve olacak olanları önceden ve değişmeyecek

biçimde düzenlediğine inanılan doğaüstü güç, alın yazısı, kader.

yazı 1. Düşüncenin belli işaretlerle tespit edilmesi. 2. Düşünceyi tespite yarayan işaretler düzeni, alfabe. 3. Düz yer, ova, kır.

yazı dili (i) Bir ülkede konuşulan ağızlardan birinin yazılı anlatımlar için kabul edilmiş biçimi, standart dil.

yazıhane (i) 1. Yazı ve danışma işlerinin yürütüldüğü iş yeri, büro. 2. Yazı masası.

yazı işleri (i) 1. Bir daire veya kurumda yazışmaların yapıldığı bölüm. 2. Bir gazete veya dergide yayımlanacak yazıları yazma ve düzenleme işi.

yazık (i) Herkesi üzebilecek şey, günah. 2. (ünl) Acıma, ü anlatır: *Yazık, çok üzüldüm!* 3. (ünl) Kınama anlatır: *Yazık sana be!*

yazıklanma (i) Yazıklanmak işi, esef, teessüf.

yazım (i) Bir dilin belli kurallarla yazıya geçirilmesi.

yazın 1. (i) Yaz mevsiminde, yaz aylarında. 2. (i) Edebiyat.

yazlık (s) Yaz boyunca kullanılan, giysi veya ev.

yazma (i) Bohça, yemeni, başörtüsü, yorgan gibi şeyler yapmakta kullanılan, üstüne desen yapılmış bez.

yazman (i) Özel veya kamu kuruluşlarında haberleşmeyi sağlayan, yazışma yapabilen görevli, kâtip, sekreter.

yedek (s) Gereğinde kullanılmak için fazladan bulundurulan, ayrılmış olan.

yeğen (i) Birine göre kardeşinin çocuğu.

yeğlemek (f) Konu, olay, durum, kimse için, diğerlerinden daha üstün görüp ona yönelmek, yeğ tutmak.

yel (i) 1. Havanın yer değişirmesinden oluşan esinti, rüzgâr. 2. *hlk.* Romatizma.

yele (i) At, aslan gibi bazı hayvanların ensesinde veya boynunda bulunan uzun kıllar.

yelek (i) Ceket altına giyilen kolsuz ve kısa giysi.

yelken (i) Rüzgâr gücünden yararlanarak geniş bir yüzey oluşturacak biçimde yan yana dikilen ve onu hareket ettiren kumaş.

yelpaze (i) Sallandığında küçük bir hava akımı yapan ve özellikle yüzü serinletmeye yarayan, küçük, katlanabilir araç.

yem (i) Hayvan yiyeceği.

yemek (f) Yemek yeme, karın doyurma işi.

yemekhane (i) Okul, fabrika gibi kuruluşlarda yemek yenilen büyük salon.

yemin (i) *Ar.* Ant.

yemlik (i) Hayvanlara yem verilen yer veya kap.

yemyeşil (s) Her yanı yeşil, çok yeşil.

yen (i) Giysi kolu.

yenge (i) Bir kimsenin kardeşinin, dayısının veya amcasının karısı.

yenidünya (i) Amerika kıtası.

yenilgi (i) Bir savaşta, yarışmada kaybetme, yenilme, mağlûbiyet.

yenmek (f) Savaş veya yarışmada üstünlük sağlamak, üstün gelmek.

yepyeni (s) Çok yeni, hiç kullanılmamış.

yer (i) 1. Bir şeyin, bir kimsenin kapladığı veya kaplayabileceği boşluk. 2. Gezinilen, ayakla basılan taban.

yer çekimi (i) Yerin, cisimleri kendine çekme gücü.

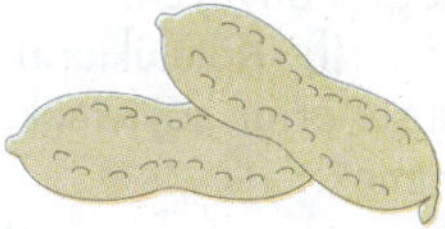

yer fıstığı (i) Meyveleri yenen bir tarım bitkisi.

yergi (i) Bir kimseyi, bir toplumu, bir düşünmeyi, bir nesneyi yermek için yazılmış yazı veya söylenmiş söz.

yerinde (s. zf) Zamanı, yeri uygun düşen, gerektiği biçimde olan.

yerinmek (f) Acınmak.

yerküre (i) *bis. Ar.* Yer yuvarlağı.

yerleşim (i) Yerleşme.

yerleşmek (f) 1. Yerine iyice oturmak, yerinde sabit olmak. 2. Yer bulup oturmak.

yerli (s) 1. Taşınamayan, başka yere götürülemeyen. 2. Belli bir bölgede yetişen. 3. Oturduğu yerde doğup büyüyen.

yermek (f) Kötülüklerini ve kusurlarını söylemek, hicvetmek.

yersiz (s) Barınacak yeri olmayan.

yeryüzü (i) *bis.* Üzerinde yaşadığımız toprak ve denizler, yer kabuğu.

yeşermek (f) Yaprak vermek, yapraklanmak.

yetenek (i) Bir kimsenin bir şeyi anlama veya yapabilme niteliği.

yeter (s) İhtiyacı karşılayacak kadar olan.

yetim (i) *Ar.* Babası ölmüş olan çocuk.

yetinmek (f) Bir şeyi kendisi için yeter bularak daha çoğuna gerek görmek, daha çoğunu istememek, kanaat etmek.

yetişkin (s) Yetişmiş, olgunlaşmış.

yetişmek (f) Ulaşmak, ermek, vasıl olmak.

yetki (i) Bir görevi, bir işi yasaların verdiği imkânlara göre, belli şartlarla yürütmeyi sağlayan hak.

yetkin (s) Gerekli olgunluğa erişmiş, mükemmel.

yetmek (f) Bir ihtiyacı karşılayacak, giderecek özellikte olmak.

yığılmak (i) Çok sayıda birikmek, toplanmak.

yığın (i) Bir şeyin yığılmasıyla oluşturulan küme.

yıkılmak (f) 1. Devrilmek. 2. Yok olmak, mahvolmak.

yıkım (i) Yok olmaya sebep olabilecek şey, büyük zarar.

yıkıntı (i) Yıkılan bir şeyin parçaları, kalıntıları, enkaz.

yıkmak (f) Kurulu bir şeyi parçalayarak dağıtmak.

yıldırım (i) Gökgürültüsü ve şimşekle görülen, hava ile yer arasındaki elektrik boşalması.

yılgın (s) Yılmış, korkmuş olan.

yıllanmak (f) Üzerinden bir veya daha çok yıl geçmek.

yılmak (f) Bir işten gözü korkup vazgeçmek.

yıpranmak (f) Zamanla veya çok kullanılma sonucu aşınmak, eskimek.

yırtıcı (s) Etleriyle beslenmek için başka hayvanları parçalayarak yiyen.

yırtık (s) 1. Yırtılmış olan. 2. *mec.* Utanması, çekinmesi olmayan.

yırtmak (f) Kâğıt, kumaş gibi bükülüp katlanan şeyleri iki ucundan kesici araç kullanmadan çekip ayırmak veya parçalara ayırmak.

yiğit (s) Güçlü ve yürekli, kahraman.

yine (zf) Gene.

yinelemek (f) Tekrar etmek, tekrarlamak.

yitik (s) Yitmiş olan, kayıp.

yitirmek (f) Ne olduğunu, nerede bulunduğunu bilememek, kaybetmek.

yitmek (f) Yok olmak, ortadan kalkmak, kaybolmak.

yo (ü) Hayır.

yoğun (s) 1. Hacmine oranla, ağırlığı çok olan, kesif. 2. Koyu, ağır, kalın. 3. *mec.* Artmış, çoğalmış.

yok (s) Bulunmayan, mevcut olmayan nesne.

yoklamak (f) El ile dokunarak incelemek.

yoksa (b) Bir düşüncenin, bir davranışın, bir tutumun ters olma ihtimalini anlatmak için kullanılır.

yoksul (s) Geçinmekte çok sıkıntı çeken kimse, fakir.

yoksun (s) Belli bir şeyden kendisinde olmayan, belli bir şeyin yokluğunu çeken, mahrum.

yokuş (i) Yükselerek devam eden yol.

yol (i) 1. Karada, havada, suda bir yerden bir yere gitmek için aşılan uzaklık, tarik: *Kara yolu.* 2. Karada insan veya hayvanların geçmesi için açılan veya kendi kendine oluşmuş, yürümeye uygun yer: *Keçi yolu.*

yoldaş (i) Yol arkadaşı.

yollamak (f) Göndermek.

Y y

yolluk (i) 1. Yolculukta yenmek için hazırlanan yiyecek. 2. Yere serilen ince uzun kilim.

yolmak (f) Çekerek yerinden çıkarmak, çekip koparmak.

yolsuz (s) Kurallara aykırı, uygunsuz, yöntemsiz, düzensiz.

yolsuzluk (i) *mec.* Bir görevi, yetkiyi kötüye kullanma.

yoluk (s) Tüyleri yolunmuş olan.

yontmak (f) Bir şeye istenilen biçimi vermek için dış bölümünü keskin bir araçla biçmek, kesmek.

yorgun (s) Çalışma veya değişik sebeplerle beden veya zihin etkinliği yavaşlayan, yorulmuş olan.

yorulmak (f) Yorgun duruma gelmek.

yorum (i) Bir yazının veya bir sözün, anlaşılması güç yönlerini açıklayarak aydınlığa kavuşturma.

yosun (i) Çoğu sularda yetişen, ilkel yapıdaki bitkilere verilen genel ad.

yön (i) Belli bir noktaya göre olan yer.

yönelmek (f) Belli bir yön tutmak, yüzünü belli bir yöne doğru çevirmek.

yönetici (i) Yönetme gücünü elinde bulunduran kişi.

yönetim (i) Yönetmek işi, çekip çevirmek.

yönetmek (f) Yasalara, kurallara veya belli şartlara uygun biçimde çalışmayı sağlamak, idare etmek.

yöntem (i) Bir amaca erişmek için izlenen, tutulan yol, usul, sistem.

yöre (i) Bir bölgenin belli bir yer ve çevresini kapsayan sınırlı bölümü.

yöresel (s) Yöre ile ilgili.

yufka (i) Oklava ile açılan ince, yuvarlak hamur yaprağı.

yumak 1. (f) Yıkamak. 2. (i) Yuvarlak biçimde sarılmış iplik, yün vb. şey.

yummak (f) Kısarak kapamak, sıkarak kapalı duruma getirmek.

yumru (i) Yuvarlak, şişkin şey, kabartı.

yumuk (s) Yumulmuş olan.

yumulmak (f) 1. Kapanmak, örtülmek. 2. Kendini bir işe istekle vermek, girişmek, saldırmak.

yumurcak (i) Yaramaz küçük çocuk.

yunus (i) Ilık ve sıcak denizlerde sürüler durumunda yaşayan, boyları 3 m ye kadar erişebilen, memeli deniz hayvanı.

yurt (i) Bir halkın üzerinde yaşadığı, kültürünü oluşturduğu toprak parçası.

yurttaş (i) Yurtları veya yurt duyguları bir olanlardan her biri.

yurttaşlık (i) Yurttaş olma, bir yurtta doğup büyüme veya yaşamış olma durumu, vatandaşlık.

yusyumru (s) Tam bir yumru durumuna gelmiş olan.

yusyuvarlak (s) Çok yuvarlak, küre biçiminde olan.

yutak (i) Ağız ve burun boşluklarıyla gırtlak ve yemek borusu arasındaki boşluk.

yutkunmak (f) 1. Tükürüğü yutmak veya bir şey yutuyormuş gibi gırtlağı hareket ettirmek. 2. *mec.* Bir şeyi söylemekle söylememek arasında duraksamak.

yutmak (f) 1. Ağızda bulunan bir şeyi yutağa geçirmek. 2. *mec.* Haksız olarak kendine mal etmek, zorbalıkla elinden almak.

yuva (i) 1. Kuşların ve başka hayvanların yumurtlamak, kuluçkaya yatmak, yavrularını büyütmek veya yavrulamak için türlü şeylerden yaptıkları ve türlü biçimlerde hazırladıkları barınak: *Kuş yuvası. Karınca yuvası.* 2. Genellikle ailenin oturduğu ev.

yuvalanmak (nsz) 1. Ev bark, yuva sahibi olmak, yuva kurmak. 2. (askerlikte) Silah, görünmeyecek bir biçimde gizlenmek. 3. *mec.* Bir yerde birikmek, toplanmak.

yuvar (i) *anat.* 1. Organizmadaki sıvılarda (kan, lenf, süt) bulunan, genellikle yuvarlak veya oval küçük cisim. 2. *astr.* Yer yuvarlağı gibi düzgün olmayan küresel biçim.

yuvarlak (s) Top veya küre biçiminde olan, toparlak şey.

yuvarlamak (-i) 1. Bir şeyi bir yerden kaldırmadan ekseni çevresinde döndürerek yürütmek, tekerlemek. 2. Döndürerek tomar yapmak veya yuvarlak duruma getirmek.

yuvarlanmak (nsz) 1. Kendi üzerinde dönerek hareket etmek. 2. Dökülerek düşmek.

yücelik (i) Yüce olma durumu, ulviyet.

yücelmek (nsz) Yükselmek, yüce bir duruma gelmek.

yüceltilme (i) Yüceltilmek işi.

yük (i) 1. Araba, hayvan vb. nin taşıdığı şeylerin hepsi. 2. Araba, hayvan vb. nin taşıyabildiği miktar.

yüklemek (f) 1. Bir yere, taşıması için belli ağırlıkta eşya veya araç gereç koymak. 2. *mec.* Bir yükümlülük altına sokmak,

sorumlu tutmak: *Çocuğun bakımını ona yüklediler.*

yükselti (i) Bir noktanın deniz yüzeyinden olan yüksekliği, rakım.

yükseltmek (-i) 1. Yükseğe çıkarmak, yukarı kaldırmak. 2. Güçlendirmek, şiddetlendirmek.

yükümlü (i) Yükümü olan, mükellef.

yükümlülük (i) Yükümlü olma durumu, mükellefiyet.

yüreği temiz (s) Temiz yürekli, saf, iyi niyetli (kimse).

yüreği yanık -ğı (i) Duygulu, hassas olan kimse.

yürek (i) *anat.* 1. Göğüs boşluğunda, iki akciğerin arasında, vücudun her yanından gelen kanı akciğerlere ve oradan gelen temiz kanı da vücuda dağıtan organ, kalp. 2. *mec.* Herhangi bir şeyden çekinmeme, korkmama, yüreklilik, korkusuzluk, cesaret.

yüreklendirmek (-i) Birine yüreklilik, cesaret vermek.

yüreklenme (i) Yüreklilik, korkusuzluk gelme, yiğitlenme, cearetlenme.

yüreklenmek (f) Korkusuz duruma gelmek, cesaretlenmek.

yürekli (s) Tehlikeyi korkusuzca karşılayan, koçak, cesaretli, cesur.

yüreklilik (i) 1. Yürekli, korkusuz, cesur olma durumu, yiğitlik. 2. Yürekli kimseye yakışır davranış.

yüreksiz (s) Yürekli olmayan, korkak cesaretsiz, tabansız.

yüreksizlik (i) Yüreksiz olma durumu, yüreksizce davranış, cesaretsizlik.

yürekten (s, zf) Temiz duygularla, saygı ile, içten, içtenlikle (yapılan).

yürümek (nsz) 1. Adım atarak ilerlemek, gitmek. 2. Karada veya suda, herhangi bir yöne doğru sürekli olarak yer değiştirmek.

yürütme (i) 1. Yürütmek işi. 2. Kanunları uygulama işi, icra. 3. Merkezî yenetim ve yerinden yönetim kuruluşlarının hepsi.

yürütmek (-i, -e) 1. Yürümek işini yaptırmak, yürümesini sağlamak. 2. Gerektiği gibi yapmak, uygulamak.

yürüyüş (i) 1. Yürümek işi veya biçimi. 2. Spor amacıyla yapılan yürüme.

yüzbaşı (i) Orduda rütbesi üsteğmenle binbaşı arasında olan subay.

yüzde (i) Herhangi bir işte aracı olan kimseye, görevinin karşılığı olarak yüzde hesabına göre verilen ücret.

yüzeysel (s) 1. Yüzeyle ilgili. 2. Derine inmeyen, gelişi güzel, ayrıntılı olmayan.

yüzgeç (i) Balıklarda hareketi ve dengeyi sağlayan organ.

yüzkarası (i) *bis.* Utanılacak bir durum veya şey.

yüzleşmek (f) Bir olayı ileri sürenle, inkâr eden kimseler, yüz yüze gelerek sözlerini tekrarlamak.

yüzölçümü (i) Bir yerin veya bir şeyin yüzeyini ölçme ve bu ölçmenin sonucu.

yüzükoyun (zf) Yüzü yere gelerek.

yüzüncü (s) Yüz sayısının sıra sıfatı.

Z z

z, Z Türk alfabesinin yirmi dokuzuncu ve son harfi.

zafer (i) *Ar.* Savaşta kazanılan başarı.

zalim (s) *Ar.* Acımasız ve haksız davranan, kıyıcı.

zam, -mmı *Ar.* (i) Bir şeyin fiyatını artırma, bir fiyat üstüne yeni bir fiyat katma: *Ekmeğe zam yapıldı. Bu zammı protesto ediyorum.*

zaman (i) Bir iş veya oluşun içinde geçtiği, geçeceği veya geçmekte olduğu süre, vakit.

zamk (i) Bazı ağaçlardan elde edilen yapıştırıcı madde.

zan,-nnı (i) *Ar.* Sanma, sanı: *Zannıma göre bu odur.*

zangırdamak (f) Güçlü bir ses çıkararak titremek veya sallanmak.

zanlı (s) Sanık.

zannetmek (f) Sanmak.

zar (i) 1. İnce perde veya örtü. 2. Tavla ve başka oyunlarda kullanılan küp bi-

Z z

çimli ve altı yüzünde, birden altıya kadar benekler bulunan oyun aracı.

zarar (i) *Ar.* Bir şeyin, bir olayın yol açtığı çıkar kaybı veya olumsuz, kötü sonuç, ziyan.

zararlı (s) Zarar veren, zararı dokunan.

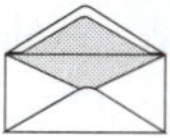

zarf (i) *Ar.* 1. Kap, kılıf. 2. İçine mektup veya başka kâğıtlar konulan kâğıttan kese.

zarif (s) *Ar.* 1. Çekicilik, biçim, görünüş, durum ve davranışlarıyla hoşa giden, beğenilen. 2. (dil, konuşma vb. için) Beğenilir ve nükteli. 3. Hoşa gider bir biçimde konuşan.

zarifçe (zf) Hoşça, güzelce.

zariflik, -ği (i) Zarif davranış veya zarif olma durumu, incelik, zarafet.

zart zurt (i) Kendini önemli kişi olarak göstermek için yüksekten atıp tutarak, çıkışma, kaba kuvvet gösterisi.

zaruret (i) *Ar.* 1. Mecburiyet, gereklilik, zorunluluk, zorunluk. 2. Sıkıntı, yoksulluk, fakirlik.

zarurî (s) *Ar.* Mecburi, zorunlu, gerekli.

zar zor (zf) Güçlükle, zorla, kıt kanaat.

zat (i) *Ar.* 1. Kimse, kişi. 2. *eski* Kendi, öz.

zaten (zf) *Ar.* Doğrusu, aslında, esasen.

zavallı (s) *Ar.* 1. Acınacak kadar kötü durumda bulunan, mutsuz. 2. Gücü bir şeye yetmeyen, âciz.

zayıf (s) *Ar.* 1. (insan, hayvan için) Eti, yağı az olan, sıska, cılız. 2. Görevini yapacak yeterli gücü olmayan.

zayıflama (i) 1. Zayıflamak işi veya durumu. 2. Hastalık, bakımsızlık veya rejimle şişmanlığın azalması.

zayıflamak (nsz) Zayıf duruma gelmek.

zayi, -i (s) *Ar.* 1. Yitmiş, kaybolmuş olan, yitik, kayıp. 2. Yok olmuş, elden çıkmış, mahvolmuş.

zebanî (i) *Ar.* 1. Cehennem bekçisi. 2. Zebellâ.

zedelemek (f) Berelemek, zarar vermek.

zehir (i) *Far.* Vücuda girince hastalık oluşturan ya da miktarına göre ölüme sebep olabilen madde.

zekâ (i) *Ar.* İnsanın düşünme, akıl yürütme, algılama, yargılama ve sonuç çıkarma yeteneklerinin tamamı.

zeki (s) Anlama, kavrama yeteneği olan, zekâsı olan.

zemberek (i) *Far.* Saatlerin çeşitli parçalarını harekete geçiren yay.

zenci (i) Siyah ırktan olan kimse.

zengin (s) Parası, malı çok olan varlıklı.

zevk (i) Hoşa giden veya çekici bir şeyin elde edilmesinden, düşünülmesinden doğan hoş duygu, haz.

zeybek (i) 1. Özellikle Batı Anadolu efelerine verilen ad. 2. Bu kimselere özgü yerel oyun ve bu oyunun müziği.

zıbın (i) Bebeklere iç çamaşırı olarak giydirilen, ince pamukludan kısa ve kollu giysi.

zıkkım (i) (içki ve sigara için) Zehir: *İçme şu zıkkımı, yazıktır sana.*

zımba (i) 1. Delgeç. 2. Delgeçle açılan delik.

zıpkın (i) Büyük balıkları vurup çekmeye yarayan ucu çengelli mızrak.

zıplamak (f) Bir yere çarpıp yukarı fırlamak.

zırh (i) *Far.* Savaşlarda ok, kılıç, süngü gibi silahlardan korunmak için giyilen, demir ve tel levhalardan yapılmış giysi.

zırıldamak (i) Durmaksızın söylenerek hoşnutsuzluğu açığa vurmak.

zırıltı (i) Zırıldama sesi veya işi.

zıt, -ddı (s) Karşıt anlamlı: *Her şeyin bir zıddı vardır.*

zıtlaşmak (f) Birbirine karşı ters davranmak.

zihin, -hni (i) 1. Anlayış, kavrayış. 2. Bellek, hafıza. 3. Bilinç, dimağ.

zincirleme (i) Birbirini izleyen, art arda gelen.

zindan (i) *Far.* Tutuklu veya hükümlülerin içine konulduğu kapalı yer.

ziyafet (i) *Ar.* Konukları, yemekli, eğlenceli ağırlama, şölen.

ziyaret (i) Birini görmeye, biriyle görüşmeye gitme, görüşme.

zorba (s) Gücüne güvenerek başkalarının hakkını alan.

zorlu (s) 1. Baskı yapabilecek ölçüde güçlü, kuvvetli, şiddetli. 2. Tuttuğunu koparan (kimse) güçlü, kavi.

zorunlu (s) Kesin olarak ihtiyaç duyulan, mecburî.

zulüm,-lmü (i) *Ar.* Güçlü bir kimsenin yasaya veya vicdana aykırı olarak başkasını uğrattığı kötü durum, acımasızlık, haksızlık, eziyet, kıyım.

zücaciye (i) *Ar.* Cam, porselen vb. maddelerden yapılmış eşya.

zümre (i) *Ar.* Topluluk, takım, grup, camia.

zümrüt, dü (i) Yeşil renkte, saydam bir süstaşı: *Annemin zümrüdü var.*

züppe (s) Giyinişte, söz söyleyişte,dilde, düşünüşte toplumun gülünç ve aykırı saydığı yapmacıklıklara ve aşırılıklara kaçan kimse.